재건축의 질의답변&서식

(재건축 법대로 해결하기)

감수 박근영

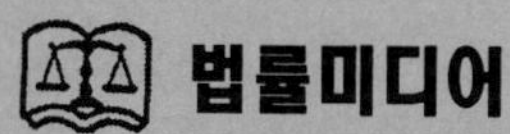

법률미디어

법은 사람의 공동생활에 있어서 행위의 준칙으로서 국가에 의하여 강행되는 사회규범이다.

사회가 복잡하여지고 신속 정확한 지식과 정보가 필요로 한 변화와 개혁이 일어나고 있는 이 때에도 우리는 주위에서 법률상식을 몰라서 막대한 손해를 입고 불이익을 당하는 사람과 반면에 법률을 잘 활용해서 어려운 일들을 해결해 나가는 사람을 두루 볼 수 있다.

법은 많이 알수록 재산이 된다는 이야기를 많이 들었을 것이다. 알 때와 모를 때의 차이를 엄청나게 느낄 수 있는 것이 바로 법률이다.

특히 경제가 급속도로 발전하고 점차 세분화하는 이 사회를 살아가려면 법률상식은 필수라 하겠다.

시대의 흐름에 따라 사회·경제·문화의 여러 분야에서 급속한 변화와 개혁이 일어나고 있고 특히 법률은 새로 제정되고 개정되는 일이 많아 그 변화가 심하다고 할 수 있다.

이처럼 하루가 다르게 변하는 법률을 따라가는 것은 쉬운 일이 아니다. 일일이 공부하며 법률지식을 넓힌다든가 법률 전문가라도 두어 자문을 받으면 되겠지만 현실이 그렇지 못하여 뜻하지 않게 손해를 보는 경우가 많을 것이다.

법률 지식은 어느 정도만 알고 있어도 혼자서 해결할 수 있는 문제를 가지고 일일이 법률사무소나 법률전문가를 찾을 수도 없는 노릇이다. 또 법률전문가에게 찾아간다 해도 어느 정도 기초적인 지식을 알고 상담해야 많은 도움을 받을 수 있고 유익한 것이다.

오늘날과 같은 법률문화와 법률적 분쟁이 증가하는 시대에서는 자기관리와 방어를 잘해야 경쟁에서 살아남을 수 있을 것인데 법률지식도 급변하는 사회에 적응하는 중요한 경쟁력이라 할 것이다.

이에 본사에서는 재건축에 관한 길라잡이가 될 수 있는 책으로 분석 정리하며 확실하고 명쾌하게 해결할 수 있는 방법을 제시하였다.

끝까지 마무리할 것 이 책의 편찬은...

제1편 재건축?
　제1장 재건축이란?
　제2장 재건축사업처리절차
제2편 재건축 질의답변
제3편 재건축 관련서식
부록1. 재건축 투자의 성공가이드
부록2. 조합규약(정관)의 작성
부록3. 표준규약의 활용방법

를 실어 체계적이고 일목요연하게 편집하였다.

이 책으로 각종 법률 문제들의 해결방법을 자세히 알아 법률상식을 알지 못해 당할 수 있는 피해를 예방하는데 도움이 되고 권익을 찾는데 보탬을 주려 한다. 이 책이 복잡한 사회를 살아가는 사람들의 반려자로서 자리매김할 것을 믿으며 신속 정확한 법률업무처리와 법률문화창달에 이바지 할 것을 기대한다.

마지막으로 이 재건축 총서가 출간되기까지 집필과 자료분석교정에 수고한 여러 편집진의 노고에 깊은 사의를 표하고 또 출판시장의 어려운 현실에서도 집필을 도와주시고 재건축 총서를 출간한 법문출판사 김현호 대표와 편집팀 여러분께도 감사드린다.

2005. 8

편저자 드림

참 고 문 헌

법률구조공단상담사례

재개발 재건축사례집   진원사

재개발 재건축투자어떻게할까요   중앙경제평론사

재개발 재건축회계와세무실무   경영과회계

재건축 재개발컨설팅이론과실무   형설출판사

재개발 재건축이론과실무   법률출판사

재건축 재개발에관한등기소송임대차실무   법문출판사

재건축재개발 Q&A백과사전   한국도시개발연구포럼

재건축 재개발조합의경영   부연사

재건축이야기   성안당

재건축 표준규약해설   법률서원

재건축사업실무   부연사

재건축 리모델링법률실무   법률서원

재건축추진실무   한국부동산문제연구소

찾기쉬운재건축사례집   성안당

재건축 재개발   무한

도시및주거환경정비법해설   서초법률

도시재개발재건축해설   동민출판사

재개발과재건축   한국부동산문제연구소

차   례

제1편 재건축

제1장 재건축이란? · 3

제2장 재건축사업처리절차 · 9

제2편 재건축 질의 답변

제3편 재건축 관련서식

부록1. 재건축 투자의 성공가이드

Ⅰ. 재건축 구역의 투자가이드 · 385

Ⅱ. 재건축 아파트 투자가이드 · 389

Ⅲ. 재건축 투자포인트 베스트 10 · 391

부록2.　조합규약(정관)의 작성

제1편. 재건축

제1편 재건축

제1장 재건축이란?

1. 재건축의 의의와 관계법령

　재건축이란 건물 건축 후 상당한 기간이 경과되어 건물이 훼손 또는 일부 멸실되거나 그 밖의 사정에 의하여 건물의 가격에 비하여 과다한 수선·복구비나 관리비용이 소요되는 경우 또는 부근 토지의 이용상황의 변화나 그밖의 사정에 의하여 건물을 재건축하면 등에 소요되는 비용에 비하여 현저한 효용의 증가가 있게 되는 경우 그 건물을 철거하고 그 대지 위에 새로 건물을 건축하는 것을 말합니다(집합건물법 제47조1항).

　건물은 본래 그 성질상 시간이 지남에 따라 노후되고 불량해질 수 밖에 없는 것인데, 아파트·연립주택과 같은 집합건물은 단독주택과는 달리 각 전유부분이 독립하여 소유권의 대상이 되고 있고 구조상 다른 소유자의 전유부분과 불가분의 관계에 있으므로, 집합건물이 상당히 노후되고 불량해졌더라도 다른 구분소유자의 동의없이는 단독으로 자신의 구분소유 부분만을 대상으로 재건축을 할 수 없는 문제점이 있습니다.

　이러한 문제에 대해 집합건물의소유및관리에대한법률 제47에서는 건물 건축 후 상당한 기간이 경과되어 건물이 훼손 또는 일부 멸실되거나 그 밖의 사정에 의하여 건물의 가격에 비하여 과다한 수선·복구비나 관리비용이 소요되는 경우 또는 부근 토지의 이용상황의 변화나 그 밖의 사정에 의하여 건물을 재건축하면 그에 소요되는 비용에 비하여 현저한 효용의 증가가 있게 되는 경우 4/5 이상의 찬성에 의한 재건축결의를 거쳐 소수의 재건축반대자들에 대하여 일정한 절차에 따라 강제적으로 그들의 구분소유권을 매도청구하도록 함으로써 건물전체에 대한 재건축을 추진할 수 있도록 하는 근거가 마련되었습니다.

　주택법은 노후·불량한 주택에 대하여 재건축 조합을 결성하여 재건축을 추진할 수 있는 법적 근거를 마련하였으며 동법시행령에서는 노후·불량한 주택법시행령의 여러 차례에 걸친 개정으로 노후·불량주택의 범위가 변경되어 왔으나, 현재는 사업시행의 필요에 적합하게 공동주택뿐만 아니라 단독주택과 다세대주택도 재건축사업에 포함될수 있으며, 건축 후 20년이 지나지 않아도 재건축이 가능하게 되었습니다(하지만 시·도별로 규정이 다름으로 확인해보아야 합니다. 서울시의 경우 92년 이후에 건축된 아파트의 경우 40년으로 하고 있습니다.).

재건축과 관련된 주요 법령으로는 집합건물의소유및관리에관한법률, 주택법, 주택법시행령, 주택법시행규칙, 주택공급에관한규칙, 도시및주거환경정비법·시행령·시행규칙 등이 있습니다.

2. 재건축과 재개발의 차이

많은 분들이 흔히 재건축과 재개발을 혼동하는데, 한마디로 표현하자면 재건축이란 불량·노후한 집합건물(아파트, 빌라, 연립주택)을 철거하고 다시 건축하는 것으로서 시행주체는 소유권자들이 조합을 설립하여 하게됩니다.

재개발이란 불량·노후한 지역을 개발하는 것으로서 기존의 주택등을 철거하고 건축한다는 점에서는 재건축과 비슷하나 시행주체는 시·도가 됩니다.

재건축의 경우는 구분소유자의 4/5 이상의 동의를 얻어야지만 진행할 수 있지만, 재개발의 경우는 2/3 이상의 동의를 얻어야 합니다.

3. 노후불량 건축물 기준(서울시 도시및주거환경정비조례 제3조)

· 공동주택 및 기존 무허가 건축물이외의 건축물 중 다음 각목에서 정하는 내구연란의 3분의 2 이상이 경과된 건축물

  가. 철근·철골콘크리트 또는 가구조 건축물 - 60년

  나. "가"목 이외의 건축물 -30년

· 기존 무허가 건축물, 부엌·화장실·세면장 중 한가지 이상을 갖추지 못한 주택, 급수·배수·오수설비가 노후화되어 수선이 불가능한 건축물, 그밖에 규칙이 정하는 건축물

· 공동주택의 경우 다음 각목의 1에 해당하는 기간이 경과한 건축물

  가. 1992년 1월 1일 이후 준공된

- 5층 이상의 건출물 : 40년
- 4층 이상의 건축물 : 30년

나. 1982년 1월 1일부터 1991년 12월 31일까지 준공된
- 5층 이상 건축물 : 22+(준공연도-1982)X2년
- 4층 이하 건축물 : 21+(준공연도-1982)년

다. 1981년 12월 31일 이전에 준공된 건축물 : 20년

<재건축과 재개발의 비교>

구분	재건축	재개발
개념	기존의 노후·불량한 주택을 철거하고 그 대지 위에 새로운 주택을 건축하는 것	재개발구역 안에서 토지의 합리적이고 효율적인 고도이용과 도시기능을 회복하기 위하여 법이 정하는 바에 의하여 시행하는 건축물 및 그 부지의 정비와 대지의 조성 및 공공시설의 정비에 관한 사업과 이에 부대되는 사업
조합구성원	건물소유자(나대지 소유자는 조합원 자격 없음)	토지, 건물 등의 소유자, 세입자, 건설업체등
사업주체	재건축조합과 시공업체의 공동사업주체	토지건물소유자, 재개발조합, 지방자치단체, 제3개발자
지구지정	불필요	필요
시행절차	간단	복잡
세입자 처리	당사자간의 임대차계약에 따라 개별적으로 처리	공공임대주택을 공급 또는 3개월분의 주거대책비 지급
관리처분계획	인허가상 계획수립 불필요 업무상 필요(절차 간단)	계획수립필요 인허가상 필요(절차 복잡)
안전진단	필요시 실시	불필요
사업기간	최소 3~4년	최소 4~5년
주민동의	·재건축 결의시 건물소유자의 4/5 이상의 동의 ·사업승인 신청시 90%이상의 동의 ·착공할때는 100%의 동의	·구역지정 신청시 조합원 대상 주민의 2/3 이상의 동의 ·사업시행인가 신청시 토지면적 2/3 이상의 토지소유자의 동의와 토지소유자 총수 및 건물소유자 총수의 2/3 이상의 동의
토지 수용	토지수용 또는 강제철거권 없음	토지수용권 있음

관련 주요 법령	주택법·시행령·시행규칙 집합건물의소유및관리에관한 법률	도시및주거환경정비법·시행령 ·시행규칙 건설부 및 각 시·도별 재개발 관련 업무지침
단독주택 (05.5.19. 시행)	노후·불량건축물이 당해 지역안에 있는 건축물수의 3분의 2 이상이거나 노후 불량건축물이 당해지역안 에 있는 건축물의 2분의 1 이상으로서 준공후 15년 이상이 경과한 다세대 주 택 및 다가구주택이 당해 지역안에 있는 건축물 수 의 10분의 3 이상일것(200 호 이상 또는 부지면적이 1만㎡ 이상인 지역)	건설부 및 각 시·도별 재개발 관련 업무지침

3. 재건축의 대상

(1) 집합건물의소유및관리에관한법률상의 재건축의 대상

① 동법상의 집합건물인 경우에는 제한이 없습니다. 이에 따라 상업용 집합건물도 재건축을 할 수 있습니다. 그런데 상업용 집합건물이 도시계획법상의 상업지구인 경우에 주거지구로 변경한 후 재건축을 통하여 주거용건물(주상복합건물도 가능)을 건축하려면 집합건물법 및 주택법의 적용을 받습니다. 그렇지 않은 경우에는 주택법이 적용되지 않으므로 그와 같은 상업용건물은 집합건물법상의 재건축에는 해당되지만 주택법상으로는 재건축 및 재건축조합에 속하지 않습니다.

대단위 상업용 집합건물의 재개발 또는 재건축은 당해 지구를 도시재개발지구로 지정하는가 아닌가의 여부에 따라 적용되는 절차와 법령이 달라집니다. 즉 상업용집합건물이 속한 지역이 재개발지구(도심지재개발지구)로 지정되면 도시및주거환경정비법을 기본법으로 하여 정해진 절차에 다라 재개발 사업을 시행하게 됩니다. 재개발지구 지역내의 주거용 건물도 예외가 되지는 않습니다. 그러나 재개발지구로 지정되지 않으면 도시및주거환경정비법이 적용되지 않고 건물의 소유자들로 구성된 조합체 또는 법인체가 주체가 되어 재건축을 하는 것에 해당되므로 건축법, 도시및주거환경정비법, 집합건물법, 민법 등이 각부분 해당분야별로 적용됩니다.

② 집합건물법은 "1동의 건물중 구조상 구분된 수개의 부분이 독립한 건물로서 사용될 수 있는" 건물을 전제로 규율하고 있어 동법상의 재건축도 구분소유가 가능한 건물이어야 하는데, 건물의 구분소유가 가능한지는 언제나 분명하다고 할 수 없습니다.

일반적으로는 건축물관리대장이나 등기부등본 등의 공부를 통하여 확인할 수 있는데, 외형상 하나의 건물이지만 각각 구분되어 전유부분의 등기가 되어 있는 경우에는 집합건물법상의 집합건물로 보아도 무방합니다.

그러나 간혹 구분소유의 요건이 구비되지 않았는데도 건축물관리대장이나 등기부등본상에 구분소유관계로 되어 있는 경우가 있으므로 유의해야 합니다.

이에 대하여 대법원은 건물의 일부분이 구분소유의 객체가 되기 위해서는 구조상으로나 이용상으로 다른 부분과 구분되는 독립성이 있어야 한다고 하면서, 구조상의 독립성은 주로 소유권의 목적이 되는 객체에 대한 물적 지배의 범위를 명확히 할 필요성 때문에 요구된다고 할 것이므로 구조상의 구분에 의하여 구분소유권의 객체범위를 확정할 수 없는 경우에는 구조상의 독립성이 있다고 할 수 없다는 전제하에, 이와 같은 요건을 갖추지 못한 경우에는 비록 구분소유의 등기가 경료되었다 하더라도 그에 관한 구분소유의 등기는 무료라고 합니다.

③ 1동의 건물이 구분소유관계는 아니면서 소유권이 다수의 자에게 귀속된 공동소유(공유, 합유 및 총유)인 경우 구건물의 철거 및 신건물의 건축에 집합건물법상의 재건축 규정을 유추적용할 수 있는가의 문제도 민법상의 공동소유에 관한 규정을 통하여 해결할 수 있습니다.

즉 구건물을 철거하고 신건물을 건축하는 것은 공동소유재산의 변경행위이므로 공유 또는 합유일 경우에는 공동소유자들 전원의 동의가 필요하고(민법 제264조·제272조), 총유일 경우에는 사원총회의 결의에 의하여야 합니다(민법 제276조).

(2) 주택법상의 재건축의 대상

주택법은 일정한 범위의 주택에 대하여 설립된 재건축조합이 시행하는 재건축에 대해서만 규정하고 있는데 주택법상의 재건축 대상이 무엇인가는 재건축조합의 설립 대상이 되는 주택이 주택법상의 주택에 해당되는지에 달려있습니다.

그렇다면 재건축의 대상은 동법상의 공동주택의 개념에 해당하는 것으로서, 아파트(5층 이상의 주택) 및 연립주택(동당 건축면적이 660㎡를 초과하는 4층 이하의 주택) 중 다음의 경우에 해당하는 주택을 말합니다.

① 건물이 훼손되거나 일부 멸실되어 도괴 기타 안전사고의 우려가 있는 주택

② 준공 후 20년이 경과되어 건물의 가격에 비하여 과다한 수선유지비 등이 소요되는 주택

③ 준공 후 20년이 경과되고 부근 토지의 이용상황 등에 비추어 주거환경이 불량한 경우로서 건물을 재건출하면 그에 소요되는 비용에 비하여 현저한 효용의 증가가 예상되는 주택

④ 도시미관·토지이용도·난방방식·구조적 결함 또는 부실시공 등으로 인하여 재건축이 불가피하다고 관할시장·군수 또는 자치구의 구청장이 인정하는 주택

다만, 지형여건·주변의 환경으로 보아 사업시행상 불가피한 경우에는 단독주택·다세대주택(동당 건축 연면적이 660㎡ 이하인 4층 이하의 주택) 등을 일부 포함할 수 있습니다(주택법 제5조의2 1항).

또 위 아파트 및 연립주택 이외의 주택으로서 시장등이 재해방지를 위하여 재건축이 필요하다고 인정하는 경우에도 재건축의 대상이 됩니다(주택법 제5조의2 2항).

제2장 재건축사업처리절차

1. 주택건설사업구상(등록업자, 주민)

　재건축을 하려면 우선 재건축이 가능한지를 알아보고 재건축이 가능하다면 어떻게 재건축을 할것인지 사업계획을 수립합니다.

　이때에는 재건축승인을 받을 수 있을지? 경제성이 있는지? 등의 여부를 살펴보고 만약 타당성 및 가능성이 있다면 주민의견 수렴과 건축회사에 타당성을 문의해봅니다.

　만약 재건축 사업승인이 나지 않거나 경제성이 없다면 재건축은 없는일로 하는 것이 좋습니다.

　재건축이란 주거환경 개선이라는 큰 목표뿐만 아니라 이익창출이라는 목적도 가지고 있기 때문에 사업성이 없다면 리모델링으로 방향을 전환하는 것이 경제적 이익이 높습니다.

2. 추진위원회의 구성

　재건축 사업을 추진함에 있어서 대부분 '재건축추진위원회'를 구성하게 됩니다. 추진위원회는 재건축을 추진하고자 하는 일부의 소유자들이 재건축조합의 설립을 목적으로 조직한 임의단체로서 재건축조합이 설립되면 자동적으로 해체되는 한시적인 기구입니다. 법령상의 제한이 없기 때문에 추진위원회는 하나 이상이 존재할 수 있고 실제로 하나의 사업지역에 어러개의 추진위원회가 설립되어 서로 갈등을 빚는 경우도 있습니다.

　추진위원회가 존립하는 시기는 재건축 초기의 사업구상 단계에서부터 재건축 결의를 거쳐 재건축조합의 설립인가를 받을 때까지이지만 실질적으로는 창립총회에서 재건축결의가 통과되고 조합이 정관작성을 마친 후 조합장·이사·감사 등의 선임이 끝나면 재건축조합이 설립인가를 받기 이전이라도 이른바 '비법인 사단'으로서의 실체를 가집니다.

　추진위원회가 하는 일은 ① 주민동의 청취, ② 사업계획 작성, ③ 규약 작성, ④ 창립총회준비, ⑤ 조합설립인가 서류준비 등입니다.

실무에 있어서 재건축사업에 관하여는 "서울특별시재건축조합표준규약" 제51조에서는 재건축조합 설립인가일 이전에 조합의 설립과 사업시행에 관하여 재건축조합설립추진위원회가 행한 행위는 규약이 정하는 범위안에서 이를 조합이 행한 것으로 본다고 규정하고 있지만, 대부분의 경우 규약이 정한 범위를 넘어서 조합설립인가를 받기 전에 재건축추진위원회를 구성하여 재건축사업의 여러 가지 준비를 하고 있습니다.

표준규약에 추진위원회의 구성수에 대한 명시적인 규정은 없지만 재건축에 관한 지식과 경험이 많은 자를 포함하여 조합원 10인당 1인 정도로 하면 무리가 없을 것입니다.

재건축조합이 설립되기 전까지 추진위원회는 재건축결의를 위하여 재건축의 실질적 요건을 갖추기 위한 기초자료를 모으고, 구분소유자들로부터 동의서를 받아 조합원을 모집하며, 재건축이 행하여질 때를 대비하여 사업계획·행정절차·권리관계 등을 검토하고, 규약초안 작성·창립총회 준비·관리단집회를 소집하는 등 재건축조합의 설립행위를 이끌어 갑니다.

대부분의 재건축조합은 재건축조합표준규약을 기본적으로 작성하며, 조합규약을 경과규정으로 "재건축조합 설립인가일 이전에 조합의 설립과 사업시행에 관하여 재건축조합설립추진위원회가 행한 행위는 규약이 정하는 범위안에서 이를 조합이 행한 것으로 본다"는 내용을 두로 있습니다. 따라서 추진위원회를 지나 재건축조합이 결성되면 추진위원회가 행한 법률행위의 효력은 재건축 조합에 적용됩니다.

3. 조합원 모집(동의서 징취)

(1) 조합원의 동의

재건축조합을 설립하기 위하여 추진위원회에서는 조합원을 모집하여 동의서를 받아야 합니다.

이때에는 관할 시장·군수 또는 구청장의 인가를 받아야 하는데, 인가받은 내용을 변경하거나 해산하고자 할 때에도 같습니다(주택법 제32조 1항).

그리고 건설부장관 또는 시장·군수·구청장은 주택공급에 관한 질서를 유지하기 위하여 특히 필요하다고 인정되는 경우에는 국가가 관리하고 있는 행정전산망 등을 이용하여 주택조합 구성원의 자격 등에 관하여 필요한 사항을 확인할 수 있습니다(주택법 제34조 1항).

조합원을 모집할 때에는 건물소유자 4/5이상의 동의서를 받아야 하며, 조합원 명부 및 조합원 전원이 자필로 연명한 조합규약을 작성·비치하여야 합니다.

(2) 조합원의 구성

주택법 시행령에는 주택조합은 20인 이상의 조합원으로 구성되어야 한다는 규정(주택법시행령 제37조 3항)이 있습니다. 재건축조합도 동법상의 주택조합에 속하므로 조합원이 20인 이상이어야 합니다.

그러나 재건축 대상이 20세대 미만이라 하더라도 주택계획승인을 얻어 건설한 주택으로서 노후·불량주택을 재건축하는 경우 또는 노후·불량주택을 재건축하여 20세대 이상의 주택을 건설하는 경우에는 조합원이 20인 미만이어도 재건축조합을 설립할 수 있습니다.

(3) 조합원의 자격

재건축사업에 참여하기 위해서는 조합원의 자격이 있는 것만으로는 되지 않고 조합원의 자격이 있는 자가 재건축에 동의하고 재건축조합설립인가를 받은 조합의 조합원 명부에 등재되어 있어야 합니다.

재건축조합의 조합원 자격은 주택법 시행령 제38조에서 아래와 같이 규정하고 있습니다.

가. 조합설립인가신청일부터 당해 조합주택의 입주가능일까지 주택을 소유하지 아니하거나 주거전용면적 60제곱미터 이하의 주택 1채를 소유한 세대주인 자[세대주를 포함한 세대원(세대주

와 동일한 세대별 주민등록표상에 등재되어 있지 아니한 세대
주의 배우자 및 배우자와 동일한 세대를 이루고 있는 세대원
을 포함) 전원이 주택을 소유하고 있지 아니하거나 세대원중
1인에 한하여 주거전용면적 60제곱미터 이하의 주택 1채를 소
유한 세대주 - 건설교통부령에 의한]일 것
　나. 조합설립인가신청일 현재 주택법 제2조제9호 가목의 지역에 6
월 이상 거주한 자일 것

4. 창립총회(재건축 결의)

조합원 모집이 끝난후에는 창립총회를 개최하여야 합니다.

창립총회에서는 재건축결의 · 규약결정 · 사업계획 확정 · 임원선출 · 설계
사무소 선정 등을 정하게 됩니다(집합건물법 제47조).

조합규약은 재건축조합의 정관으로서 재건축조합이 그 설립인가를 받기
위하여 반드시 제정하여 시장 · 군수 등에게 제출해야 합니다.

조합규약은 서면에 기재된 재건축조합 내부의 규범으로서 조합원을 구속
하며, 일반적인 사단법인 도는 비법인 사단의 정관이 갖는 의미와 같기 때
문에 이에 관해서는 일반적인 비법인 사단의 법리를 그대로 적용할 수 있
습니다.

조합규약에는 반드시 다음의 내용들이 포함되어야 합니다.

① 조합의 명칭 및 소재지
② 조합원의 자격에 관한 사항
③ 주택건설 대지의 위치 및 면적
④ 조합원의 제명 · 탈퇴 및 교체에 관한 사항
⑤ 조합임원의 수 · 업무범위(권리 · 의무 포함) · 보수 · 선임방법 · 변경
　 및 해임에 관한 사항
⑥ 조합원의 비용부담 시기 · 절차 및 조합의 회계
⑦ 사업의 시행시기 및 시행방법
⑧ 총회의 소집절차 · 소집시기 및 조합원의 총회소집요구에 관한 사항

⑨ 총회의 의결을 요하는 사항과 그 의결정족수 및 의결절차, 이 경우 반드시 총회의 의결을 거쳐야 하는 사항은 건설교통부령으로 정한다.

⑩ 사업이 종결된 때의 청산절차, 청산금의 징수·지급방법 및 지급절차

⑪ 조합비의 사용내역과 총회의결사항의 공개 및 조합원에 대한 통지방법

⑫ 조합규약의 변경절차

⑬ 그 밖의 주택조합의 사업추진 및 조합의 운영을 위하여 필요한 사항

5. 부지확보 및 안전진단

(1) 대지확보

재건축을 위해서는 대지를 확보해야 합니다. 보통은 건물과 토지를 구분소유자들이 모두 갖고 있는 경우가 대부분이지만 건물에 대해서만 등기가 되어있는 경우도 있으므로 확인해 보아야 합니다. 재건축이란 건물에 대해서가 아닌 토지에 대한 것이 주가 되므로 토지의 확보에 특히 유의해야겠습니다.

대지의 수용에 있어서 일정한 부분을 확보하면 나머지 부분에 대해서는 강제로 토지를 수용할 수 있습니다. 이 경우 시가에 상당한 보상을 해주게 됩니다(평가를 거쳐).

집합건물의 대지권은 소유권인 경우가 많습니다. 그러나 집합건물의 대지의 소유자가 제3자이고 구분소유자들이 지상권이나 임차권한을 가졌을 때는 소유자에게는 재건축결의의 효력이 발생하지 않습니다. 민법 제622조 2항에 따라, 대지사용권이 임차권인 경우 건물 소유를 목적으로 하는 토지임대차는 그 건물이 멸실 또는 후폐하면 건물등기를 마쳤다해도 제3자에 대한 대항력이 소멸하게 됩니다. 따라서 기존건물이 철거되면 대지사용권이 소멸하기 때문에 소유자의 동의없이는 재건축을 할 수 없습니다.

지상권인 대지사용권이 존속하는 때 재건축이 이루어진다해도 재건축에 장기간이 소요되는 점을 감안하면 재건축이 곤란해집니다.

따라서 구분소유권자들은 대지소유자와 재건축된 집합건물의 대지
사용권에 대해 미리 합의를 해야 대지소유자로부터 토지명도청구
소송을 제기당하거나 재건축한 집합건물을 이용하지 못하는 경우
의 발생을 방지할 수 있을 것입니다.

(2) 안전진단의 실시

재건축조합이 노후·불량한 주택을 철거하고 그 철거한 대지 위에
주택을 재건축하고자 하는 경우에는 시장등에게 안전진단을 신청
해야 합니다(도시및주거환경정비법 제12조 1항). 시장등은 안전진
단의 신청을 받으면 그 실시여부를 결정하게 됩니다(도시및주거환
경정비법 제12조 2항). 안전진단의 대상·기준·실시기관·수수료
기타 필요한 사항에 대해서는 도시및주거환경정비법 시행령 제20
조 및 제21조에서 규정하고 있습니다.
안전진단은 건설교통부장관의 지정을 받은 안전진단전문기관 또는
시설안전관리공단이 실시하며, 기존주택이 공동주택인 경우에는 단
지내 수개동 중 일부만을 진단하여 그 결과에 따라 전체의 건축물
도 동일한 것으로 처리할 수 있습니다.
안전진단의 진단사항은
① 건물의 구조안전 및 설비에 관한 사항
② 건물의 가격, 수선·유지비 및 관리비용에 관한 사항
③ 재건축에 따른 토지이용도 및 경제성 판단에 관한 사항
④ 재해의 위험여부에 관한 사항(아파트 및 연립주택 이외의 주택
   으로서 시장 등이 재해방지를 위하여 재건축이 필요하다고 인
   정한 노후·불량한 주택에 한함. 단독주택도 포함)
⑤ 도시미관·토지이용도·난방방식·구조적 결함 또는 부실시공
   등의 재건축이 불가피한 사유(관할 시장·군수 또는 자치구의
   구청장이 인정한 주택에 한함)
⑥ 재건축에 관한 종합의견 - 다만 진단대상주택이 훼손되거나
   일부가 멸실되어 도괴 기타 안전사고의 우려가 있는 주택인

경우에는 ①~⑤의 사항은 생략할 수 있습니다.

재건축조합이 안전진단을 의뢰할 때에는 건축물관히대장 사본, 결함부위를 촬영한 사진 등을 첨부하여 안전진단기관에 의뢰해야 합니다. 이때 안전진단을 의뢰받은 안전진단기관은 90일 이내에 결과를 의뢰인에게 통보하여야 합니다.

안전진단결과보고서에는 다음 사항이 포함되어야 합니다.

1. 구조안전성에 관한 사항
   가. 기울기·침하·변형에 관련된 사항
   나. 콘크리트 강도·처짐 등 내하력(내하력)에 관한 사항
   다. 균열·부식 등 내구성에 관한 사항
2. 마감 및 설비노후도에 관한 사항
   가. 지붕·외벽·계단실·창호의 마감상태
   나. 난방·급수급탕·오배수·소화설비 등 기계설비에 관한 사항
   다. 수변전, 옥외전기 등 전기설비에 관한 사항
3. 비용분석에 관한 사항
   가. 유지관리비용
   나. 보수·보강비용
   다. 철거비·이주비 및 신축비용
4. 도시미관·재해위험도·환경성 등 주거환경에 관한 사항
5. 종합평가의견

6. 사업계획서

사업시행자는 제4조제3항의 규정에 의하여 고시된 정비계획에 따라 다음 각호의 사항을 포함하여 사업시행계획서를 작성하여야 합니다. 다만, 도시환경정비사업(기존건축물에 주택이 포함되어 있는 사업을 제외한다)의 사업시행계획서를 작성하고자 하는 때에는 제3호 내지 제5호의 내용을 포함하지 않을 수 있습니다.

1. 토지이용계획(건축물배치계획을 포함한다)

2. 정비기반시설 및 공동이용시설의 설치계획
3. 임시수용시설을 포함한 주민이주대책
4. 세입자의 주거대책
5. 임대주택의 건설계획
6. 건축물의 높이 및 용적률 등에 관한 건축계획
7. 정비사업의 시행과정에서 발생하는 폐기물의 처리계획
8. 시행규정(시장·군수 또는 주택공사등이 단독으로 시행하는 정비사업에 한한다)
9. 그 밖에 사업시행을 위하여 필요한 사항으로서 대통령령이 정하는 사항

7. 조합설립인가신청(도시및주거환경정비법 제16조)

주택재건축사업의 추진위원회가 조합을 설립하고자 하는 때에는 집합건물의소유및관리에관한법률 제47조제1항 및 제2항의 규정에 불구하고 주택단지안의 공동주택의 각 동(복리시설의 경우에는 주택단지안의 복리시설 전체를 하나의 동으로 본다)별 구분소유자 및 의결권의 각 3분의 2 이상의 동의와 주택단지안의 전체 구분소유자 및 의결권의 각 5분의 4 이상의 동의를 얻어 정관 및 건설교통부령이 정하는 서류를 첨부하여 시장·군수의 인가를 받아야 합니다. 인가받은 사항을 변경하고자 하는 때에도 또한 같습니다. 다만, 규정에 의한 경미한 사항을 변경하고자 하는 때에는 조합원의 동의없이 시장·군수에게 신고하고 변경할 수 습니있다.

주택단지가 아닌 지역이 정비구역에 포함된 때에는 주택단지가 아닌 지역안의 토지 또는 건축물 소유자의 5분의 4 이상 및 토지면적의 3분의 2 이상의 토지소유자의 동의를 얻어야 합니다.

조합이 도시및주거환경정비법에 의한 정비사업을 시행하는 경우 주택법 제38조의 규정을 적용함에 있어서는 조합을 동법 제2조제5호의 규정에 의한 사업주체로 보며, 조합설립인가일부터 동법 제9조의 규정에 의한 주택건설사업 등의 등록을 한 것으로 봅니다.

조합 설립신청 및 인가절차 등에 관하여 필요한 사항은 대통령령으로 정합니다.

조합설립인가신청을 할 때에는 창립총회의사록 및 조합장선출동의서, 조합원전원 연명한 조합규약, 사업계획서 및 결의사항 증명서류 등을 첨부해야 합니다.

주택조합 설립인가권자는 재건축조합의 사업내용이 관계법령에 저촉되지 않는 경우라도 사회질서에 위배될 것이 명백한 때에는 관계법령에 의한 근거가 없더라도 인가를 거부할 수 있습니다.

조합설립인가를 받은 날로부터 2년 이내에 사업계획의 승인을 얻어야 하나 기간내에 승인신청하지 않은 주택조합에 대해서는 설립인가를 취소할 수 있습니다.

8. 시공자 선정

주택재건축사업은 20명 이상의 노후·불량한 주택 소유자가 20명 이상의 재건축조합을 구성하여, 주택을 철거하고 그 대지에 새로운 주택을 건설하는 사업을 말하는 것입니다. 따라서 재건축조합이 원칙으로 재건축사업의 주체가 된다고 할 수 있습니다. 그러나 재건축조합은 법인격이 없고 시공능력도 없기 때문에 단독으로 주택건설사업을 시행하지 못하고, 주택건설사업자로서 자격을 갖춘 사업자를 공동주체로 하여 주택건설사업을 시행하게 됩니다.

일반적으로 재건축조합은 설립단계에서 설계와 시공을 담당할 설계사무소나 건설회사를 선정하여 가계약 또는 본계약을 체결합니다. 시공회사의 선정에 따라 재건축사업의 성패가 갈리기도 하기 때문에 공사비나 이주비 등의 자금동원능력이 충분하고, 시공능력과 신용도가 높은 건설회사를 신공회사로 선정하는 것이 중요합니다. 시공회사를 선정할 때는 전체조합원의 동의를 얻을 수 있도록 공개입찰방식 등으로 조합 창립총회에서 공개적으로 선정하는 것이 바람직합니다. 그러나 총회나 규약에서 조합장이나 대의원회에 시공회사 선정을 위임했으면 이들이 선정한 시공회사가 재건축시공회사로서 자격이 있습니다.

재건축조합과 시공회사간의 공사계약 체결방식은 재건축사업에 따른 개발이익을 나누는 방식에 따라 도급제와 지분제로 나눌 수 있습니다.

① 도급제

일반적인 건축공사의 발주방식으로 건축물 평당공사비를 정하여 공사계약을 체결하고 공사 도중에 물가상승이나 설계변경 등 공사비 증가요인이 발생하면 조합원이 추가로 공사비용을 부담해야 합니다. 도급제는 건축공사의 진행이 빠르다는 점과 시공회사에서는 공사비만 지급하면 되므로 개발에 따른 이익은 조합원에게 환원된다는 장점이 있습니다. 그러나 조합원들은 수차례에 걸쳐 건축공사비 지급에 따른 금전적인 부담을 져야 하며, 이들에 의해 공사비 인상에 따른 추가비용이 지급되지 않을 경우 부실공사가 우려됩니다.

② 지분제

조합원의 소유토지 또는 건축면적에 따라 일정비율의 아파트면적을 조합원에게 제공하고 잔여주택과 상가·복리시설 등은 매각하여 공사비에 충당하는 방식입니다. 조합원은 계약 당시에 정한 부담금만 지급하면 되어 주민들에게 개발이익을 보상하는 대신 사업결과로 발생한 추가이익은 시공자에게 귀속되는 대물보상제도입니다.

재건축 종료 후 잔여건물의 매각대금을 건축비에 우선적으로 충당하고 부족한 금액은 조합원들이 추가로 부담합니다. 잔여건물 매각대금이 건축비를 초과하면 조합원에게 정산금으로 지급할 수도 있습니다. 지분제는 재건축 기간동안 조합원들의 건축비 추가부담이 없다는 장점이 있습니다. 그러나 막대한 개발이익을 시공회사가 독점하는 단점이 있으며, 공사기간이 장기화되면 시공회사는 추가이익에 따른 위험부담을 안게 될 가능성이 큽니다.

예전에는 도급제가 선호되었으나 최근 들어서는 지분제가 주류를 이루고 있습니다.

하지만 지분제로 계약을 하는 경우에도 시공회사는 지분계약으로
인한 위험부담을 줄이기 위하여 필요한 단서조항(연면적감소, 지가
감정 조건, 이주기간 조건)을 공사계약서에 명시하기 때문에, 실제
로 주민들에게 돌아가는 개발이익이 감소하는 일도 많습니다.
이에 따라 조합과 시공회사간의 갈등이 불거질 소지가 크고, 이것
은 재건축사업의 추진에 장애가 될 수 있으므로, 공사계약방식의
결과로서의 이해득실을 검토하여 전체 조합원의 의견을 듣고 총회
의 의결을 통해 계약체결 방식을 결정해야 할 것입니다.

9. 주택건설사업계획의 신청 · 승인

주택건설사업계획을 신청할 때에는 주택건설사업계획서 · 주택 및 시설배
치도 · 건축허가 제출도서 · 대지조성공사설계도서 · 공공시설의 귀속에 관한
서류 · 기존주택의 철거계획서 · 주택처분계획서와 기타 서류를 같이 제출합
니다.

사업계획승인이란 재건축조합을 비롯한 주택조합이 추진하는 주택건설사
업의 모든 사업내용(조합원의 확정, 주택이나 복리시설의 규모 · 배치와 배
분기준, 잉여건물의 처분방법 등)을 최종적으로 확정하고 승인하는 행정처
분절차를 말합니다.

행정관청의 사업계획승인은 재건축조합이 정한 사업계획내용에 대하여
동의를 함으로써 재건축조합의 사업계획결정을 유효하게 만드는 행위를 말
합니다.

따라서 행정관청의 사업계획승인은 인가(행정행위)로 보아야 합니다.

사업계획의 승인은 재건축조합이 정한 사업계획결정행위를 완성시키는
행정행위로서 재건축조합의 신청에 의해 정해지고, 행정관청은 이에 동의여
부를 결정할 뿐 재건축조합의 사업계획승인신청이 없는데도 행정관청이 먼
저 승인신청절차를 밟거나 재건축조합이 신청한 내용을 일부 수정하여 승
인하는 것은 원칙적으로 불가능합니다. 다만, 법령이 정하는 범위 내에서
시정명령이나 행정지도를 할 수는 있습니다.

사업계획의 승인을 얻기 위해서는 조합설립인가일로부터 2년 이내에 주택건설사업계획 승인신청서를 구비서류와 함께 승인권자에게 제출해야 합니다. 이때 20호 이상의 주택건설사업계획의 승인권자는 건설교통부장관이지만 시·도지사에게 그 승인권이 위임되어 있고, 시장·군수 또는 자치구의 경우 시·도지사의 승인권이 다시 구청장에게 재위임되어 있습니다.

사업계획승인신청서를 접수한 승인권자는 관현 담당부서와 협의를 해야 하고, 협의부서에서는 협의관계서류와 승인신청서를 검토하여 적정여부를 15일 이내에 업무주관부서에 회신해야 합니다.

사업계획승인시 승인권자의 확인사항으로는
① 해당부서는 소관업무별 인가·허가·평가·심의해제·용도폐지·시설기준 등에 적정성검토결과를 회신합니다. 이때 사업시행에 따른 부관사항을 명시해야 합니다(30일 이내).
② 조합원자격적정여부 확인 및 전산조회
③ 대지소유권 확인·저당권설정여부 등(토지대장, 건축물관리대장, 토지·건물등기부등본상 소유권 일치여부)을 검토
④ 진입도로등 기반시설용지(공공용지) 기부채납 명시(인가서 기재, 측량성과도 등)
등을 하게 됩니다.

사업계획의 승인에 관한 업무협의가 종료되면 부서별 회신내용을 점검하여 사업계획승인서와 승인내역을 작성하고, 신청자에게 승인사항을 통보합니다.

승인권자는 사업승인시 주택건설사업계획승인서를 신청자에게 교부한 후 해당부서에 통보하고, 상급기관에 보고를 합니다.

10. 이주·건축물 철거·멸실신고

사업승인을 얻게되면 재건축조합은 조합원 및 거주자의 이주를 기간을 정하여 추진하게 됩니다. 완전 이주후에는 건축물을 철거하고 멸실신고를

하여야 합니다

이에 대해서는 건축법 제27조와 건축법 시행규칙 제24조에서는 아래와 같이 규정하고 있습니다.

· 건축법 제27조(건축물의 철거등의 신고)

① 건축물의 소유자 또는 관리자는 그 건축물을 철거하는 경우 철거를 하기 전에 시장·군수·구청장에게 신고하여야 한다.

② 건축물의 소유자 또는 관리자는 그 건축물이 재해로 인하여 멸실된 경우에는 멸실후 15일이내에 신고하여야 한다.

③ 제1항 및 제2항의 규정에 의한 신고의 대상이 되는 건축물과 신고 절차등에 관하여는 건설교통부령으로 정한다.

· 건축법시행규칙 제24조(건축물 철거·멸실의 신고)

① 법 제27조제1항의 규정에 의하여 법 제8조의 규정에 의한 허가대 상건축물을 철거하고자 하는 자는 철거예정일 7일전까지 별지 제 25호서식의 건축물철거·멸실신고서(전자문서로 된 신고서를 포함 한다. 이하 이 조에서 같다)를 시장·군수·구청장에게 제출하여야 한다.

② 법 제8조의 규정에 의한 허가대상 건축물이 멸실된 경우에는 법 제27조제2항의 규정에 의하여 별지 제25호서식의 건축물 철거· 멸실신고서를 시장·군수·구청장에게 제출하여야 한다.

11. 착공신고(건축법 제16조)

건축법 제8조·제9조 또는 제15조제1항의 규정에 의하여 허가를 받거나 신고를 한 건축물의 공사를 착수하고자 하는 건축주는 건설교통부령이 정 하는 바에 의하여 허가권자에게 그 공사계획을 신고하여야 합니다. 다만, 건축법 제27조의 규정에 의하여 건축물의 철거를 신고한 때에 착공예정일 을 기재한 경우에는 그러지 않습니다

위의 규정에 의하여 공사계획을 신고하거나 변경신고하는 경우 해당공사

감리자(건축법 제21조제1항의 규정에 의한 공사감리자를 지정한 경우에 한
함) 및 공사시공자가 그 신고서에 함께 서명하여야 합니다.

건축주는 건설산업기본법 제41조의 규정에 위반하여 건축물의 공사를 하
거나 하게 할 수 없으며, 건축법 제8조의 규정에 의하여 허가를 받은 건축
물의 건축주는 위의 규정에 의한 신고를 하는 때에는 그 신고서에 건축물
의 용도·규모 및 형태에 관한 사항과 기술적인 사항이 표시된 건설교통부
령이 정하는 설계도서와 건축법 제9조의2제2항의 규정에 의한 각 계약서의
사본을 첨부하여야 합니다.

12. 분양공고 및 분양신청(도시및주거환경정비법 제46조·제47조)

재건축조합은 사업시행인가의 고시가 있은날(주택재건축사업의 경우에는
도시및주거환경정비법 제11조의 규정에 의하여 시공자를 선정하여 계약을
체결한 날)부터 21일 이내에 개략적인 부담금내역 및 분양신청기간 그 밖
에 대통령령이 정하는 사항을 토지등소유자에게 통지하고 분양의 대상이
되는 대지 또는 건축물의 내역 등 대통령령이 정하는 사항을 해당지역에서
발간되는 일간신문에 공고하여야 합니다. 이 경우 분양신청기간은 그 통지
한 날부터 30일 이상 60일 이내로 하여야 합니다. 다만, 사업시행자는 도시
및주거환경정비법 제48조1항의 규정에 의한 관리처분계획의 수립에 지장이
없다고 판단되는 경우에는 분양신청기간을 20일의 범위내에서 연장할 수
있습니다.

대지 또는 건축물에 대한 분양을 받고자 하는 토지등소유자는 위의 규정
에 의한 분양신청기간 이내에 대통령령이 정하는 방법 및 절차에 의하여
재건축조합에게 대지 또는 건축물에 대한 분양신청을 하여야 합니다.

재건축조합은 토지등소유자가 분양신청을 하지 않거나 분양신청을 철회
한 자 및 관리처분계획에 의하여 분양대상에서 제외된 자에게는 그 해당일
로부터 150일 이내에 대통령령이 정하는 절차에 따라 토지·건축물 또는
그밖의 권리에 대해 현금으로 청산해야 합니다.

① 조합원 동호수 추첨 - 경찰관 입회하에 추첨하며, 추첨결과는 당사자

와 주택과·세무1과·국민은행 등에 통보하게됩니다.

② 분양가 심의 – 종전의 토지를 평가하여 분양가를 심의하고, 채권채
고액을 결정한 후 분양가를 결정하게 됩니다. 이때 투기과열지구로
지정된 지역은 승인을 얻어야 합니다(주거전용면적이 85제곱미터 이
하인 경우에서는 분양가상한제가 적용됩니다. 포함항목은 택지비·공
사비·설계감리비 및 그밖의 건설교통부령이 정하는 비용을 합한 금
액 이내에서 공급해야 합니다.).

③ 일반분양 – 조합원분을 제외한 잔여세대가 20세대 이상인 경우에는
일반분양을 하게 됩니다. 하지만 잔여세대가 20세대 미만인 경우에는
조합원 자격을 갖춘 사람에게 임의분양을 할 수 있습니다.

13. 건축

상기의 모든 사항이 완료되면 건물을 건축하게 됩니다.

이때에는 재건축조합에서의 특별한 사항은 별로 없게됩니다. 어차피 공사
는 건설회사가 하는 것이므로 건축비의 심사 및 집행등에 관한 부분을 확
인하는 정도에 그칩니다. 건축의 감리는 300가구 이상인 경우에는 감리회사
가 담당하고, 그 이하인 경우에는 건축사가 담당합니다.

만약 건설회사가 파산 등으로 건축을 계속할 수 없는 경우에는 시공을
보증한 회사가 나머지 공사를 계속하게 됩니다. 다만, 시공보증자가 없거나
시공보증자도 파산 등으로 공사를 할 수 없는 경우에는 입주예정자의 대표
회의가 시공자를 재선정하여 잔여공사를 시공하고 사용검사를 받게 됩니다.

14. 사용검사(주택법 제29조)

건축물에 대한 사용검사는 건축허가를 받은 건물이 허가사항대로 건축되
었는지를 확인하고 사용검사필증을 교부하여 건물을 사용·수익할 수 있게
하는 법률효과를 발생시키는 행정처분을 말합니다.

재건축조합은 사업계획승인을 얻어 시행하는 주택건설사업을 완료한 경

우에는 주택 또는 대지에 대하여 건설교통부령이 정하는 바에 의하여 시장·군수·구청장(국가·대한주택공사 및 한국토지공사가 사업주체인 경우와 대통령령이 정하는 경우에는 건설교통부장관)의 사용검사를 받아야 합니다. 다만, 사업계획승인조건의 미이행 등 특별한 사유가 있어 사업을 완료하지 못하고 있는 경우에는 완공된 주택에 대하여 동별로 사용검사를 받을 수 있습니다.

사용검사를 받은 후가 아니면 입주 및 사용을 할 수 없습니다. 하지만 재건축의 경우에는 동별로 공사가 완료된 경우에는 임시사용승인을 받아 입주 및 사용을 할 수 있습니다(주택법시행령 제36조).

사용검사를 신청할 때에는 사용검사신고서·설계도서·공사감리보고서를 작성하여 검사권자에게 신청합니다.

사용검사를 신청받은 검사권자는 주택소유의 전산조회 및 사업시행인가 내용과의 일치여부를 확인하여 신청일로부터 15일 이내에 검사하여야 합니다(주택법 시행령 제34조).

검사권자는 사용검사를 한 후 재건축조합 및 해당부서에 통지하고 상급기관에 보고해야 합니다.

15. 확정측량

재건축한 건물의 토지를 지적공부에 등록하거나 지적공부에 등록된 경계점을 지상에 복원할 목적으로 소관관청 또는 지적측량수행자는 각 필지의 경계 또는 좌표와 면적을 정하는 지적측량을 합니다(지적법 제32조).

도시개발사업 등이 완료됨에 따라 경계점좌표등록부에 토지의 표시를 새로이 등록하기 위해 실시하는 지적측량을 지적확정측량이라고 합니다(지적법 제41조의3).

지적측량수행자는 규정에 의한 지적측량의뢰가 있는 때에는 지적측량을 실시하여 그 측량성과를 결정하여야 합니다.

지적측량의뢰 및 측량성과결정 등에 관하여 필요한 사항은 행정자치부령으로 정합니다.

16. 공공시설의 귀속(주택법 제30조)

　사업지구내의 새로이 공공시설을 설치하거나 기존의 공공시설에 대체되는 공공시설을 설치하는 경우에는 그 공공시설의 귀속에 대해서는 국토의 계획및이용에관한법률 제65조 및 제99조의 규정을 준용하게됩니다. 이 경우 "개발행위허가를 받은 자"는 이를 "사업주체"로, "개발행위허가"는 이를 "사업계획승인"으로, "행정청인시행자"는 이를 "대한주택공사·한국토지공사 및 지방공사"로 봅니다.

　행정청인시행자에게 귀속되는 공공시설은 당해 국민주택사업을 시행하는 목적외에는 이를 사용하거나 처분할 수 없습니다.

17. 청산

　위의 모든 절차가 완료되면 조합원에게 부담금을 징수하고, 잉여금이 남은 경우에는 이를 조합원에게 배분한 후 등기소에 등기를 촉탁하고 재건축의 목적이 달성되었으므로 재건축조합은 해산하고 관련서류를 관리사무소에 이관하면 재건축은 종료되는 것입니다.

제2편. 재건축 질의답변

제2편 재건축 질의 답변

◪ 아파트지구만 지정되고 아파트지구개발기본계획이 지정되지 않은 경우 정비구역으로 인정되는지?

【답변】 ➡

아파트지구만 지정된 경우 정비구역으로 인정되나 도시및주거환경정비법 부칙 제5조 후단에서 아파트 지구개발기본계획이 수립되어야 정비계획이 수립된 것으로 간주하고 있으므로 정비계획을 추가로 수립하여야 재건축사업추진이 가능합니다.

�‍◉ 재해등에 의해 노후 · 불량주택으로 보아 조합설립인가를 받은 단독주택지는 정비구역으로 간주되고 있는데 이 경우 정비계획 수립이 필요한지?

【답변】 ➡

동규정에는 조합설립인가만으로 신법에 의한 정비구역을 인정하고 있으며 정비계획에 대한 별도의 언급이 없습니다. 또한 동규정에 해당하는 조합은 시장 · 군수 · 구청장이 재해 방지를 위해 재건축이 필요하다고 인정하는 경우이므로 신속한 사업추진을 위하여 정비계획수립 없이 사업시행인가 신청이 가능합니다.

◈ 정비계획은 지구단위계획으로 간주되어 도시계획결정을 의제한
다고 볼 수 있으므로 정비계획수립시 일반주거지역 종세분을 할
수 있는지?

【답변】 ➡

　　정비계획의 내용에는 일반주거지역 종세분이 포함되어 있지 않
으므로 정비계획으로 종세분은 할 수 없습니다.

◎ 종전 주택촉진법에 의하여 재건축사업을 시행하기 위한 지구단
위계획이 도시및주거환경정비법 시행 이후에 결정고시 되었을
경우와 지구단위계획 구역만 지정되었을 경우 새법에 의한 정비
구역 및 정비계획으로 볼 수 있는지?

【답변】 ➡

도시및주거환경정비법 부칙 제5조의 규정에 의하여 법 시행전
(2003.7.1)에 재건축을 위한 지구단위계획구역만 지정된 경우에는
정비구역으로는 볼 수 있으나 정비계획이 수립된 것으로는 볼 수
없으므로 동법 제4조의 규정에 따라 정비계획이 수립된 후 재건
축이 추진되어야 합니다.

또한 법 시행일 이전에 수립중인 지구단위계획은 동법시행령
제9조제2항의 규정에 의하여 기 진행된 공람절차 또는 도시계획
위원회 심의 등을 거친 경우에는 법 제4조의 규정에 의한 정비계
획 수립을 위한 공람절차 또는 도시계획위원회 심의 등을 거친것
으로 보고 있으므로 질의의 경우와 같이 법 시행이전에 진행중인
지구단위계획은 법 시행 후에는 이미 진행된 절차까지 인정되는
것이나 앞으로의 절차는 새 법에 따라야 하는 것입니다.

◈ 기존의 단독주택을 재건축하고자 하는 경우 단독주택이외의 공
동주택이 일부 포함된 지역도 가능한지?

【답변】 ➡

　　도시및주거환경정비법시행령 제10조 별표1 제3호 나목의 규정
에 의한 기존의 단독주택을 재건축하고자 하는 경우에는 기존의
단독주택이 200호 이상 또는 그 부지면적 1만㎡이상인 지역
(2005.5.19. 개정 시행)에 대하여 정비계획 수립 및 정비구역을
지정하여 재건축을 할 수 있으나 질의의 경우와 같이 당해 구역내
일부 공동주택의 포함여부는 정비구역 지정권자가 공동주택의 위
치, 정비계획의 내용 등을 고려하여 결정할 수 있습니다.

◎ 기존의 단독주택을 재건축하고자 하는 요건중 당해 지역안의 도로율을 20%이상으로 확보하도록 규정한 내용중 당해 지역안의 도로율의 의미?

【답변】 ➡

　도시및주거환경정비법시행령 제10조제1항 관련 별표1 제3호나목(3)의 당해 지역안의 도로율은 기반시설이 양호한 지 여부를 판단하기 위한 것으로 재건축구역내 전체면적중 실제 도로면적이 차지하는 비율을 말하나 도로율 산정에 도시계획도로가 아닌 공동주택 단지내 도로는 포함하지 않는 것으로 사료됩니다.

◙ 정비구역 지정대상이 아닌 지역(200세대미만, 1만㎡미만인 단독
주택지)에서 재해방지를 위하여 재건축이 필요한 경우 정비구역
지정이 가능한지?

【답변】 ➡

　　도시및주거환경정비법시행령 제10조제1항 별표1에 의한 정비계
획 수립 대상이 아닌 기존의 단독주택지의 경우는 건축법 제54조
의 규정에 의한 재해관리구역으로 지정된 지역에 한하여 정비계획
을 수립하여 재건축정비사업의 추진이 가능할 것으로 사료됩니다

◎ 단독주택 · 공동주택 및 근린생활시설이 혼합된 지역으로 그 부
   지면적이 1만㎡이상일 경우 정비구역 지정이 가능여부 및 정비
   구역지정 기준요건 적용범위?

【답변】 ➡

　　정비구역 지정대상인 1만㎡ 이상인 단독주택지에 공동주택 및
근린생활시설을 포함할수 있는지 여부는 당해 사업의 목적 및 지
역의 여건 등을 고려하여 결정하여야 할 사항이며 동구역의 지정
요건 등은 동법시행령 별표1을 참조하시기 바랍니다.

◎ 종전 법률에 의하여 사업승인된 재건축단지(200세대 이상, 1만
㎡이상인 경우)에 대하여 인근 단독주택지를 포함하여 재건축사
업을 시행할 경우 정비구역변경 가능여부?

【답변】 ➡

　　종전 법률에 의하여 사업승인된 재건축단지가 새법에 의한 정
비구역지정 대상인 경우(200세대 이상, 1만㎡ 이상 : 2005.5.19.
개정 시행)에 인근 단독주택지를 새로이 포함하여 재건축사업을
시행하는 경우에는 신법에 의한 규정에 따라야 하는 것입니다.

◎ 건축법에 의하여 각각 허가받은 20세대 미만의 연립주택(5개동 32세대)이 연접하여 밀집되어 있을 경우 하나의 재건축사업 구역에 포함하여 시행이 가능한지?

【답변】 ➡

　건축법에 의하여 각각 허가받은 20세대 미만의 각각의 연립주택이 연접하여 밀집된 재건축 지역(5개동 32세대)은 새 법에 의한 정비구역 지정 대상이 아니므로 새 법에 의한 재건축사업으로 추진할 수 없습니다.

◑ 추진위원회는 정비구역 지정 전에도 승인신청이 가능한지?

【질의】 ➡기존에 운영중인 추진위원회가 있는 상황에서 법 시행 후 새로 추진위원회를 구성하여 승인신청 가능한지?

【답변】 ➡

추진위원회는 정비구역 지정 후에 구성되는 것이 원칙이나 법 시행이전에 운영중인 추진위원회와 기본계획에 반영된 정비사업은 정비구역 지정 전에도 승인신청이 가능합니다.

기존에 운영중인 추진위원회가 있는 경우에도 추진위원회 승인신청 가능하나 기존에 운영중인 추진위원회에게 12월30일까지 승인신청 우선권이 있으므로 기존 추진위원회가 12월 30일까지 승인 받지 못하거나 자발적으로 해체된 경우에 승인이 가능합니다.

◈ 종전 규정에 의한 조합설립추진위원회에 대하여 중복동의를 인
   정할 수 있거나 새법에 의한 조합설립추진위원회에 대한 동의서
   로 인정할 수 있는지?

【답변】 ➡

　　도시및주거환경정비법 제13조의 규정에서 2개 이상의 추진위원
회에 대한 중복동의를 금지하고 있지 않으며 2개 이상의 추진위
원회의 승인신청이 있는 경우에는 먼저 접수된 추진위원회가 우선
승인대상이 되는 것이고 기존에 운영중인 추진위원회가 기 징구한
동의서에 임원 5명에 대한 동의가 포함되어 있고 동의자가 인감
증명서를 첨부하였다면 신법에 의한 추진위원회 동의서로 인정할
수 있으며 기 징구한 동의서에 임원5명에 대한 동의가 포함되어
있지 않은 경우에는 임원 5명에 대한 선정을 증빙하는 서류를 첨
부하는 경우도 인정할 수 있습니다.

◎ 재건축, 지역, 직장 등 12개 단위조합이 모여 연합조합으로 구성
되어 있을 경우, 주체권이 어디에 있는지?

【답변】 ➡

조합의 연합이란 조합의 합병과는 달리 두 개 이상의 주택조합
이 각각 조합으로서의 독립성을 그대로 유지하고 공존하면서 사업
만을 공동으로 시행하는 것이므로 원칙적으로 각 조합이 당해 조
합원 및 사업에 대한 주체권을 갖는다고 사료됩니다.

단, 연합조합 결성에 따른 연합조합의 운영 등에 관한 사항은
각 단위조합간에 협약한 내용에 따라야 할 것으로 사료됩니다.

◈ 가. 건교부 표준규약 제8조제6항에 의하면 『~ 조합원이 유고로 인하여 ~ 그 권리를 행사할 수 있다』고 되어 있는데 조합원이 사망한 경우에 "유고"의 범위에 포함하여 상속자가 그 권리를 행사할 수 있는지?

　나. 당 조합규약 조항에 "등록된 인감으로 대리인계를 작성하여"라고 되어 있는 내용의 해석과 관련하여 구청과 저희 조합이 논란을 하고 있습니다. 조합규약의 해석과 운영은 구청에 있는지 아니면 저희 조합에 있는지?

【답변】 ➡

가. 질의 "가"에 대하여

건교부 재건축표준규약 제8조제6항의 "유고"라 함은 조합원이 사고, 질병, 요양, 해외여행, 사망 등으로 총회에 참석하지 못하는 경우를 의미하는 것이며, 조합원이 사망으로 인하여 그 권리를 행사할 수 없는 경우 상속법에 의한 상속자가 그 권리를 행사할 수 있다고 사료됩니다.

나. 질의 "나"에 대하여

조합규약은 조합원의 권리 의무, 임원의 선출방법, 조합의 운영 등에 관한 사항을 조합원의 의사를 반영하여 조합에서 정한 기본규약 인바, 동 조합규약 내용의 해석에 대한 논란이 있는 경우에는 이에 대한 해석은 원칙적으로 이를 제정한 당해 조합에 있다 할 것이며, 조합내부에서도 동 내용에 대한 논란이 있는 경우에는 조합규약등에서 정하는 바에 따라 처리하여야 할 것으로 사료됩니다.

◎ 가. 조합규약을 조합총회에서 변경 결의하였을 경우 인가관청에 변경인가를 받지 않아도 효력이 발생하는지?

나. 인가 받은 조합규약에서 정한 절차에 따르지 아니하고 조합규약변경, 조합장 선출, 해임 등을 하였을 경우 이에 대한 효력은?

다. 조합총회를 소집한 조합장이 자신을 지지하는 조합원만 참석시켜 총회를 개최하였을 경우 소집한 총회는 유효한지?

【답변】 ➡

가. 질의 "가" 에 대하여

인가 받은 조합규약에 대하여 변경이 있는 경우 그 변경된 조합규약은 인가관청에 인가를 받아야 효력이 있는 것이며,

나. 질의 "나" 에 대하여

조합규약의 변경, 조합장의 선출 및 해임에 관하여는 조합규약에 정한 절차에 따라야 할 것입니다.

다. 질의 "다" 에 대하여

소집된 총회의 유효성 여부는 조합규약에 정한 총회 소집의 권한이 있는 자가 소집하였는지 여부, 총회의 개의 및 결의요건 등 총회의 절차와 내용 등을 준수하였는지 여부에 따라 판단할 사항이라고 사료됨. 단, 일부 조합원에 대하여 총회에 참석하지 못하도록 하여 총회를 개최한 사실에 관하여는 법률전문가의 자문을 받으셨으면 합니다.

◎ 재건축조합 사업승인지역을 분할하여 지역조합을 결성한 후 공
동으로 사업을 추진할 수 있는지 여부?

【답변】 ➡

재건축은 노후, 불량한 주택을 철거하고 그 철거한 대지 위에
주택을 건설하기 위하여 기존 주택의 소유자가 조합을 자율적으로
결성하여 추진하는 제도로서 조합원의 자격, 조합설립인가, 사업계
획승인 등의 요건이 지역조합과 상이하므로 재건축사업계획승인지
역 내에 지역조합을 결성하여 공동으로 사업을 추진할 수 없음.
그러나 재건축사업대상지역과 별도로 지역조합의 주택지가 인접하
고 있다면 재건축조합과 연합하여 사업추진은 가능하리라 여겨집
니다.

◈ 재건축조합장 명의는 구분소유자인 장남으로 등록되어 있으나,
  그 부친이 조합장으로서 실질적인 권한의 행사를 대행할 수 있
  는지 여부?

【답변】 ➡

　　조합장 권한 대행은 당해 조합장이 권한을 행사할 수 없는 개
관적 사유가 있는 경우(유고시 등)에 그 권한을 위임받은 자가 위
임된 범위 내에서 권한을 행사할 수 있을 것으로 사료되며, 조합
장이 권한을 행사할 수 있음에도 그 권한과 지위를 포괄적으로 위
임하는 것은 타당치 않다고 보여집니다.

✪ 재건축조합원이 아닌 자를 조합장으로 선임할 수 있는지 여부 ?

【답변】 ➡

선임할 수 없습니다. 재건축조합장 등 조합임원의 자격요건에 관하여는 주택건설촉진법령에 직접적으로 정하고 있지 아니하며, 동법 시행령 제42조제7항에서 조합임원의 권리,의무 및 그 선임방법에 관하여는 조합규약에 포함하도록 규정하고 있음. 그러나 이와 관련한 소송에서 법원(대전지방법원)은 조합원이 아닌 자 중에서 조합장의 선출 행위는 무효라는 판결을 한바 있습니다.

◎ 조합장의 유고로 법원에 특정인을 조합장 직무대행 선임신청을
하여 임시조합장 허가를 받아 업무를 추진중 조합총회를 소집하
여 정식 조합장으로 선출되어 구청의 인가까지 받았는데, 총회
가 무효라는 법원의 판결이 있을 경우, 구청의 인가를 받은 조합
장과 법원의 허가를 받은 임시조합장의 자격 존속 여부, 만약 자
격이 상실될 경우 그 자격 상실 시점은?

【답변】 ➡

　　"인가" 란 제3자의 법률적 행위에 대하여 그 효력을 보충 완성
시키는 행정행위입니다.

　　따라서 인가행위의 성격으로 보아 조합장 선임행위인 제3자의
법률적 행위가 실효된다면 인가행위도 실효되는 것으로 보아야 할
것입니다. 그리고 법원이 선임한 임시조합장 자격의 존속 여부는
법원의 판결내용에 의거 판단할 사항으로 여겨집니다.

◎ 가. 조합원이 사망하여 부인이 상속받은 경우, 상속인은 조합원 자격을 자동 승계하는 것인지?

나. 조합원의 사망으로 상속은 받지 않았으나 상속인에 대한 자격 지속여부

다. 조합원이 점유한 국유지 부분에 대해 사업주체가 국유지 불하시 해당 조합원에게 국유지 불하에 대한 동의서를 받아야 하는지?

라. 사업부지의 일부 대지의 소유자가 매매협의를 거부하여 착공이 지연되는 바, 부분착공이 가능한지?

마. 조합원이 신탁등기를 거부하였을 때 착공 및 분양이 가능한지?

【답변】 ➡

가. 질의 '가'에 대하여

법무부 소관법률인 집합건물의소유및관리에관한법률 제49조에는 '재건축의 결의에 찬성한 각 구분소유자, 재건축의 결의의 내용에 따른 재건축에 참가할 뜻을 회답한 각 구분소유자 및 구분소유권 또는 대지사용권을 매수한 각 매수지정자(이들의 승계인 포함)는 재건축의 결의의 내용에 따른 재건축에 합의한 것으로 본다'라고 규정되어 있습니다.

나. 질의 '나'에 대하여

주택건설촉진법시행령 제42조 제3항 제3호에 의하면 재건축조합의 구성원은 노후·불량주택의 소유자(당해 주택에 부속되는 대지 포함) 또는 복리시설의 소유자(당해 복리시설에 부속되는 대지 포함)입니다.

다. 질의 '다', '라' 및 '마'에 대하여

재건축조합과 등록업자가 공동으로 주택을 건설하고자 하는 경우에는 사업계획승인 신청시에 주택건설촉진법 시행령 제34조의4 제2호에서 주택조합이 주택용 대지의 소유권을 확보하도록 규정하고 있음. 이 경우 "주택조합의 주택용대지 소유권 확보"라 함은 주택조합 또는 주택조합 구성원 개개인이 등기부등본상 토지소유권을 확보하고 있는 경우를 의미하는 것이며, 신탁등기에 관하여는 주택건설촉진법령에서는 정하고 있지 아니하므로 당해 조합규약에 따르면 됩니다.

◎ 저는 주택 2채를 보유하고 있다가 1주택이 재개발 시행으로 인해 멸실된 상태입니다. 그런데 사정이 생겨서 남은 주택을 팔려고 하는데 양도세를 비과세 받을 수 있을까요?

【답변】 ➡

　귀하와 같이 1세대 2주택 보유자가 1주택이 재개발 시행으로 멸실된 상태에서 나머지 1주택을 양도하는 경우 당해 주택이 양도일 현재 3년 보유 요건을(서울, 과천 및 5대 신도시 지역은 3년 이상 보유 및 2년 이상 거주해야 함)갖추었다면 양도소득세가 비과세됩니다. 이는 재개발이나 재건축 대상 주택의 경우 철거(멸실) 후 완공될 때까지는 세법에서 주택으로 간주하지 않은 데 따른 것입니다.

　한편 1주택과 재개발아파트 입주권을 함께 소유하던 1세대가 재개발아파트의 완공으로 1세대 2주택이 된 때에는 그 사용검사일(또는 사용승인일)로부터 1년 이내에 재개발아파트외 나머지 1주택을 양도할 경우 양도일 현재 3년 이상 보유 및 2년 이상 거주(서울, 과천 및 5대 신도시 지역에 한함)하였으면 양도소득세를 비과세 받을 수 있습니다.

◑ 저는 연립주택의 1가구를 구분소유하고 있는데, 얼마 전 각 동별 가구의 5분의 4 이상이 찬성하여 재건축결의가 성립되었습니다. 그러나 저는 재건축에 찬성하지 않았고, 재건축에의 참가여부를 묻는 통지를 받고도 불참할 것을 통보하였습니다. 그런데 이 경우 법적으로 재건축참가자 등이 저의 구분소유권을 매도할 것을 청구 할 수 있다고 들었는데, 이러한 법 규정은 국민의 기본권을 과도하게 침해하는 것으로서 위헌이 아닌지요?

【답변】 ➡

집합건물의소유및관리에관한법률 제47조 제1항, 제2항에 의하면 "①건물 건축 후 상당한 기간이 경과되어 건물이 훼손 또는 일부 멸실되거나 그 밖의 사정에 의하여 건물의 가격에 비하여 과다한 수선·복구비나 관리비용이 소요되는 경우 또는 부근 토지의 이용상황의 변화나 그 밖의 사정에 의하여 건물을 재건축하면 그에 소요되는 비용에 비하여 현저한 효용의 증가가 있게 되는 경우 관리단집회는 그 건물을 철거하여 그 대지를 구분소유권의 목적이 될 신건물의 대지로 이용할 것을 결의할 수 있다. 다만, 재건축의 내용이 단지내의 다른 건물의 구분소유자에게 특별한 영향을 미칠 때에는 그 구분소유자의 승낙을 얻어야 한다. ②제1항의 결의는 구분소유자 및 의결권의 각 5분의 4이상의 다수에 의한 결의에 의한다."라고 규정하고 있습니다.

그리고 집합건물의소유및관리에관한법률 제48조 제1항, 제2항, 제3항, 제4항에 의하면 "①재건축의 결의가 있은 때에는 집회를 소집한 자는 지체 없이 그 결의에 찬성하지 아니한 구분소유자(그의 승계인을 포함)에 대하여 그 결의내용에 따른 재건축에의 참가여부를 회답할 것을 서면으로 최고하여야 한다. ②제1항의 최고를 받은 구분소유자는 최고 수령일로부터 2월 이내에 회답하여야 한다. ③제2항의 기간 내에 회답하지 아니한 경우 그 구분소유자는 재건축에 참가하지 아니하는 뜻을 회답한 것으로 본다.

④제2항의 기간이 경과한 때에는 재건축의 결의에 찬성한 각 구분소유자, 재건축의 결의내용에 따른 재건축에 참가할 뜻을 회답한 각 구분소유자(그의 승계인을 포함) 또는 이들 전원의 합의에 의하여 구분소유권 및 대지사용권을 매수하도록 지정된 자(매수지정자)는 제2항의 기간만료일로부터 2월 이내에 재건축에 참가하지 아니하는 뜻을 회답한 구분소유자(그의 승계인을 포함)에 대하여 구분소유권 및 대지사용권을 시가에 따라 매도할 것을 청구할 수 있다. 재건축의 결의가 있은 후에 이 구분소유자로부터 대지사용권만을 취득한 자의 대지사용권에 대하여도 같다."라고 규정하고 있습니다.

그러므로 건물 건축 후 '상당한 기간'이 경과되어 건물이 훼손 또는 일부 멸실되거나 그 밖의 사정에 의하여 건물의 가격에 비하여 과다한 수선·복구비나 관리비용이 소요되는 경우 등의 경우 관리단집회는 구분소유자 및 의결권의 각 5분의 4 이상에 의한 재건축결의를 할 수 있고, 재건축의 결의에 찬성한 각 구분소유자 등은 재건축에 참가하지 아니하는 뜻을 회답한 구분소유자(그의 승계인을 포함한다.)에 대하여 구분소유권 및 대지사용권을 시가에 따라 매도할 것을 청구할 수 있는바, 이와 같은 규정이 법률명확성의 원칙에 위반되거나 헌법상 보장된 재산권 등을 침해한 것이 아닌지 문제될 수 있습니다.

이와 관련된 헌법재판소의 판례를 보면, 먼저 집합건물재건축의 요건으로서 건축 후'상당한 기간'이 경과되어 건물이 훼손되거나 일부 멸실된 경우를 규정한 것이 법률명확성의 원칙에 위반되는지에 관하여 "명확성의 원칙은 규율대상이 극히 다양하고 수시로 변화하는 것인 경우에는 그 요건이 완화되어야 하고, 특정 조항의 명확성 여부는 그 문언만으로 판단할 것이 아니라 관련조항을 유기적 체계적으로 종합하여 판단하여야 하는바, 집합건물재건축의 요건을 건축 후'상당한 기간'이 경과되어 건물이 훼손되거나 일부 멸실 된 경우로 표현한 것은 재건축 대상건물의 다양성으로 인하여 입법기술상 부득이한 것이라고 인정되며, 또 관련조항을 종합하여 합리적으로 판단하면 구체적인 경우에 어느 정도의 기간이 '상당한 기간'에 해당하는지는 알 수 있다고 할 것이다."라고 하였습니다.

또한, 재건축참가자에게 재건축불참자의 구분소유권에 대한 매도청구권을 인정한 것이 기본권의 과도한 침해에 해당하는지에 관하여 위 판례는 "재건축제도는 공공복리를 위해 그 필요성이 인정된다고 할 수 있고, 재건축불참자의 구분소유권에 대한 재건축참가자의 매도청구권은 재건축을 가능하게 하기 위한 최소한의 필요조건이라 할 것이므로, 이를 인정한 것을 가지고 재건축불참자의 기본권을 과도하게 침해한다고 할 수 없다."라고 하였습니다(헌법재판소 1999. 9. 16. 선고 97헌바73 결정).

또한 집합건물의소유및관리에관한법률 제47조 제1항 및 제48조 제4항의 위헌여부에 관한 대법원 판례를 보면, "집합건물의소유및관리에관한법률 제47조 제1항은 집합건물 재건축의 결의에 관하여 규정하고 있고, 집합건물의소유및관리에관한법률 제48조는 그와 같은 결의가 있는 경우 재건축 불참자에 대하여 그 의사에 불구하고 그 구분소유권 및 대지사용권의 매도를 강요하는 규정으로서 재건축 불참자의 재산권에 대한 제한규정이기는 하나, 어떤 집합건물을 재건축의 대상으로 할 것인지는 건물의 건축 후 경과기간만으로 일률적으로 정할 수 있는 사항은 아니고, 각 건물의 건축 및 관리상태, 용도, 수선·복구비용이나 관리비용 등을 감안하여 개별적·구체적으로 정할 수밖에 없는 것이어서 집합건물의소유및관리에관한법률 제47조 제1항이 재건축의 요건을 '건물 건축 후 상당한 기간'으로 규정한 것은 입법기술상 부득이하고, 또한 '건물 건축 후 상당한 기간'이라고 하는 문언 자체는 불확정적인 개념이기는 하나 건전한 상식과 통상적인 법감정을 가진 사람이라면 각 건물의 건축 및 관리상태 등의 요소를 감안하여 구체적으로 어느 정도의 기간이 그 기간에 해당하는지를 합리적으로 판단할 수 있으므로, 이를 가지고 국민이 그 규정내용을 알 수 없어 법적 안정성과 예측가능성을 확보할 수 없게 하고 법집행 당국에 의한 자의적 집행을 가능하게 하는 불명확한 규정이라고 할 수 없고, 집합건물의소유및관리에관한법률 제48조 제4항 소정의 매도청구권은 재건축을 가능하게 하기 위한 최소한의 필요조건이라 할 것이므로, 재건축제도를 인정하는 이상 같은 조항 자체를 가지고 재건축 불참자의 기본권을 과도하게 침해하는 위헌적인 규정이라고 할 수 없으며, 한편 집합건물의소유및관리에관한법률과 토지수용법(2003. 1. 1.부터는 토지수용법이 폐지되고 공익사업을위한토지등의취득및보상에관한법률이 시행됨)은 그 입법 목적을 전혀 달리하는 것으로서 매매대금의 지급시기 등에 관하여 집합건물의소유및관리에관한법률이 토지수용법과 그 내용을 달리하고 있다는 이유만으로 집합건물의소유및관리에관한법률이 위헌이라고 할 수 없으며, 집합건물의소유및관리에관한법률의 위와 같은 조항들로 인하여 집합건물 거주자인 구분소유자들이 자신의 의사와 관계없이 거주를 이전하여야 하게 되고, 이는 그들의 행복추구권·거주이전의 자유·주거의 자유에 영향을 미치게 됨은 분명하지만, 재건축에 반대하는 구분소유자들의 구분소유권 및 대지사용권에 대한 집합건물의소유및관리에관한법률의 제한에는 합리적인 이유가 있다고 인정되므로, 집합건물의소유및관리에관한법률의 그와 같은 조항들이 구분소유자들의 행복추구권·거주이전의 자유 및 주거의 자유의 본질적인 내용을 침해하거나 이를 과도하게 제한하여 위헌이라고 할 수 없다."라고 하였습니다(대법원 1999. 12. 10. 선고 98다36344 판결, 1999. 10. 22. 선고 97다49398 판결).

따라서 집합건물의소유및관리에관한법률 제48조 제4항에서 재건축참가자에게 재건축불참자의 구분소유권에 대한 매도청구권을 인정한 것이 기본권의 과도한 침해에 해당되어 위헌이라고는 할 수 없을 것으로 보입니다.

◎ 아파트소유권이 분양회사인 경우 재건축조합측 매도청구권의 상대방

【질의】➡ 甲회사는 乙에게 아파트를 분양하였으나, 잔대금 미납으로 소유권등기는 甲회사 명의로 되어 있는 상태입니다. 그런데 위 아파트 재건축을 위하여 재건축조합이 결성되었고, 재건축조합측은 재건축결의에 참가하지 않은 구분소유자에 대하여 집합건물의소유및관리에관한법률 제48조 소정의 매도청구권을 행사하려고 하는바, 위 아파트의 경우 누구를 상대로 매수청구권을 행사하여야 하는지요?

【답변】➡

집합건물의소유및관리에관한법률 제48조에 의하면 재건축의 결의가 있은 때에는 집회를 소집한 자는 지체 없이 그 결의에 찬성하지 아니한 구분소유자(승계인을 포함)에 대하여 그 결의내용에 따른 재건축에의 참가여부를 회답할 것을 서면으로 최고하여야 하고, 그 최고를 받은 구분소유자는 최고 수령일로부터 2월 이내에 회답하여야 하며, 그 기간 내에 회답하지 아니한 경우 그 구분소유자는 재건축에 참가하지 아니하는 뜻을 회답한 것으로 보게 되는데, 위 기간이 경과한 때에는 재건축의 결의에 찬성한 각 구분소유자, 재건축의 결의내용에 따른 재건축에 참가할 뜻을 회답한 각 구분소유자(승계인을 포함) 또는 이들 전원의 합의에 의하여 구분소유권 및 대지사용권을 매수하도록 지정된 자(매수지정자)는 위 기간만료일로부터 2월 이내에 재건축에 참가하지 아니하는 뜻을 회답한 구분소유자(승계인을 포함)에 대하여 구분소유권 및 대지사용권을 시가에 따라 매도할 것을 청구할 수 있고, 재건축의 결의가 있은 후에 이 구분소유자로부터 대지사용권만을 취득한 자의 대지사용권에 대하여도 시가에 따라 매도할 것을 청구할 수 있다고 규정하고 있습니다.

그런데 아파트를 이미 제3자에게 분양하였으나 일부 잔대금청산이 완결되지 않아 그 소유권등기 명의가 아직 분양자 명의로 남아 있는 경우, 집합건물의소유및관리에관한법률 제48조 소정의 매도청구권의 상대방은 누가 되어야 할 것인지에 관한 판례를 보면, "아파트분양자가 분양자 소유의 아파트를 이미 제3자에게 분양하여 그의 일부 잔대금청산이 완결될 때까지만 그의 소유권을 보유하고 있는 상태라고 하더라도, 그의 소유권보존등기가 아직 분양자 명의로 남아 있는 이상 그 분양자는 대외적으로 그 아파트의 처분권을 갖고 있는 적법한 소유자라고 할 것이므로, 집합건물의소유및관리에관한법률 제48조에 정한 매도청구권은 대외적인 법률상의 처분권을 갖고 있는 등기부상 소유자인 분양자에게 행사하여야 하며, 그로 인하여 분양자가 수분양자들에 대해 소유권이전등기의무의 이행불능에 따른 손해배상책임을 부담하게 된다고 하더라도 그 매도청구권의 행사가 부동산등기특별조치법이나 사회질서에 반하거나 신의성실의 원칙에 위반한다고 할 수는 없다."라고 하였습니다(대법원 2000. 6. 23. 선고 99다63084 판결).

따라서 위 사안에 있어서도 재건축조합에서는 등기부상의 명의자인 甲회사를 상대로 매수청구권을 행사하여야 할 것으로 보입니다.

참고로 집합건물의소유및관리에관한법률 제48조에 정한 매도청구권과 관련된 판례를 보면, "하나의 단지 내에 여러 동(棟)의 건물이 있고 그 대지가 건물 소유자 전원의 공유에 속하여 단지 내 여러 동의 건물 전부를 일괄하여 재건축하고자 하는 경우에는 각각의 건물마다 그 구분소유자의 4/5 이상의 다수에 의한 재건축결의가 있어야 하고, 그와 같은 경우에 일부 건물에 재건축결의의 요건을 갖추지 못하였지만 나머지 건물에 재건축결의의 요건을 갖추었다면 그 나머지 건물에 대하여는 적법한 재건축결의가 있었다고 볼 것이므로 그 나머지 건물의 구분소유자 중 재건축결의에 찬성하지 아니한 구분소유자에 대하여 매도청구권을 행사할 수 있다."라고 하였으며(대법원 2000. 6. 23. 선고 99다63084 판결), 또한 집합건물의소유및관리에관한법률 제48조 제2항, 제4항 소정의 매도청구권행사기간의 법적 성격에 관하여는 "집합건물의소유및관리에관한법률 제48조 제4항에서 재건축참가자 또는 매수지정자가 재건축 참여 여부에 대한 최고를 한 후 집합건물의소유및관리에관한법률 제48조 제2항 소정의 기간만료일로부터 2개월 이내에 재건축에 참가하지 아니한 구분소유자에 대하여 매도청구권을 행사하도록 매도청구권의 행사기간을 규정한 취지는, 매도청구권이 형성권으로서 재건축참가자 다수의 의사에 의하여 재건축에 참가하지 아니한 구분소유자의 구분소유권에 관한 매매계약의 성립을 강제하는 것이므로, 만일 위와 같이 행사기간을 제한하지 아니하면 매도청구의 상대방은 재건축참가자 또는 매수지정자가 언제 매도청구를 할지 모르게 되어 그 법적 지위가 불안전하게 될 뿐만 아니라 재건축참가자 또는 매수지정자는 매수대상인 구분소유권 등의 시가가 가장 낮아지는 시기를 임의로 정하여 매도청구를 할 수 있게 되어 재건축에 참가하지 아니한 구분소유권자의 권익을 부당하게 침해할 우려가 있는 점에 비추어 상대방의 정당한 법적 이익을 보호하고 아울러 재건축을 둘러싼 법률관계를 조속히 확정하기 위한 것이라고 봄이 상당하므로 매도청구권은 위 행사기간 내에 이를 행사하지 아니하면 그 효력을 상실한다."라고 하였습니다(대법원 2000. 6. 27. 선고 2000다11621 판결).

◈ 낡은 건물을 철거하고 재건축한 경우 법정지상권의 효력

【질의】 ➡ 저는 甲으로부터 낡은 건물을 매수하여 소유권이전등기를 하고 거주해오고 있던 중, 얼마 전 폭우로 건물의 일부가 파손 또는 유실되면서 새로이 건물을 신축하지 않으면 도저히 버틸 수 없는 형편입니다. 만일, 위 건물을 철거하고 같은 자리에 새로운 건물을 건축한 경우 재축건물에 대한 법정지상권은 어떻게 되는지요?

【답변】 ➡

먼저 관습법상의 법정지상권을 취득한 甲이 관습법상의 법정지상권의 설정등기를 경료함이 없이 건물을 양도하는 경우에는 특별한 사정이 없는 한, 건물과 함께 지상권도 양도하기로 하는 채권적 계약이 있었다고 할 것이므로 甲은 지상권설정등기를 한 후에 귀하에게 이의 이전등기절차를 이행하여 줄 의무가 있는 것입니다(대법원 1988. 9. 27. 선고 87다카279 판결).

그러므로 귀하는 甲을 대위하여 토지소유자에 대하여 甲에게로 법정지상권설정등기절차의 이행을 청구할 수 있으며, 이와 동시에 甲으로부터 귀하에게로 이전등기절차의 이행을 구하여야 합니다. 이와 같은 방법으로 지상권등기명의자로 등기된 다음에야 귀하는 제3자에 대하여 지상권자로서 대항할 수 있습니다.

다음으로 이러한 법정지상권이 성립한 후의 건물을 지상권자가 증축 또는 개축한 경우 기존 법정지상권의 효력에 관하여 판례는 "민법 제366조 소정의 법정지상권이나 관습법상의 법정지상권이 성립한 후에 건물을 개축 또는 증축하는 경우는 물론 건물이 멸실되거나 철거된 후에 신축하는 경우에도 법정지상권은 성립하나, 다만 그 법정지상권의 존속기간, 범위는 구건물을 기준으로 하여 그 유지 또는 사용을 위하여 일반적으로 필요한 범위 내의 대지부분에 한정된다."라고 하였으며(대법원 1990. 7. 10. 선고 90다카

6399 판결, 1997. 1. 21. 선고 96다40080 판결), 또한 "민법 제 366조 소정의 법정지상권이 성립하려면 저당권설정 당시 저당권의 목적이 되는 토지 위에 건물이 존재하여야 하는데, 저당권설정 당시의 건물을 그 후 개축·증축한 경우는 물론이고 그 건물이 멸실되거나 철거된 후 재건축·신축한 경우에도 법정지상권이 성립하며, 이 경우 신건물과 구건물 사이에 동일성이 있거나 소유자가 동일할 것을 요하는 것은 아니라 할 것이지만, 그 법정지상권의 내용인 존속기간·범위 등은 구건물을 기준으로 하여야 할 것이다."라고 하였습니다(대법원 2001. 3. 13. 선고 2000다48517, 48524, 48531 판결, 2000. 12. 12. 선고 2000다19007 판결).

따라서 귀하의 경우 먼저 법정지상권의 설정등기 및 이전등기를 갖추고 난 후에는 필요에 따라 기존건물을 철거하고 새로운 건물을 신축하더라도 구 건물을 기준으로 한 기존 법정지상권의 효력을 주장하여 대지를 계속 사용할 수 있을 것으로 보입니다.

◑ 법정지상권의 존속기간

【질의】 ➡ 저는 甲소유의 대지 위에 건축된 건물을 소유하고 있으며, 그 대지에 관하여는 법정지상권을 갖고 있습니다. 이러한 법정지상권의 존속기간은 어떻게 되는지요?

【답변】 ➡

민법 제280조에 의하면 "①계약으로 지상권의 존속기간을 정하는 경우에는 그 기간은 다음 연한보다 단축하지 못한다.

1. 석조, 석회조, 연와조 또는 이와 유사한 견고한 건물이나 수목의 소유를 목적으로 하는 때에는 30년
2. 전호이외의 건물의 소유를 목적으로 하는 때에는 15년
3. 건물이외의 공작물의 소유를 목적으로 하는 때에는 5년

② 전항의 기간보다 단축한 기간을 정한 때에는 전항의 기간까지 연장한다."라고 규정하고 있습니다.

관련 판례에서도 "법정지상권의 존속기간은 성립 후 그 지상목적물의 종류에 따라 규정하고 있는 민법 제280조 제1항 소정의 각 기간으로 봄이 상당하고, 분묘기지권과 같이 그 지상에 건립된 건물이 존속하는 한 법정지상권도 존속하는 것이라고는 할 수 없다."라고 하였습니다(대법원 1992. 6. 9. 선고 92다4857 판결).

또한 "민법 제366조 소정의 법정지상권이 성립하려면 저당권 설정 당시 저당권의 목적이 되는 토지 위에 건물이 존재하여야 하는데, 저당권 설정 당시의 건물을 그 후 개축·증축한 경우는 물론이고 그 건물이 멸실되거나 철거된 후 재건축·신축한 경우에도 법정지상권이 성립하며, 이 경우 신건물과 구건물 사이에 동일성이 있거나 소유자가 동일할 것을 요하는 것은 아니라 할 것이지만, 그 법정지상권의 내용인 존속기간·범위 등은 구건물을 기준으로 하여야 할 것이다."라고 하였습니다(대법원 2001. 3. 13. 선

고 2000다48517, 48524, 48531 판결)

따라서 위 법정지상권의 존속기간은 그 지상목적물의 종류에 따라 규정하고 있는 민법 제280조 제1항 소정의 각 기간으로 볼 수 있을 것입니다.

◪ 토지에 저당권이 설정된 후 신축된 건물의 법정지상권의 성립여부

【질의】 ➡ 나대지(裸垈地)에 저당권이 설정된 후 저당권설정자가 그 위에 건물을 신축하였으나, 경매로 인하여 그 토지와 건물의 소유자가 달라진 경우 대지에 대한 법정지상권이 성립할 수 있는지요?

【답변】 ➡

민법 제366조에 의하면 "저당물의 경매로 인하여 토지와 그 지상건물이 다른 소유자에 속한 경우에는 토지소유자는 건물소유자에 대하여 지상권을 설정한 것으로 본다."라고 규정하고 있습니다.

그러나 판례는 "건물 없는 토지에 저당권이 설정된 후 저당권설정자가 그 위에 건물을 건축하였다가 담보권의 실행을 위한 경매절차에서 경매로 인하여 그 토지와 지상건물이 소유자를 달리하였을 경우에는, 민법 제366조의 법정지상권이 인정되지 아니할 뿐만 아니라 관습법상의 법정지상권도 인정되지 아니한다."라고 하였고(대법원 1995. 12. 11.자 95마1262 결정, 1993. 6. 25. 선고 92다20330 판결), 또한 "민법 제366조 소정의 법정지상권이 성립하려면 저당권 설정 당시 저당권의 목적이 되는 토지 위에 건물이 존재하여야 하는데, 저당권 설정 당시의 건물을 그 후 개축·증축한 경우는 물론이고 그 건물이 멸실되거나 철거된 후 재건축·신축한 경우에도 법정지상권이 성립하며, 이 경우 신건물과 구건물 사이에 동일성이 있거나 소유자가 동일할 것을 요하는 것은 아니라 할 것이지만, 그 법정지상권의 내용인 존속기간·범위 등은 구건물을 기준으로 하여야 할 것이다."라고 하였습니다(대법원 2001. 3. 13. 선고 2000다48517, 48524, 48531 판결).

그러므로 위 사안에서와 같이 토지에 저당권이 설정된 후 그 위에 신축된 건물의 소유자는 토지의 경매절차 매수인에 대하여 법정지상권을 주장하지 못할 것으로 보입니다.

다만, 판례는 "민법 제366조 소정의 법정지상권은 저당권설정 당시 동일인의 소유에 속하던 토지와 건물이 경매로 인하여 양자의 소유자가 다르게 된 때에 건물의 소유자를 위하여 발생하는 것으로서, 토지에 관하여 저당권이 설정될 당시 그 지상의 건물이 위 토지소유자에 의하여 건축 중이었고 그것이 사회관념상 독립된 건물로 볼 수 있는 정도에 이르지는 않았다 하더라도 건물의 규모, 종류가 외형상 예상할 수 있는 정도까지 건축이 진전되어 있는 경우에는 저당권자는 완성될 건물을 예상할 수 있으므로, 법정지상권을 인정하여도 불측의 손해를 입는 것이 아니며 사회경제적으로도 건물을 유지할 필요가 인정되기 때문에 법정지상권의 성립을 인정함이 상당하다."라고 하였습니다(대법원 1992. 6. 12. 선고 92다7221 판결).

따라서 토지에 저당권설정 당시 그 지상에 완성된 건물은 존재하지 아니하더라도 공사가 진행되어 건물의 규모, 종류를 외형상 예상할 수 있는 정도에 이른 경우에는 법정지상권을 인정할 수 있을 것으로 보입니다.

◎ 임대인이 건물철거를 이유로 재계약을 거절하는 경우

【질의】 ➡ 저는 2004년 8월 2일 서울 소재 甲소유 상가건물 1층을 보증금 5,000만원에 임차하여, 입점 한 후 사업자등록 및 확정일자인까지 받아두었으므로 마음놓고 세탁소를 운영하고 있었습니다. 그런데, 건물 소유자인 甲이 저를 찾아와 임차건물이 낡아 이를 헐고 새로 지으려고 한다면서 다가오는 임대차계약기간이 만료되면 점포를 비워 달라고 요청하였습니다. 저는 임대차계약기간을 1년으로 하였지만 상가건물임대차보호법상 임차인이 원하면 최장 5년까지 임차가 가능하다기에 이를 믿고 투자한 시설비만도 5,000만원이나 지출되었습니다. 제가 상가임차인의 계약갱신요구권으로 보호 받을 수는 없는지요?

【답변】 ➡

상가임차인의 계약갱신요구권은 사회·경제적 약자인 상가임차인의 임대차 존속기간을 일정기간의 범위 내에서 보장해 줌으로써 임차인의 경제생활 안정을 기하기 위하여 인정된 권리입니다.

먼저, 상가임차인의 대항력에 관하여 상가건물임대차보호법 제3조 제1항에 의하면 "① 임대차는 그 등기가 없는 경우에도 임차인이 건물의 인도와 부가가치세법 제5조, 소득세법 제168조 또는 법인세법 제111조의 규정에 의한 사업자등록을 신청한 때에는 그 다음 날부터 제3자에 대하여 효력이 생긴다."라고 규정하고 있고, 상가임차인의 계약갱신요구권에 관하여 같은 법 제10조에 의하면 "① 임대인은 임차인이 임대차기간 만료전 6월부터 1월까지 사이에 행하는 계약갱신 요구에 대하여 정당한 사유없이 이를 거절하지 못한다. 다만, 다음 각호의 1의 경우에는 그러하지 아니하다.

1. 임차인이 3기의 차임액에 달하도록 차임을 연체한 사실이 있는 경우

2. 임차인이 거짓 그 밖의 부정한 방법으로 임차한 경우

3. 쌍방 합의 하에 임대인이 임차인에게 상당한 보상을 제공한 경우

4. 임차인이 임대인의 동의 없이 목적 건물의 전부 또는 일부를 전대한 경우

5. 임차인이 임차한 건물의 전부 또는 일부를 고의 또는 중대한 과실로 파손한 경우

6. 임차한 건물의 전부 또는 일부가 멸실되어 임대차의 목적을 달성하지 못할 경우

7. 임대인이 목적 건물의 전부 또는 대부분을 철거하거나 재건축하기 위해 목적 건물의 점유 회복이 필요한 경우

8. 그 밖에 임차인이 임차인으로서의 의무를 현저히 위반하거나 임대차를 존속하기 어려운 중대한 사유가 있는 경우

② 임차인의 계약갱신요구권은 최초의 임대차 기간을 포함한 전체 임대차 기간이 5년을 초과하지 않는 범위 내에서만 행사할 수 있다. ..."라고 규정하고 있습니다.

그러므로 상가임차인이 건물의 인도(입점)와 사업자등록을 신청한 때에는 그 다음 날부터 제3자에 대하여 임차권의 효력을 주장할 수 있고, 임대인은 임차인이 임대차기간 만료 전 6월부터 1개월까지 계약갱신을 요구하는 경우 최초의 임대차 기간을 포함한 전체 임대차기간이 5년을 초과하지 않는 범위 내에서 위 법 제10조 제1항 각호에 의한 정당한 사유 없이 거절하지 못하는 것입니다.

따라서 위 사안의 경우 임대인 甲이 임차건물이 낡아서 재건축을 위한 필요성 때문에 귀하의 갱신요구권을 거절한다는 것이 위 법에서 규정한 정당한 사유로서의 각호 중 제7호(임대인이 목적 건물의 전부 또는 대부분을 철거하거나 재건축하기 위해 목적 건물의 점유 회복이 필요한 경우)에 해당된다고 볼 수 있다면, 정당한 주장이라 할 것이어서, 이 경우 귀하는 임대차계약기간 만료시 임차건물을 비워주어야 할 것으로 보입니다.

◎ 수 개의 동(棟)이 있는 아파트의 재건축결의 방법

【질의】 ➡ 하나의 단지 내 10동의 건물이 있고, 그 대지가 건물소유자 전원의 공유에 속하므로 재건축에 관하여 단지 내의 전체 구분소유자 80% 이상의 동의를 받았습니다. 그러나 위 10개 동 중에서 1개 동은 80%의 동의를 받지 못하였는데, 이 경우 전부를 일괄하여 재건축할 수 있는지요?

【답변】 ➡

집합건물의소유및관리에관한법률 제47조 제1항에 의하면 "건물 건축 후 상당한 기간이 경과되어 건물이 훼손 또는 일부 멸실되거나 그 밖의 사정에 의하여 건물의 가격에 비하여 과다한 수선·복구비나 관리비용이 소요되는 경우 또는 부근 토지의 이용상황의 변화나 그 밖의 사정에 의하여 건물을 재건축하면 그에 소요되는 비용에 비하여 현저한 효용의 증가가 있게 되는 경우 관리단집회는 그 건물을 철거하여 그 대지를 구분소유권의 목적이 될 신건물의 대지로 이용할 것을 결의할 수 있다. 다만, 재건축의 내용이 단지내의 다른 건물의 구분소유자에게 특별한 영향을 미칠 때에는 그 구분소유자의 승낙을 얻어야 한다."라고 규정하고 있으며, 집합건물의소유및관리에관한법률 제47조 제2항에 의하면 "제1항의 결의는 구분소유자 및 의결권의 각 5분의 4 이상의 다수에 의한 결의에 의한다."라고 규정하고 있습니다.

그리고 위 사안과 관련된 판례를 보면 "집합건물의소유및관리에관한법률 제47조, 제48조에 의하면 일정한 경우 구분소유자의 4/5 이상의 다수에 의하여 구분소유관계에 있는 건물을 철거하고 그 대지를 구분소유권의 목적이 될 신건물의 대지로 이용할 것을 결의할 수 있고, 재건축결의에 찬성한 구분소유자 등은 재건축에 참가하지 아니하는 구분소유자에 대하여 구분소유권과 대지사용권을 매도할 것을 청구할 수 있는바, 이것은 수인이 구분소유하고 있는 1동의 건물에 관하여 재건축이 필요하게 된 경우에 그 건물이 물리적으로 일체불가분인 점에 근거하여, 다수결원리에 의하여 구분소유권의 자유로운 처분을 제한하여 건물 전체의 재건축을 원활하게 하기 위한 것이므로(대법원 1998. 3. 13. 선고 97다41868 판결), 하나의 단지 내에 여러 동의 건물이 있고 그 대지가 건물 소유자 전원의 공유에 속하여 단지 내 여러 동의 건물 전부를 일괄하여 재건축하고자 하는 경우에는 각각의 건물마다 그 구분소유자 4/5 이상의 다수에 의한 재건축 결의가 있어야 하고, 그와 같은 요건을 갖추지 못한 이상 단지 전체로 보아 4/5 이상의 다수에 의한 재건축 결의가 있었다는 것만으로 그러한 재건축 결의가 없는 건물까지 재건축대상에 포함시킬 수는 없다 할 것이고, 그 건물이 상가동이라 하더라도 달리 볼 것은 아니다."라고 하였습니다 (대법원 2000. 2. 11. 선고 99두7210 판결, 2000. 11. 10. 선고 2000다24061 판결).

　따라서 위 사안에 있어서도 재건축 결의는 각 동별로 80% 이상의 결의가 있어야 할 것이라 하겠습니다.

◐ 의결정족수 미달로 재건축조합설립인가처분무효확인소송 가능한지

【질의】➡ 제가 거주하는 연립주택은 건축된 후 17년 되었는데 거주자의 일부가 재건축을 결의하고 乙재건축조합을 설립하여 관할관청으로부터 그 설립인가를 받았습니다. 그런데 재건축조합의 설립을 위한 결의에 있어서 상가동 구분소유자들의 동의는 전혀 얻지 못하였고, 일부 동의 경우 재건축에 동의한 구분소유자의 수도 동 전체 구분소유자의 5분의 4에 미달하는바, 이 경우 재건축에 반대하는 저의 입장에서 관할관청의 인가처분이 무효임을 주장하여 '주택조합설립인가처분무효확인청구'의 행정소송을 제기하려는데 가능한지요?

【답변】➡

주택건설촉진법 제44조 제1항에 의하면 "조합을 구성하여 그 구성원의 주택을 건설하고자 할 때에는 관할시장 등의 인가를 받아야 한다. 인가 받은 내용을 변경하거나 주택조합을 해산하고자 할 때에도 또한 같다."라고 규정하고 있으며, 행정소송법 제12조에 의하면 "취소소송은 처분 등의 취소를 구할 법률상 이익이 있는 자가 제기할 수 있다. 처분 등의 효과가 기간의 경과, 처분 등의 집행 그 밖의 사유로 인하여 소멸된 뒤에도 그 처분 등의 취소로 인하여 회복되는 법률상 이익이 있는 자의 경우에는 또한 같다."라고 규정하고 있고, 행정소송법 제35조에 의하면 "무효등확인소송은 처분 등의 효력유무 또는 존재여부의 확인을 구할 법률상 이익이 있는 자가 제기할 수 있다."라고 규정하고 있습니다.

그러므로 처분 등의 취소 또는 효력유무, 존재여부 등의 확인을 구할 법률상 이익이 있는 자는 행정소송을 제기할 수 있을 것입니다. 그런데 질의와 같이 재건축조합설립에 대한 의결정족수의 미달을 사유로 관할관청의 인가처분의 무효확인을 구할 법률상 이익이 있는지 문제됩니다.

이에 관하여 판례를 보면 "주택건설촉진법에서 규정한 바에 따른 관할시장 등의 재건축조합설립인가는 불량·노후한 주택의 소유자들이 재건축을 위하여 한 재건축조합설립행위를 보충하여 그 법률상 효력을 완성시키는 보충행위일 뿐이므로 그 기본되는 조합설립행위에 하자가 있을 때에는 그에 대한 인가가 있다 하더라도 기본행위인 조합설립이 유효한 것으로 될 수 없고, 따라서 그 기본행위는 적법유효하나 보충행위인 인가처분에만 하자가 있는 경우에는 그 인가처분의 취소나 무효확인을 구할 수 있을 것이지만, 기본행위인 조합설립에 하자가 있는 경우에는 민사쟁송으로써 따로 그 기본행위의 취소 또는 무효확인 등을 구하는 것은 별론으로 하고 기본행위의 불성립 또는 무효를 내세워 바로 그에 대한 감독청의 인가처분의 취소 또는 무효확인을 소구할 법률상 이익이 있다고 할 수 없다."라고 하였습니다(대법원 2000. 9. 5. 선고 99두1854 판결).

따라서 위 사안에서와 같이 보충행위인 행정관청의 인가처분 자체의 하자가 아닌 기본행위로서의 조합설립행위의 효력에 관하여 다투면서 그에 대한 인가처분의 무효확인을 구하는 경우에는 그 소의 법률상 이익이 없다고 하여야 할 것입니다.

참고로, 위 주택건설촉진법은 2003. 11. 29.까지만 존속하고 그 이후로는 2003. 5. 29. 공포된 주택법이 적용되게 됩니다. 신법 제32조에 의하면 주택조합의 인가에 관하여 위와 유사한 규정을 두고 있습니다.

◈ 재건축으로인한1세대2주택비과세사례

【질의1】 ➡ 1세대2주택장기보유자로 1주택이 재건축중이고 나머지 1 주택을 (3년보유 2년거주함)재건축아파트가 완성되기전 미리 팔면 비과세를 받는지요? 또한 1주택보유 거주기간 2년 6개월인 아파트를 갖고 있는 중 재건축되는 아파트를 산 후 6개월후 기존집을 팔면 비과세 받는지요?

【답변】 ➡

일시적인 1세대 2주택에 대한 양도세 비과세 규정 적용시에 재건축주택은 기존주택의 연장으로 봅니다.

소득세법시행령 제155조 제1항에서 규정하는 일시적 1세대 2주택 비과세 특례규정 적용시 기존주택을 멸실하고 재건축하여 준공하는 경우 당해 재건축주택은 기존주택의 연장으로 봅니다.

적용사례를 들어보면,

<사례1> 1세대 2주택자가 그 중 1주택이 재건축으로 새로이 준공된 이후에 재건축하지 않은 다른 주택 양도시 비과세 여부

A주택 취득 : 1990. 7. 5

B주택 취득 : 1991. 5. 12

A주택 멸실 : 1999. 5. 12

A주택 멸실후 준공 : 2001. 12. 28

B주택 양도 : 2002. 11. 30

【질의2】 ➡ 2002. 11. 30 양도한 B주택이 양도소득세 비과세대상인 지?

【답변】 ➡

B주택은 과세대상이 됩니다(비과세 배제).

☞ 이유 : A주택을 멸실후 재건축한 경우에는 이를 기존주택의 연장으로 보아 일시적 2주택 비과세특례 규정이 적용되지 않으므로 B주택은 과세됩니다.

※ 재건축된 A주택을 먼저 양도시에는 과세대상입니다.

<사례2> 1주택을 가진 1세대가 당해 주택이 재건축으로 멸실되어 있는 상태에서 다른 주택을 취득한 경우로서 당해 재건축주택을 준공후 양도하는 경우 비과세 여부

A주택 취득 : 1990. 7. 5

A주택 멸실 : 2001. 5. 12

B주택 취득 : 2002. 2. 28

A주택 멸실후 준공 : 2002. 11. 30

재건축한 A주택 양도 : 2002. 11. 30

【질의3】 ➡ 2002. 12. 28 양도한 A주택이 양도소득세 비과세대상인지?

【답변】 ➡

재건축한 A주택은 비과세대상임.

☞ 이유 : A주택을 멸실하고 재건축한 주택은 기존주택의 연장으로 보아 일시적 2주택 비과세특례 규정이 적용되므로 재건축한 A주택 양도시 비과세대상임.

※ 재건축된 A주택 준공후 B주택을 먼저 양도시에는 현행 소득세법시행규칙 제71조 제2항에 해당하면 B주택은 비과세대상에 해당

◎ 아파트가 재건축을 포기하는 경우와 사례는 각각 어떤 경우와 사례들이 있는지?

【답변】 ➡

　　아파트재건축을 하면 일부 사람들은 공짜로 새아파트가 생기는 것으로 잘못알고 있는 데 재건축을 하면 땅은 있으니까 건축비는 부담을 해야됩니다.

　　인기지역은 분양가가 평당 1000만원 정도 되니까 34평(전용면적 25.7평)의 경우분양가는 3억4천이지요. 여기서 땅값 1억 정도를 빼면 2억4천이면 새 아파트를 사는 셈이 됩니다.

　　이상은 1대1로 재건축(기존의 가구수만큼 재건축하는 경우)이고 기존의 가구수 보다 더 많은 가구를 건축 할 수 있으면 이것을 외부에 분양을 하면 따로 수입이 생기니까 그만큼 기존의 가구가 부담하는 비용(위의 예에서 2억4천)보다 적은 금액을 부담해도 되며 이것을 부담금 이라고 합니다.

　　보통 34평 한채를 분양하면 건설사는 1억정도의 이익을 남기는 데 재건축의 경우에는 땅을 사지않아도 되니까 이익은 1억이 훨씬 넘지요, 200가구를 300가구로 재건축을 한다면 100가구를 외부에 분양해서 남는 이익만큼 기존주민의 부담금은 줄어들게 됩니다.

　　재건축을 포기하는 경우는 용적율이 기존의 용적율보다 많이 늘어나지 않으면 외부에 분양하는 가구수가 적어지고 결국 기존의 주민 부담금이 많으니까 사업성이 없다고 포기를 하게됩니다.

◎ 얼마전 어머님의 이름으로 재건축을 추진중인 19평형 아파트를 구입했습니다. 그리고 아버님의 명의로 된 연립주택이 곧 재건축에 들어갈 계획하에 있습니다. 일정한 규모이하의 집은 2주택에 해당이 되지 않는다는 말을 들었는데, 현재 저의 집의 경우에는 1가구 2주택에 해당하는 것인지요? 만일 건축이 끝나고 두 집(34평형과 24평형)을 모두 취득할 경우에는 세금관계가 어떻게 되는 것인지요? 저(아들)의 이름으로 작은 아파트를 소유하는 것이 유리하겠는지요?

【답변】 ➡

　　1. 아파트가 재건축사업의 시행으로 재건축조합에 현물출자되어 철거되었을때는 아파트를 보유하고 있는 것이 아니라 아파트 입주권만을 보유한 상태로 이 때에는 가구수에 포함되지 않습니다.

　　2. 질의의 경우

　　상기 1.의 상황이 아니라면 1가구 2주택입니다.

　　3. 재건축조합원의 경우, 조합원 명의로 바로 아파트 보존등기가 되기 때문에 면적에 상관없이 취득세를 과세하며 취득가액의 2% 입니다. 또한 취득세액의 10% 에 해당하는 농어촌특별세를 과세합니다.

　　조합원은 입주시 건물부분에 대해 보존등기를 해야 하며 건물부분가액의 0.8% 를 과세합니다.

　　4. 제세 규정을 적용하는데 있어 대부분 취득자와 관계없이 1세대, 또는 1가구 과세여부를 판단합니다.

　　다만, 취득자가 해당 주택을 취득할 수 있는 능력이 있어야 합니다. 그렇지 못한 경우 증여로 추정받을 염려가 있습니다.

◎ 분양권 포함한 2주택자의 양도세

> **【질의】** ➡ 구매하여 3년 넘게 거주하고 있는 중소형 아파트 1채와 5년전 구입해서 이제는 철거돼 공사중인 재건축 아파트 분양권이 하나 있습니다. 제가 현재 살고 있는 아파트를 팔려고 합니다. 이 경우 팔려는 아파트가 비과세 대상인가요?

【답변】 ➡

분양권은 주택으로 보지 않습니다. 아파트에 입주할 수 있는 권리일 뿐이죠.

현시점에서 3년 넘게 거주하고 계신 아파트를 파셔도 비과세 처리됩니다.

현재 공사중인 아파트가 멸실등기 처리되었다면 주택으로 보지 않습니다.

더욱 정확한 답변을 원하시면 거주지역 세무서를 방문하여 상담하시면 자세한 안내를 해 드립니다.

◙ 재건축건물의 증여세 납부기준은 개별공시지가인지 아니면 분양권인지?

【질의】➡ 근 20년동안 살던 연립주택(16평)의 재개발이 확정되어 2003년 2월에 철거가 시작되었습니다. 그리고, 재건축으로 분양받게될 아파트는 24평으로 확정되어, 2003년 6월부터 16평을 제외한 나머지 금액의 납부가 시작되었습니다. 물론 제가 모두 납입을 하는 겁니다. 그리고, 증여시기는 2003년 12월에 증여받았으며, 증여세는 2004년 3월에 자진신고서를 작성하여 납부하였습니다. 그런데, 자진신고 납부세액산출을 할 때, 이미 철거가 시작되었기에, 개별공시지가를 가지고 평가하여 31,328,000원으로 산출, 직계자손공제액 3,000,000원을 제외한 나머지금액(1,328,000원)을 전액 10%의 세율적용도 안하고 그대로 납부하였습니다. 나중에 10%세율을 적용해야 된다는걸 알고 잔여금에 대해 환급신청을 하니, 세무서에서는 재건축되면 새건물의 분양권을 증여하는것으로 보기 때문에, 재건축조합평가서에 나와있는 64,800,000원과, 그동안 납부한 새건물 분양금 약 천만원정도를 포함하여 74,800,000원을 증여기준금액으로 산정, 공제액을 제외한 44,800,000원의 10%와 불성실가산금 20%를 포함하여 약 5,000,000원정도의 세금이 나왔습니다. 그런데, 제가 세무서민원실에 물어봤을때는, 아직 건물이 없기 때문에 개별공시지가를 기준으로 산정할 수 있다고 해서 그대로 계산해서 납기일내에 납부를 했는데, 분양권으로 계산해야 되는걸 잘못했다고 불성실가산금을 부과하는게 옳은건지요? 그리고 과연 이럴경우, 증여세 납부기준을 토지로 보는것이 옳을까요? 아니면 분양권으로 납부하는게 옳을까요?

【답변】➡

증여세는 기본적으로 증여일 현재의 증여재산가액의 합계액에 적용되도록 규정되어 있습니다.

여기서 증여재산가액이라 함은 증여일 당시 해당 자산의 시가를 의미한다고 할 수 있습니다.

그렇다면 질문자께서 질문하신 분양권의 시가를 무엇으로 볼 것인가가 질문의 핵심인 것 같습니다.

질문자의 상황처럼 건물이 멸실된 상태로 분양권을 증여받은 경우 시가는 무엇이 될까요?

건물이 멸실되었다고 하지만 분양권을 소유한 사람은 추가부담이 없거나 혹은 아주 적은 금액으로 신규 아파트에 입주할 수 있겠지요.

그렇다면, 분양권의 시가는 단순히 땅값일가요? 아니면 신규아파트의 가격이 적당할까요?

시가는 아마도 후자로 평가가 되어야 할 것입니다. 하지만, 신규아파트의 가격을 지금 현재로서 평가할 수는 없기 때문에 재건축 조합의 평가액이 현재로서는 시가로 보는 것이 타당하겠지요.

따라서, 세무서의 의견이 타당할 것으로 생각됩니다.

다만, 분양권이 거래된 사례가 있고 동 사례가액이 세무서에서 평가한 금액보다 적다면 그걸 시가라고 주장해서 증여세를 절감할 가능성은 있을 것입니다.

그러니, 해당 조합 등에 확인하여 저가로 매매가 된 사례가 있는지 확인하는 것도 좋은 방법이 될 것입니다.

◑ 재건축 관리처분계획

【질의】 ➡ 현재 30년된 미니연립에서 살고 있습니다. 100평에 총 11세대가 사는데 이번에 집옆의 땅 80평을 입찰하여 매입하였습니다.. 그런데 땅을 사고나서 집을 지을 계획을 짜보니 고도제한에 의해 16세대밖에 나올 수가 없습니다. 근데 더욱 문제는 소위 말하는 로얄층은 서로 가겠다고 우기는 판입니다. 로열티도 없이 지하에 살던 사람은 1층이나 4층에 올라가는 대신 돈을 물어야하고, 기존에 2, 3층에 살던 사람들은 소위 말하는 로얄층에서 그대로 동향 서향으로 올라가겠다 하여 문제가 해결되지 않고 있습니다. 현재 2, 3층에 사는 사람들의 자신들의 현재 로열티를 인정하라는 것입니다. 그 이론에 의해 지하에 사는 사람들은 어느 층을 가더라도 배당금을 내라합니다. 그런데 재건축을 위해 함께 땅을 매입했는데 그것에 대한 인정은 없이 현재 살고있는 층에 대한 가치만을 얘기합니다. 그래서 방법으로 공동공개추첨도 제안하였지만 못하겠다하고 합니다. 이럴 경우 어떻게 해결해야합니까? 각층별 감정을 해서 땅의 싯가와 합쳐서 배당하면 될까요? 혹시 각층 감정을 하면 각각 감정가가 달라지게 되는지요?

【답변】 ➡

재건축에는 관리처분계획이라는 것이 있습니다..

관리처분계획은 조합원이 출자한 재산권의 평가방법, 새로 건축된 건축물과 대지지분을 조합원에게 배분하는 기준입니다.

님이 질의하신 내용의 해결은 이 관리처분계획중에 "종전의 토지와 건물의 평가는 2개 이상의 공인감정평가기관의 평가액을 산술평균한 금액으로 한다." 는 것이 있습니다.

즉, 지하와 지상층 등의 주택가격 차이로 인한 조합원 간의 분쟁은 객관적인 감정평가사로 하여금 가격을 책정 받으며, 이 책정된 가격에 따라 분담금을 납부하면 됩니다.

또한 동, 호수의 배정은 공개추첨으로 하는 것이 원칙입니다.
따라서 지하의 경우 분담금이 지상층에 비해 많을 것이며 분담금
을 납부함으로서 지상층 조합원 같은 재산상의 지위를 가질 수 있
으며 동등한 지위에서 공개추첨을 함으로서 형평성과 공정성을 갖
추는 것입니다.

◑ 양도소득세 비과세대상

【질의】 ➡ 본인은 2003년 3월 신축아파트(A)에 입주를 하였으며, 2003년 7월 재건축 예정 아파트(B)를 매입을 하였습니다(1가구 2주택입니다.). B 아파트의 경우 현재 이주중인 아파트로써 재건축 후 입주 예정일은 2006년 10월 정도로 예상을 하고 있습니다. 현재 A, B 아파트는 모두 투기지구에 속해있습니다. A 아파트를 2006년 4~9월 사이에 매도할 경우 양도세 비과세 대상에 해당하는지요

【답변】 ➡

결론부터 말씀드린다면 A아파트를 2006년 4~9월 사이에 매도할 경우 양도소득세 비과세대상이 됩니다.

7월 매입한 아파트 B는 재건축을 위해서 곧 멸실될 것입니다. 멸실되고 나면 그때부터는 주택이 아니죠. 재건축된 아파트를 취득할 수 있는 권리(분양권)를 소유하고 있는 것에 해당되는 것이지요.

그러므로 귀하는 재건축 예정인 아파트 B가 멸실된 때부터 1세대1주택 소유자에 해당되는 것입니다. 따라서 귀하가 재건축 예정인 아파트 B가 준공되어 잔금을 청산하고 소유권이전등기를 하기 전까지는 1세대1주택을 소유하고 있는 것이 됩니다.

그런데 아파트 A에 대해서는 비과세 요건인 3년 이상 보유(서울 등 수도권의 일정지역에 대해서는 1년 보유 필요)요건을 갖추어야 합니다. 그러므로 2003년 3월 아파트 A를 취득한 날부터 3년보유요건을 충족하는 2006년 3월 까지는 비록 1세대1주택이라 하더라도 양도소득세가 과세되고, 그 이후부터 재건축아파트 B의 소유권을 취득하기전 까지는 1세대1주택 양도소득세 비과세의 적용대상이 됩니다.

A아파트의 양도시점에서 양도소득세의 과세대상이 되는 경우

투기지역에 해당되면 실지거래가액에 의하여 양도차익을 계산하여 양도소득세를 납부하여야 합니다. 그러나 3년 보유요건 등을 갖추어 양도함으로써 1세대1주택 양도소득세 비과세가 적용되는 경우에는 투기지역에 해당된다고 하더라도 양도소득세를 걱정하실 필요는 없습니다.

다만, 양도시점에서 A아파트가 고가주택(실거래가 6억원 초과 주택)에 해당되는 경우에는 6억원을 초과하는 부분에 대한 양도차익에 대해서는 양도소득세 납세의무가 있습니다. 그러나 귀하 질문에서 '부자는 아니구요'라는 표현 등에 비추어 A아파트가 고가주택에는 해당되지 않을 것으로 보여지네요.

보다 정확하게 표현하면, 재건축아파트의 준공검사일(준공검사일 전에 사용검사 또는 사용승인을 받은 경우에는 사용검사일 또는 사용승인일)부터 1년 이내 기존 A아파트를 양도하는 경우에는 비과세가 적용된다는 것입니다.

◈ 아파트및빌라의 경우 노후가 되면 어떻게 재건축/재개발을 하는
지 궁금합니다.

【답변】 ➡

재건축사업은 주택법과 도시및주거환경정비법에 근거하여 주택
소유자로 구성된 조합이 시행주체가 되어 시행하는 민간개발사업
입니다.

즉, 노후 불량한 주택을 철거하고 그 대지위에 주택을 건립하기
위하여 기존 주택소유자 20인 이상이 재건축조합을 설립하여 주
민이 자율적으로 건축하는 민영사업을 말합니다.

재개발사업은 도시및주거환경정비법에 근거하여 조합, 자치단체,
주택공사, 토지공사등이 시행주체가 되어 시행하는 관주도의 도시
계획사업입니다.

즉, 낡고 오래된 주택이 밀집되어 주거생활이 불편하고 도로가
좁아, 재해위험등이 있는 지역에 도로, 상하수도 등 공공시설을 설
치하고 낡은 주택을 헐고 새로 건축하여 주거환경과 도시경관을
정비하는 사업입니다.

재건축사업은 조합원들의 재건축결의에 의하여, 재개발사업은
건설교통부 및 지방자치단체의 주택개량재개발사업업무지침에 의
하여 재개발구역의 지정으로 추진됩니다.

◙ 재건축아파트에 투자를 할 경우 유의해야 할 점에는 무엇이 있을까요?

【답변】 ➡

재건축아파트 투자의 핵심 중 지분율이 높고 낮음을 가늠하는 잣대는 대지지분과 인근 땅값 등 두가지입니다. 여기서의 대지지분이란 아파트 전체단지의 대지면적을 가구별로 나눠 등기부에 표시되는 면적을 가리킵니다. 대개의 경우 5층짜리 낡은 주공아파트가 재건축 투자대상으로 떠오르는 이유는 바로 이 대지지분이 많기 때문인데, 대지지분이 많기 때문에, 대지지분이 많으면 그 만큼 용적률이 낮아서 많은 가구의 아파트가 들어서고 땅값이 비싸야 분양가를 높게 받아 조합원 부담을 줄일 수 있기 때문입니다. 재건축아파트 투자의 핵심은 다음 10가지로 세분할 수 있는데, 이를 보면 다음과 같습니다.

(1) 재건축을 하면서 조합이 얼마나 부채를 지고 있는지 확인해 보아야 합니다. 사업이 지지부진할수록 조합은 조합운영비 등의 지출로 많은 빚을 지게 되어서, 부실화할 우려가 있습니다.

(2) 조합이 시유지나 공유지 등 토지를 매입해야 하는 경우는 없는지 확인해야 합니다. 이런 경우에는 조합원 부담이 그 만큼 늘어나기 때문입니다.

(3) 재건축 판정을 얼마나 빨리 받을 수 있는지 확인하십시오. 재건축은 골조가 낡은 경우 외에 연탄 난방으로 도시 미관을 해치는 경우에도 가능하다는 점에 유의해야합니다..

(4) 저밀도지구는 아닌지 알아보셔야 합니다. 저밀도지구는 해제되더라도 다른 일반주거지역처럼 고층으로 올리기 힘들게 되어가는 추세이므로 주의하셔야 합니다.

(5) 아파트 층수를 충분히 올릴 수 있는지 확인하십시오.

용적률을 400%까지 활용할 수 있는지 확인하십시오. 인근에 단독주택이 밀집해 있거나 군부대가 있을 경우에는 고도제한을 받아 아파트를 충분히 올릴 수 없는 경우가 종종 있습니다.

(6) 시세가 급등하지 않았는지 확인하십시오.

시세는 재건축 시공회사를 선정하거나 재건축판정이 나는 등 일반적으로 주요과정을 거칠 때마다 상승합니다.

(7) 로열층 프리미엄은 염두에 두지 마십시오.

아파트 시세는 로열층이 1층이나 꼭대기층보다 1,000만원~2,000만원 높은 것이 보통이지만, 재건축아파트 평형 배정시 로열층 소유자에게 우선권을 준 사례는 없습니다.

(8) 진입도로를 내는데 장애는 없는지 확인하십시오.

진입도로를 확보하지 못해 몇 해를 두고 사업의 진척을 보지 못하는 경우가 종종 있습니다. 여러 필지이거나, 많은 면적일수록 사업에 큰 부담이 됩니다.

(9) 같은 단지 내에서는 가급적 큰 평형을 구입하는 것이 유리합니다.

아파트 배정시 큰 평형을 소지한 조합원에게 큰 평형 아파트가 우선 배정됩니다. 재건축이 유망한 아파트에서 큰 평형값이 먼저 오른 것은 바로 이 같은 이유에서입니다.

(10) 건물면적보다 토지 면적에 관심을 두십시오.

토지면적이 넓다는 것은 용적률이 그만큼 낮다는 의미이므로 그만큼 많은 가구의 아파트를 새로 재건축할 수 있어 유리합니다. 서울시내 재건축아파트 용적률은 보통 100~120% 정도입니다. 그러므로 100% 이하라면 사업성이 좋은 편에 속합니다.

✪ 재개발지역 토지의 감정가 산정은?

【답변】 ➡

　재개발지역에서 조합원들에게 배정되는 아파트평형은 조합원이 현재 이 지역 안에 소유한 토지나 건물의 재산평가액 순위에 따라 차이가 납니다. 따라서 재개발지역에 투자하려는 사람들은 재산평가액이 높은 땅을 골라 구입해야 합니다. 일반적으로 재산평가는 조합원이 소유한 토지의 평가금액과 건물에 대한 평가금액을 합해 계산되며, 토지의 경우 위치, 형태, 지형에 따라 큰 차이가 있습니다. 예컨대, 재개발지역 내 토지 28평을 소유한 A가 평당 350만원이란 판정을 받았는데, 21평을 소유한 B는 560만원의 판정을 받았을 경우, 감정평가액이 높게 책정되는 토지는

　①가급적이면 넓은 도로와 인접해 있고 고지대 보다는 저지대 지역에 위치한 땅이 평가에서 유리합니다. 서울시 재개발사업가격 평가위원회가 시행한 토지평가에 따르면 감정가는 도로에 접해 있고 저지대인 경우 도로와 떨어져 있고 고지대에 있는 경우 보다 무려 두배 이상 차이가 납니다.

　②특히 도로에 인접해 있더라도 차량진입이 불가능한 경우보다 높게 책정되었습니다.

　③집주인이 임의로 길을 낸 집은 감정가가 아주 낮게 나오므로 유의할 필요가 있습니다. 건물의 감정평가는 건물을 짓는데 드는 총원가에서 사용한 기간을 감가삼각하는 복성식 평가법을 사용합니다.

◎ 양도소득세에 관해서

【질의】 ➡ 투기지역에 2주택 보유자로써 그중 1주택은 재건축 조합원 자격으로 재건축 중에 있습니다.
재건축 완료하고 사용승인 득하여 입주후 2년이내 나머지 1주택(비거주 4년 6개월 보유)을 양도할 경우 소득세법 시행령 제155조 제1항의 규정에 의하여 양도소득세 비과세 대상이라고 하는데 2년이상 거주하지 않아도 비과세 대상이 되는지, 아니면 2년 이상 거주해야 양도소득세 비과세 대상이 되는지 문의 드립니다.

【답변】 ➡

1세대1주택자가 양도소득세를 비과세 받기 위해서는 3년이상 보유(물건소재지가 서울시 및 과천시, 분당. 산본. 평촌. 중동. 일산 신도시인 경우 1년이상 거주 – 2004년 이후 양도분에 대해서는 2년이상 – 거주 요건도 충족하여야함)후 양도하여야하는 바, 대체취득등의 사유로 일시적 2주택자가 된 경우에 양도소득세를 비과세 받기 위해서는 3년 이상 보유한 종전 주택(서울, 과천, 분당, 일산, 평촌, 중동, 산본은 3년 보유기간 중 1년의 거주요건이 필요)을 나중에 취득하는 주택의 취득일로부터 1년 이내에 양도하는 경우에 양도소득세를 비과세 받게 됩니다(국세청은 물건소재지가 서울과 과천,5대 신도시의 경우 대체취득등의 사유로 일시적으로 1세대 2주택이 되는 경우에는 2년이상으로 거주 요건이 강화되더라도 경과규정을 두어 3년이상 보유, 1년이상 거주요건을 그대로 적용키로함).

1세대 2주택자가 그 중 1주택이 재건축으로 새로 준공된 이후에 재건축 하지 않은 "다른 주택"을 양도할 때 비과세 여부에 대하여–재건축 대상 주택을 멸실 후 재건축한 경우 이를 기존 주택의 연장으로 보아 일시적 2주택 비과세 특례규정이 적용되지 않아 "다른 주택"은 양도시 발생한 양도차익에 대하여 양도소득세

과세대상입니다.

　이는 1세대 2주택인 자가 그 중 1주택이 재건축 되어 준공되는 경우 준공시점에서 다시 일시적 2주택에 해당되는 등으로 2주택 모두 비과세되는 사례가 있어 이는 1세대 1주택 비과세 기본 취지와 맞지 않고, 재건축한 주택은 실질적으로 기존 주택과 별개의 주택을 취득한 것으로 볼 것은 아니기 때문에 재건축 주택을 기존 주택의 연장으로 보아 일시적 2주택 비과세 여부를 판단하기 때문입니다. 즉, 종전예규에 따르면 새로운 주택(재건축으로 사용승인 된 주택) 취득일로부터 1년 이내에 양도일 현재 위에서 설명한 비과세요건을 갖춘 종전주택을 양도하는 경우 비과세 혜택이 있었으나 2002년11월23일이후 양도분 부터 적용되는 새로운 예규에 의하여 일시적2주택이 아니어서 비과세 특례규정이 적용되지 아니할것으로 여겨집니다.

◙ 소유권 이전등기

> 【질의】 ➡ 다름 아니라 재건축관련하여 상가를 매도하며 계약금 수령후 바로 명의 이전을 해주며 미정산 잔금을 위하여 매도물건에 가등기를 하려고 합니다. 등기필증, 인감증명서, 주민등록등본, 인감이 필요하다고 알고있는데, 인감증명은 가등기의무자의 승락서용 1부, 매도자용 1부 이렇게 준비하면 되는가요? 또한 등기필증은 저희가 매도후 바로 명의 변경을 해 준다고 했는데 시일이 어떻게 소요되는지요

【답변】 ➡

부동산 매매계약에 의하여 매도인은 매수인으로부터 약정된 잔대금지급일자에 잔대금지급과 동시에 부동산소유권이전등기에 필요한 등기권리증, 매도용 인감증명서, 인감도장의 필요한 서류에의 날인, 주민등록 등·초본을 교부해주면 되는 바(동시이행관계), 질문의 경우처럼 잔대금지급전 미리 소유권이전등기에 필요한 서류를 교부해주면서 동시에 잔대금지급을 확보하고자 부동산소유권이전청구권 가등기를 경료하기로 한다면 가급적 소유권이전등기와 가등기를 동시에 신청하여(위임된 법무사가 함께 신청하도록) 소유권이전등기와 가등기사이에 다른 등기가 개입될 여지를 없애야 할 것입니다.

상기의 소유권이전등기에는 매도인으로부터 교부받는 등기권리증, 매도용 인감증명서, 인감도장, 주민등록등본 또는 초본 외에 건축물대장, 토지대장, 개별공시지가 확인원, 검인매매계약서, 사전양도신고대상인 경우 세무서의 양도확인서 및 매수인의 주민등록등본, 일반도장이 필요하고 소유권이전청구권 가등기시에는 매매예약서(가등기 의무자(질의의 경우 매수인)의 인감증명서가 첨부되고 인감도장으로 날인한)등이 필요하겠습니다(기타 주민등록등본은 소유권이전등기신청에 첨부한 서류를 원용하여 동시신청하게 됩니다).

◎ 주택을 3년 이상 보유하지 않았어도 양도소득세가 과세되지 않는 경우는?

【답변】 ➡

　　양도일 현재 1주택으로서 이를 3년 이상 보유(서울·과천·5대 신도시 소재 주택의 경우에는 2004년 1월 1일 이후 양도하는 분부터 3년 이상 보유 및 2년 이상 거주)하다가 양도하여야 양도소득세가 과세되지 않는 것이 원칙입니다. 그러나, 다음의 경우에는 양도일 현재 1주택인 경우 3년 이상 보유(또는 3년 이상 보유 및 2년 이상 거주)하지 않았어도 양도소득세가 과세되지 않습니다. 취학·1년 이상의 질병의 요양·근무상 형편으로 1년 이상 살던 주택을 팔고 세대원 모두가 다른 시·군 지역으로 이사를 할 때, 세대원 모두가 해외로 이민을 갈 때, 취학 또는 근무상의 형편으로 세대원 모두가 1년 이상 계속하여 국외 거주를 할 때, 임대주택법에 의하여 건설임대주택에 거주하다 이를 분양 받아 양도하는 경우로서 당해 주택의 임차일부터 양도일까지의 기간이 5년 이상인 때, 공공용지로 협의매수되거나 수용되는 경우, 재개발·재건축 사업에 참여한 조합원이 재개발·재건축 기간중 일시 취득하여 1년 이상 살던 집을 재개발·재건축 아파트로 세대 전원이 이사하게 되어 팔게 될 때 재개발·재건축 아파트의 사용검사일(또는 사용승인일)부터 1년 이내에 재개발·재건축 기간 중에 취득한 주택을 양도하여야 합니다.

◎ 재건축중인 아파트의 매매

【질의】 ➡ 흔히들 재건축아파트를 허물고 다시 짓는 동안에는 다른 소유주택 양도시 허물어버린 재건축아파트는 보유기간에 관계없이 주택으로 보지 아니한다라고 주위에서 들었는데 그래서 그 시기를 이용해서 집을 팔려는 사람이 있다고 하는데, 그에 명확한 답변을 듣고싶습니다.

【답변】 ➡

재건축아파트는 두가지가 있습니다

첫째는 도시및주거환경정비법에 의해 재건축을 하는 경우, 둘째는 재건축 조합을 결성하지 않고 임의로 재건축을 하는 경우등 두가지가 있습니다

문의하신 재건축하는 동안 주택으로 보지 않음으로 재건축하는 동안을 이용하여 다른주택을 양도한다는 얘기는 재건축하는 동안에 다시 말해 기존주택을 헐고 신축하는 기간에는 현실적으로 주택이 없음으로 만일 다른 주택이 있어 처분하더라도 1주택으로 본다는 얘깁니다.

그러므로 재건축하는 동안 3년이상 보유한 주택을 양도하는 경우는 비과세혜택을 받을 수 있습니다.

아울러 도시및주거환경정비법에 의해 재건축하는 경우에는 구주택 보유기간에 공사기간 신주택 보유기간을 모두 통산하는 반면에 임의로 소실 도괴 노후화로 재건축을 하는 경우에는 구주택과 신주택 보유기간은 통산 하지만 공사기간은 보유기간에서 제외됩니다.

예를 들어 주택법에 의해 재건축하는 경우 구주택을 1년 보유하였고 3년동안 공사를 하였고 준공을 하여 1달 밖에 안되었더라도 보유기간은 4년1개월이 되어 준공되고 입주하여 1달 만에 처분하더라도 1세대 1주택이라면 비과세를 받을 수 있습니다. 반면에 임의로 재건축을 하였다면 공사기간은 제외하고 1년1개월밖에

보유기간이 안됩니다.

　그러나 구주택을 멸실하고 공사하는 기간중에는 주택법에 의한 재건축이나 임의로 재건축(예를들어 자기의 단독주택을 헐고 다가구 주택을 짓는 경우)하는 기간에는 현실적으로 주택이 없는 것이 인정됩니다.

◘ 용역회사가 재건축의 지주작업을 마무리한 경우 조합이 구성된 후의 시행사의 역할

> 【질의】 ➡ 재건축의 경우 용역회사가 지주작업을 마무리한 경우 조합이 구성되면 시행사의 역할은 단순히 PM의 지위를 지니게 되는 건가요? 아님 공동시행의 자격을 지니게 되는지요? 또 조합으로부터 부지를 매입하여 진행할 경우 일부 조합원이 매도를 거부할 경우 매도청구권을 사용할 수 있는지요? 또 용역비는 얼마정도가 적정한가요?

【답변】 ➡

재건축은 주택법 및 도시및주거환경정비법을 위주로 진행됩니다.

그래서 사업자등록증을 내고 법인으로 등재가 되는 것입니다.

질문자가 문의하신대로 시행대행사와 조합이 공동시행사로 같이 갈 경우는 건축법에 따른 경우일 것이라 생각되어집니다.

건축법에 따른 재건축은 사업자등록증은 발부가 되나 법인으로써 인정을 못 받고 조합원 각 각의 개인이 사업의 주체가 되는 것입니다.

시행대행사의 역할은 조합과 시행사간에 어떠한 형식의 약정서를 맺느냐에 달려있다고 봅니다.

단순한 컨설팅 역할로써의 약정서를 맺느냐 아니면 조합전반에 업무를 재건축 사업이 종료시 까지 시행대행사가 모든 조합의 업무를 대신하느냐에 문제일 것입니다.

조합으로부터 부지를 매입하여 진행할 경우 조합원중 어느 한 사람이 매도를 거부하는 것에 대하여는 매도청구소송을 제기할 수 없습니다.

이는 엄연히 개인의 사유재산이므로 이에 대하여 재산권 침해를 못 하는 것으로 알 고 있습니다.

다만 조합이 총회를 거쳐 재건축조합으로써 자격요건을 갖춘 경우 재건축 사업을 진행함에 소수의 조합원이 사사로운 이익을 위해 재건축사업에 참여 하지 않으려 할 경우 조합 전체 80%이상이 재건축 사업에 동의하였을 경우 나머지 소수의 조합원을 상대로 매도청구소송이나 명도소송을 할 수가 있습니다.

그러나 이러한 소송은 쌍방간에 득이 되는 것이 없습니다.

소송을 제기하였다고 해서 이 소송이 빨리 끝나지 않습니다. 최소 6개월 최장 1년이 넘는 경우도 있습니다. 이렇게 때문에 협의를 하는 것이 가장 빠른 해결책이라고 생각되어집니다.

◎ 서울시의 뉴타운사업지역중 한곳에 토지및 건축물을 소유한 사
  람입니다. 사업시행방식이 재건축방식으로 결정이 되었는데 재
  건축조합 설립후 조합원의 몇%이상의 동의를 얻어야 사업시행
  이 가능한지 궁금합니다.

【답변】➡

　　재건축방식이면 도시및주거환경정비법에 의거하여 시행하여야
하며 도시및주거환경정비법 제28조 제4항 "사업시행자(시장.군수
또는 주택공사등을 제외한다)는 사업시행인가를 신청(인가받은 내
용을 변경하거나 정비사업을 중지 또는 폐지하고자 하는 경우를
포함한다)하기 전에 미리 정관등이 정하는 바에 따라 토지등소유
자(주택재건축사업인 경우에는 조합원을 말하며, 이 하 이항에서
같다)의 동의를 얻어야 한다. 다만, 사업시행자가 지정개발자인 경
우에는 정비구역안의 토지면적 50페센트이상 토지소유자의동의와
토지등소유자의 과반수의 동의를 얻어야 한다."고 규정하므로 정
관에 정한바에 따라야 하며 이 규정은 2005년 3월 18일 개정되었
으며 만약 정관에 규정되어 있지 않다면, 도시및주거환경정비법
부칙 제6조(사업시행계획의 동의에 관한 경과조치) "사업시행계획
에 대한 토지등소유자의 동의에 관하여는 제28조제4항의 개정규
정에 불구하고 당해 정관등이 개정되기 전까지는 종전의 규정에
의한다." 라고 규정되어 종전규정 "토지등의소유자 4/5이상" 을
받아야 될 것 같습니다.

◑ 재건축아파트의 장점과 단점은 무엇입니까?

【답변】 ➡

아파트 분양가는 원가(땅값+건축비)+건설업자이익 이렇게 구성되어 있는데, 재건축을 하면 기존의 있는 땅에 건축을 하는 것이니까 땅값을 안 주어도 되고 기존의 가구수보다 더 많이 지을 수 있으므로 이것을 외부에 분양을 하면 수입이 생기니까 그 금액만큼 기존주민의 부담이 줄어듭니다. 그러니까 같은 지역의 같은 크기의 아파트를 사는 것 보다 가격이 저렴하게 되는 것이 장점입니다.

재건축을 한다고 해서 공짜로 새 아파트가 생기는 것은 아닙니다. 그러므로 외부에 분양을 할 수 있는 가구수가 적으면 상대적으로 주민의 부담이 늘어나므로 경제성이 없다고 용적율을 늘려달라고 아우성치는 것이 그 이유 때문입니다.

만약에 외부에 분양하는 가구수가 하나도 없다고 가정하면(1대1 재건축) 기존주민은 땅값을 제외한 건축비와 건설업자의 이익을 주고 새 아파트를 사는 것과 같습니다.

따라서 가장 큰 단점은 역시 추가로 들어가는 돈일 것입니다.

◎ 재건축 추진절차

【답변】 ➡

재건축의 추진절차

1. 사업준비단계

① 도시 주거환경정비 기본계획수립

도시및주거환경정비법에 따라 인구 50만 이상의 시는 10년 단위로 도시·주거환경정비 기본계획을 세우고 5년마다 그 타당성 여부를 검토하여 결과를 기본계획에 반영해야 합니다.

기본계획은 사업예정구역별로 기본방향, 계획기간, 개략적인 정비구역 범위 등의 내용을 포함하고 있고 주민공람, 지방의회 의견, 도시계획위원회 심의 등 도시계획결정절차에 따라 수립되며 시·도지사가 결정합니다.

기본계획에는 사업예정구역별로 용적률 상한선 등 계획기준을 정할 수 있으며, 재건축사업도 이에 따라 시행되어야 한다. 기본계획에 반영되어 있지 않거나, 기본계획과 다른 내용으로 사업을 시행하려면 기본계획의 변경이 필요합니다.

② 정비구역지정

정비구역은 정비계획을 포함하여 시장·군수가 지정안을 입안하고 시·도지사가 지정합니다.

200세대 또는 부지면적이 1만㎡이상인 경우에는 정비구역을 지정하여야 재건축사업이 가능합니다. 정비구역 지정대상이 아닌 200가구 및 1만㎡이하의 재건축사업은 시·군·구 건축위원회에서 계획의 적정성(용적율, 건축선, 도시경관, 재난방지, 기반시설 등)을 검토한 후 결정하게 됩니다.

③ 안전진단

안전진단 실시여부는 시장·군수가 결정하되 필요한 경우 시·도지사의 사전평가를 받아야 하며, 예비안전진단은 시장·군수가 실시하여야 하나 시·도지사가 재건축사업의 관리를 위하여 필요하다고 인정하는 경우 예비평가를 직접 시행할 수 있습니다.

안전진단은 구조안전(45%)외에도 설비성능(30%), 주거환경(10%), 비용분석(15%)등을 종합 평가합니다. 100점 만점을 기준으로 30점 이하는 재건축을 추진하고, 31~55점은 조건부 재건축(시·도지사 또는 시장·군수가 인·허가 시기를 조정)을 추진할 수 있습니다. 또한 평가점수가 56점 이상이면 유지보수를 하여야 합니다.

2. 사업시행단계

① 조합설립인가

안전진단 전에 토지등소유자 1/2 이상의 동의 및 시장·군수의 승인을 얻어 추진위원회를 구성합니다.

조합설립을 위해서는 전체 소유자의 4/5 이상의 동의와 동별 소유자의 2/3 이상 동의가 필요합니다. 단, 주택단지가 아닌 곳이 포함된 경우 당해 지역은 토지 또는 건축물 소유자의 4/5 이상 동의와 토지면적 2/3 이상 토지 소유자의 동의가 있어야 합니다.

조합설립을 위한 주민동의서를 받을 때 찬반의사 외에도 비용부담에 관한 사항 등을 반드시 고지하여 형식적 동의로 인한 분쟁 소지를 제거하여야 합니다.

정관 및 건설교통부령이 정하는 서류를 첨부하여 시장·군수의 인가를 받아야 하며, 인가 후 30일 이내에 주된 사무소의 소재지에서 법인으로 등기합니다.

② 사업시행인가

재건축사업을 시행하고자 하는 조합은 사업시행계획서 등 관련 서류를 첨부하여 시장·군수에게 제출하여 인가를 받아야 하며, 정비구역 외에서 시행하는 사업시행인가는 건축물의 높이, 층수, 용적률 등에 대하여 시·군·구에 설치된 건축위원회의 심의를 받아야 합니다.

시장·군수는 사업시행인가를 하거나 그 정비사업을 변경, 중지 또는 폐지하는 경우에는 그 내용을 당해 지방자치단체의 공보에 고시하여야 하고, 만일 경미한 사항을 변경하고자 하는 경우에는 예외로 할 수 있습니다.

③ 시공사 선정

사업시행인가가 나면 경쟁입찰을 통하여 시공사를 선정하며 시공사는 은행, 대한주택보증 등에서 발행하는 보증서를 조합에 제출하여야 합니다.

3. 관리처분단계

① 관리처분계획인가

관리처분계획이란 토지등소유자가 가지는 종전의 토지 및 건축물에 대한 권리를 정비사업의 시행으로 조성되는 대지 및 건축물에 대한 권리로 변환시켜주는 계획입니다.

조합은 사업시행인가 고시가 있은 날부터 21일 이내에 개략적인 부담금 내역, 분양신청기간 등의 사항을 토지등소유자에게 통지하고 분양 내역을 해당 지역에서 발간하는 일간신문에 공고 하여야 합니다. 분양신청기간은 그 통지한 날부터 30일 이상 60일 이내에 하여야 하며, 토지등소유자는 분양신청기간 이내에 조합에게 분양신청을 하여야 합니다.

분양신청기간이 종료되면 기존 건축물을 철거하기 전에 분양신청 현황을 기초로 관리처분계획을 수립하여 관계서류의 사본을 30일 이상 건축물 및 부속토지 소유자에게 공람하게 하고 의견을 들은 뒤 시장 · 군수의 인가를 받아야 합니다.

② 착공 및 분양

시장 · 군수는 착공신고를 받을 때 시공보증 여부를 확인해야 합니다.

조합은 인가된 관리처분계획에 따라 건설될 건축물을 공급대상자에게 공급하고 잔여분이 있는 경우에는 조합원 외의 자에게 분양할 수 있으며 이 경우 주택의 공급방법, 절차 등은 주택법에 따릅니다.

4. 완료단계

① 준공 및 입주

조합은 공사가 완료된 때 시장·군수에게 준공인가 신청을 하고 시장 · 군수는 지체 없이 준공검사를 실시하여야 합니다.

검사결과 사업시행계획대로 완료되었다고 인정되면 준공인가를 하고 공사완료를 당해 지방자치단체 공보에 고시하여야 합니다.

조합은 고시가 있은 때에는 지체 없이 대지확정측량을 하고 토지의 분할절차를 거쳐 관리처분계획에 정한 사항을 분양을 받을 자에게 통지하고 대지 또는 건축물의 소유권을 이전하여야 하며, 등기를 촉탁 또는 신청합니다.

시장·군수는 준공인가를 하기 전이라도 완공된 건축물이 사용에 지장이 없는 경우에는 입주 예정자가 완공된 건축물을 사용할 것을 허가할 수 있습니다.

입주는 보통 입주예정일 30일 전에 통보된 후, 사용검사필증이 교부되면 통지를 받게 됩니다.

② 청산 및 해산

조합은 종전에 소유한 건축물 등의 평가액과 분양 받은 건축물 등의 평가액 사이에 차이가 있는 경우에는 이전의 고시가 있은 후에 그 차액에 상당 하는 금액을 조합원으로부터 징수하거나 지급해야 하며, 청산금을 납부할 자가 이를 납부하지 않는 경우에 조합은 시장·군수·구청장에게 청산금의 징수를 위탁할 수 있습니다.

조합은 총회에서 해산결의를 하면 비용정산 등 해산절차를 밟아 관할 시·군·구청에 조합해산인가를 신청하여 인가를 받아야 합니다.

◎ **아파트를 재건축 하게 되서 이주를 하라는데 세입자 이주비는 어떻게 하는지요?**

【답변】 ➡

집주인이 이주비를 지급해야합니다.

아파트가 재건축 하게 되어서 이사를 가야될 경우에는 전세 계약기간 동안에 이사를 가게 되는 거라면 집주인은 당연히 이사비용을 지불해야 합니다. 재건축이 지어질 경우 재건축을 담당한 조합에서는 살고 있는 사람들 이사비용까지 집주인에게 부담을 해주고 있습니다. 만약에 전세기간이 만료되는 시기에 이사를 가는 거라면 집주인이 이사비용을 부담할 필요는 없겠지만 전세 계약서상의 기간 전에 이사를 가게 되는 거라면 이사비용은 주인집에게 받는 것이 당연합니다. 하지만 전세계약을 하면서 특약조건으로 "재건축이 예상되는 건물로서 재건축을 하게 되어 계약기간안에 이주를 하게 되는 경우도 감수한다."라는 등의 특약을 한 경우에는 집주인은 이주비를 지급할 필요가 없습니다.

보통 이주비는 공짜인것처럼 생각하는 사람들이 많은데, 이것도 집주인이 조합에 지불하는 돈의 일부입니다. 보통 세대당 50~100만원 정도의 이주비가 지급되는데 이것은 집주인의 것입니다. 위에서 설명한 바와 같이 집주인이 지급해야할 명백한 사항이 아닌 경우에는 세입자에게 지급할 아무런 책임이 없습니다.

◈ 복비, 이사비용 및 입주권 관련

【질의】 ➡ 재건축이 시행되어 계약기간(2년)이 안되도 이사를 하게 되었습니다. 그럼 복비, 이사비용 등의 비용을 세입자가 부담하게되어 피해를 보는 거 아닌가요? 그리고 예전에 불량주택 재개발세입자는 입주권(일명 딱지)을 주거나 이주비를 주던데, 재건축아파트의 세입자는 아무런 혜택이 없는가요?

【답변】 ➡

도시및주거환경정비법에 의한 도시재개발 사업은 세입자가 일정기간 살고 있을 경우 임대아파트 입주권을 줄 수 있는 조항이 있으나, 주택법에 의한 재건축사업은 순수하게 집주인의 이익을 위해 시행하는 사업으로 세입자에 대한 별도의 혜택이 없습니다.

다만 질문자의 경우에는 계약기간이 2년이 경과하지 않은 상태로 집주인의 요청으로 이사를 해야하는 경우에는 집주인에게 계약서에 의해 복비, 이사비용을 청구할 수 있습니다. 계약서에 이러한 항목이 명시되지 않아 집주인이 위의 비용을 부담하지 않겠다고 하면 세입자는 계약기간까지 그곳에 살 수 있는 권리가 있습니다. 그러나 통상 재건축이 진행되는 경우 집을 비워주는 일자가 조합 및 시공사의 약정을 통해 이루어지므로 약정된 기간에 집을 비워주지 못할 경우 집주인은 상당한 피해를 입을 수 있으므로 복비 및 이사비용을 부담하게 됩니다.(집을 비워주는 시기가 계약기간 이후인 경우에는 해당 없음)

◎ 매매에 의한 조합원자격 인정여부

【질의】➡ 얼마전 재건축 아파트를 매입했는데 계약당시는 조합에서 조합원 자격이 될 수 있다고 하여 계약을 하여서, 중도금이 넘어가고, 설정된 것이 많아 등기까지 이전하였습니다. 그런데, 조합에서 연락이와서 조합원 자격이 안된다고 합니다. 조합에서는 1회에 한해서 매매를 해도 조합원 자격이 있다고 하였으나, 전 소유주가 부부지간에 증여를 한번 했었기 때문에 1회 매매를 한것으로 인정하여 조합원 자격을 줄 수 없다고 합니다. 이런 경우 조합원 자격을 받을 수 있는 방법이 없을까요?

【답변】➡

도시및주거환경정비법 계정으로 인하여 2003년12월31일 이전 조합이 설립된 경우 1회에 한하여 조합원자격 양도가 가능하였습니다.

일단 조합설립일자와 전소유주가 언제 증여를 했는지 확인하시기 바랍니다. 2003년 12월 31일 이전이라면 조합원 자격을 승계할수 있습니다.

조합설립이 2003년12월31일 이후 설립되었다면 말그대로 본 부동산 매매계약은 사기입니다.

부동산매매계약서에 이와 같이 조합원지위를 승계한다라는 특수조건이 기재되었다면 계약자체가 무효처리될 수 있습니다(조건불충족으로 인한).

또한, 조합원자격 무단승계시는 도시및주거환경정비법에의해 벌칙및벌금형이 가해집니다(조합원 변경시 관청에 변경신고 필수).

이로 상기 증여가 1회 있었다면 조합원 지원승계는 불가능 할 것으로 보입니다.

◎ 주택 및 상가의 재건축 추진사업 관련

【질의】 ➡ 주택 및 상가의 재건축 사업 추진시 필요한 자격 및 면허는 무엇이며, 조합과의 공동시행·대행·인수등의 경우에 필요한 것에는 무엇이 있는지요?

【답변】 ➡

정비사업전문관리업체는 시행사가 아닌 재개발 또는 재건축 조합의 행정인허가 업무를 대행해 주는 전문용역업체를 말합니다. 일반적으로 컨설팅이라고 봐야죠

재개발 또는 재건축의 시행은 토지소유자의 구성원인 조합이 하게 됩니다.

도시및주거환경정비법이 개정되서 재개발일 경우 도시및주거환경정비법 제8조 제1항 규정에 조합이 조합원의 과반수 동의를 얻어 시장·군수·주택공사등, 건설산업기본법제9조의 규정에 의한 건설업자, 주택법 제12조 제1항의 규정에 의하여 건설업자로 보는 등록사업자와 공동으로 시행할 수 있다라고 되어 있습니다.

재건축일 경우는 도시및주거환경정비법 제8조 제2항 규정에 의거 조합이 시행하거나 조합이 조합원 과반수의 동의를 얻어 시장·군수 또는 주택공사등과 공동으로 이를 시행할 수 있다. 라고 되어 있습니다. 직접 매입 방식이 아니고 조합방식이면 정비사업전문관리업 면허가 있는 시행사이어야 합니다.

정비사업전문관리업의 등록기준(제63조제1항관련)

1. 자본금 : 10억원(법인인 경우에는 5억원) 이상이어야 한다.

2. 인력확보기준

가. 다음의 1의 인력을 5인 이상 확보하여야 한다. 다만, 정비사업전문관리업자가 관계법령에 의한 감정평가법인·회계법인 또는 법무법인(이하 "법무법인등"이라 한다)과 정비사업의 공동수행

을 위한 업무협약을 체결하는 경우에는 협약을 체결한 법무법인등
의 수가 1개인 경우에는 4인, 2개인 경우에는 3인으로 합니다.

  (1) 건축사 또는 국가기술자격법에 의한 도시계획 및 건축분야
기술사와 건설기술관리법시행령 제4조의 규정에 의하여 이와 동등
하다고 인정되는 특급기술자로서 특급기술자의 자격을 갖춘 후 건
축 및 도시계획 관련업무에 3년 이상 종사한 자

  (2) 감정평가사 · 공인회계사 또는 변호사

  (3) 법무사 또는 세무사

  (4) 다음의 1에 해당하는 자로서 정비사업 관련업무에 5년 이
상 종사한 자

  (가) 공인중개사

  (나) 정부기관 · 정부투자기관 또는 제63조제2항 각호의 기관에
서 근무한 자

  (다) 도시계획 · 건축 · 부동산 · 감정평가 등 정비사업 관련분야
의 석사 이상의 학위 소지자

  (라) 2003년 7월 1일 당시 관계법률에 의하여 주택재개발사업
또는 주택재건 축사업의 시행을 목적으로 하는 토지등소유자, 조
합 또는 기존의 추진위 원회와 민사계약을 하여 정비사업을 위탁
받거나 자문을 한 업체에 근무 한 자로서 법 제69조제1항제2호
내지 제6호의 업무를 수행한 실적이 건설교통부장관이 정하는 기
준에 해당하는 자

  나. 가목의 인력확보기준을 적용함에 있어 가목(1) 및 (2)의 인
력은 각각 1인 이상을 확보하여야 하며, 동목(4)의 인력이 2인을
초과하는 경우에는 2인으로 본다.

�‪◈‬ 재건축 승인이후 처리(보증금 및 공과금 납부처리 등)

【질의】 ➡ 재건축 승인나서 곧 이주가 시작된다고 합니다. 이주기간쯤에 전세계약기간이 만료 되는데, 재건축 들어갈거라서 다른세입자가 들어오지는 못할테고 제가 궁금한것은 계약만료일에 전세보증금을 받아야 하는데

1. 만약에 주인이 보증금반환을 미루는 경우 반환금 청구 소송은 언제부터 가능한가여 바로 가능한지요? 반환금을 못받아서 이사가 취소될 경우 이사가려고 했던곳의 계약금에 대한 손해는 어떻게 되는지 궁금합니다.

2. 다른사람이 들어오지 않고 나갈 경우 공과금등이 제이름으로 되어있지 않고 이전 세입자의 이름으로 되어있습니다. 이런 경우 전기·가스·수도등을 일일이 끊고 나가야 하는지요? 제대로 처리가 안됐을 경우 저에게 책임이 있는지가 궁금합니다.

【답변】 ➡

1. 만약에 주인이 보증금반환을 미루는 경우

보증금반환청구소송은 전세계약기간이 만료된 후에 보증금을 돌려주지않을 경우 법원에 제소하고, 계약만료전 최소 1~2 개월전에 구두나 서면으로 이사가겠다고 보증금 준비해달라고 통보해야 합니다. 집주인이 승락후 돈을 주지않아 이사가 취소될 경우 손해금에 대해 법원에 별도 제소할 수 있습니다.

2. 다른사람이 들어오지 않고 나갈경우

집주인 입회하에 이사갈 시 가스신고후 폐쇄, 전기, 수도는 관리사무소에 신고 확인해야 합니다.

◎ 재건축 · 재개발에서 시행대행사란 용어가 자주 나오는데 시행대행이란 일반시행업과 어떤 차이가 있으며, 시행대행을 했을 경우 수수료율은 보통 몇 % 수준에서 책정되어야 하는지요?

【답변】 ➡

재건축의 시행사가 조합이라면 보통 시행사는 시행대행사가 됩니다.

즉 이는 도시및주거환경정비법에 의한 도시정비사업자를 말하는 것이 맞습니다.

시행대행의 수수료는 매출의 몇 %로 정하기도 하고, 재건축의 수익을 나누기도 하고, 또는 세대당 얼마로 정하기도 합니다.

보통은 세대당으로 계산한다면 100만원~500만원 정도 선입니다.

◉ 지구단위계획이란?

【답변】 ➡

지구단위계획 해설

1. 지구단위계획 정의

'지구단위계획'은 종전의 건축법에 의한 '도시설계'와 도시계획법에 의한 '상세계획'을 통합하면서 생긴 제도입니다. 지구단위계획은 도시내 일정구역을 대상으로 인간과 자연이 공존하는 환경친화적 도시환경을 조성하고 지속가능한 도시개발 또는 도시관리가 가능하도록 하기 위한 계획으로 광역도시계획, 도시기본계획 등 상위계획과 도시계획구역 전체를 대상으로 수립하는 도시계획(재정비) 및 관련계획의 취지를 살려 토지이용을 구체화·합리화하는 계획입니다.

또한 도시의 기능 및 미관을 증진시키기 위하여 도시내 일정구역에 대하여 도시기반시설 및 건축물 등을 정비하고 가로경관을 조성하기 위한 계획입니다.

지구단위계획은 계획수립 시점으로부터 10년 내외의 기간동안에 나타날 여건변화를 고려하여 지구단위계획구역과 주변의 미래상을 상정하고 이를 구체적으로 표현하는 계획으로 기존 시가지의 정비·관리·보존 또는 신시가지의 개발 등 그 목표를 분명하게 정하고, 목표에 따라 도시기반시설의 설치, 건축기준의 제시 등 부문별 계획이나 상세정도를 달리하여 정할 수 있는 계획입니다.

지구단위계획이란 도시계획에서 막강한 위상을 차지하며, 종 변경도 가능합니다. 기부채납시 인센티브가 적용되어, 시장등의 승인에 의하여 용적률 상승이 가능합니다.

2. 지구단위계획구역 지정대상

◎ 토지이용을 고도화하거나 특정목적을 달성하기 위하여 도시

계획에서 토지용도에 대하여 특별히 정한 취지를 개별건축물에 구체적으로 반영하고자 하는 구역

① 경관지구·미관지구·고도지구·방화지구·방재지구·보존지구·시설보호지구·취락지구·개발촉진지구·아파트지구·위락지구

② 기타 시·도의 조례가 정하는 바에 따라 도시계획으로 결정된 지구

－서울시의 경우 문화재주변경관지구·수변경관지구·시가지경관지구·조망권경관지구·문화지구·사적건축물보전지구·보행우선지구

◎ 당초의 개발사업 취지와 내용을 살려 계획적인 관리가 되도록 함으로써 쾌적한 도시환경을 유지하고자 하는 구역

① 도시개발구역

② 재개발구역

③ 대지조성사업지구

④ 택지개발예정지구

⑤ 주거환경개선지구

⑦ 국가산업단지·지방산업단지 및 농공단지

⑧ 관광특구

* 도시계획구역중 위의 ②호 내지 ⑤호의 구역은 사업이 완료된 후 10년이 경과된 때에는 이를 지구단위계획구역으로 지정하여야 함. 다만, 관계법률에 의하여 당해 구역 등에 토지이용 및 건축에 관한 계획이 수립되어 있는 때에는 그러하지 아니함

◎ 도시형태와 기능의 재정립, 특정기능의 강화 또는 완화, 난개발 방지 등을 통하여 도시의 기능 및 미관을 증진시키고 양호한 환경을 확보하고자 하는 구역

① 개발제한구역·시가화조정구역·녹지지역 또는 공원에서 해제되는 구역과 새로이 도시계획구역으로 편입되는 구역중 계획적인 개발 또는 관리가 필요한 지역

② 시범도시

③ 개발행위허가제한지역으로 고시된 지역

④ 지하 및 공중공간을 효율적으로 개발하고자 하는 지역

⑤ 지역의 변경지정에 관한 도시계획을 입안하기 위하여 공람공고된 지역

⑥ 공장·학교·군부대·시장 등 대규모 시설물의 이전 또는 폐지로 인하여 발생하는 부지와 그 주변지역

⑦ 재건축사업에 의하여 공동주택을 건축하는 지역

⑧ 기타 도시의 기능 및 미관의 증진과 양호한 환경의 확보를 위하여 필요한 지역으로서 도시계획조례가 정하는 지역(서울시의 경우)

－공공시설의 정비 및 시가지 환경정비가 필요한 지역

－도시미관의 증진과 양호한 환경을 조성하기 위하여 건축물의 용도·건폐율·용적률 및 높이 등의 계획적 관리가 필요한 지역

－아파트 건축예정지역의 부지경계로부터 200m 이내에 위치하는 주거지역의 4층이하 건축물의 수(數)(공동주택의 경우에는 개별 동 기준)가 전체 건축물의 수의 70% 이상 밀집된 경우에는 해당 아파트 건축예정지역(시 도시계획조례시행규칙)

－문화기능 및 벤처산업 등의 유치로 지역 특성화 및 활성화를 도모할 필요가 있는 지역

－준공업지역안의 주거·공장 등이 혼재한 지역으로서 계획적인 환경정비가 필요 한 지역

3. 지구단위계획구역의 지정

지구단위계획구역의 입안 및 지정절차는 도시계획법 제4장 제1절 도시계획의 수립절차와 같으며 내용은 다음과 같습니다. 지구단위계획구역의 입안 및 지정과 관련하여 지구단위계획수립지침(건교부)에서 정하지 아니한 사항은 도시계획수립지침(건교부)의 도시계획의 입안 및 결정절차에 따릅니다.

※ 효력의 발생 : 지구단위계획구역의 결정 · 고시가 있은 날부터 5일후에 효력발생 (법제25조)

* 서울시의 경우 기초조사 이외에 별도의 예비조사를 하도록 함(조례 제17조)

** 서울시의 경우 예비조사 후 시 도시계획위원회(소위원회) 자문을 받아 입안토록 함

4. 주민제안

이번 개정된 도시계획법의 특징중 하나가 주민이 도시계획의 입안을 제안할 수 있다는 점입니다. 특히 재건축과 관련한 지구단위계획에 대하여 주민제안이 활성화 될 것입니다. 행정기관에서 미리 전지역에 대한 지구단위계획을 수립할 수 없기 때문입니다.

입안을 제안하는 주민은 당해 구역의 주민의 의견이 충분히 반영될 수 있도록 제안내용에 대하여 사전에 설문조사를 실시하거나 주민의 동의를 얻도록 하는 등 적극적인 조치를 취해야 합니다.

제안의 수준 정도는 도시계획도서와 계획설명서를 제안의 취지와 목적이 드러날 수 있는 정도로 개략적으로 작성하여 제출하도록 하고, 입안단계에서 보다 상세한 계획을 수립하도록 할 수 있습니다. 특히, 개인인 주민이 제안하는 경우에는 도시기반시설의 배치, 가구 및 획지의 규모 등 제안이유와 목적을 설명하는데 적합한 항목만 제출하도록 하고 나머지 항목은 생략하거나 개략적으로 제출하도록 할 수 있습니다.

주민으로부터 제안을 받은 특별시장 · 광역시장 · 시장 또는 군수는 경우 60일이내에 도시계획입안(지구단위계획 입안)에 이를 반영할 것인지를 결정하여 제안자에게 통보하여야 합니다.

만약에 용도지역의 변경에 목적이 있는 경우에는 당해 구역의 개발밀도에 맞는 도시기반시설이 충분히 확보되었는지, 주변지역에 미치는 환경적 영향은 없는지 등을 종합적으로 검토하여 이의 수용여부를 결정하여야 합니다.

주민제안 사항으로 도시계획의 입안 및 결정이 될 경우 이에 필요한 비용은 제안자에게 부담시킬 수도 있습니다.

◎ 주민제안으로 지정할 수 있는 지구단위계획구역 대상

① 지구단위계획을 통하여 주민 스스로 가로경관 형성 등 지역발전을 도모하고자 하는 경우

② 지나친 개발로 주거환경 또는 주변의 생활환경이 악화될 우려가 있어 주민이 스스로 체계적인 정비 또는 개발을 도모하고자 하는 경우

③ 기타 특별시장·광역시장·시장 또는 군수가 주민제안에 의한 지구단위계획구역의 지정이 바람직하다고 판단하는 경우

◎ 주민이 지구단위계획구역의 변경에 관한 입안을 제안할 수 있는 대상

① 이미 지정된 지구단위계획구역이 매우 불합리하여 이를 조정하는 것이 필요하다고 판단되는 경우

② 주민합의의 어려움 등으로 인하여 지구단위계획구역을 지구단위계획에 따라 관리하거나 정비하는 것이 오히려 주거환경을 악화시킬 우려가 있는 경우

③ 쾌적한 주거환경 확보 등을 위하여 이미 지정된 지구단위계획구역 주변을 체계적으로 관리하는 것이 필요한 경우

④ 기타 특별시장·광역시장·시장 또는 군수가 주민제안에 의한 지구단위계획구역의 변경이 바람직하다고 판단하는 경우

◎ 주민이 제안할 수 있는 지구단위계획의 입안대상

① 주민제안으로 지정된 지구단위계획구역 또는 변경된 지구단위계획구역에 대하여 주민 스스로 지구단위계획을 수립하고자 하는 경우

② 이미 지정된 지구단위계획구역에 대하여 주민 스스로 계획을 수립하여 관리하고자 하는 경우

③ 이미 수립된 지구단위계획이 불합리하다고 판단되어 주민합의로 이의 변경을 요청하는 경우

④ 기타 특별시장·광역시장·시장 또는 군수가 주민제안에 의한 지구단위계획의 입안이 바람직하다고 판단하는 경우

◎ 지구단위계획 입안의 충족기준

① 광역도시계획·도시기본계획 및 도시개발의 장기구상과 도시계획 등과의 내용의 적합성

② 도시계획시설의 설치·정비 및 개량이나 지구단위계획구역의 지정 및 변경과 지구단위계획수립의 필요성

③ 도시기반시설의 공급 및 지원 가능성

④ 도시재정 여건 및 주민의 사업시행 능력

◎ 지구단위계획구역의 지정 제안

① 주거·상업·공업·녹지지역간의 용도지역 변경이 불가피할 때에는 도시계획변경을 선행하여야 함

② 계획의 내용이 지구단위계획수립지침(2000. 9. 1/건교부)에 적합하여야 함

③ 지구단위계획의 수립과 사업시행이 전제되어야 함

④ 제안한 지역의 대상 토지면적의 80%이상에 해당하는 토지소유자의 동의가 있어야 함 다만, 국·공유지가 포함되어 있을 경우에는 해당 재산관리청과의 사전협의가 있어야 함

5. 구역지정의 효력상실

지구단위계획구역의 지정에 관한 도시계획결정의 고시일부터 3년 이내에 당해 지구단위계획구역에 관한 지구단위계획이 결정·고시되지 아니하는 경우에는 그 3년이 되는 날의 다음날에 당해 지구단위계획구역의 지정에 관한 도시계획결정은 그 효력을 상실합니다.

시·도지사는 지구단위계획구역 지정의 효력이 상실된 때에는 지체없이 실효일자, 실효사유 및 실효된 지구단위계획구역의 내용을 관보에 고시하여야 합니다.

6. 지구단위계획의 수립

지구단위계획구역이 결정되면 3년이내 지구단위계획이 결정·고시되도록 해야 합니다. 지구단위계획의 입안 및 결정에 대한 일반절차는 지구단위계획구역의 지정절차와 비슷합니다. 지구단위계획의 입안 및 결정과 관련하여 지구단위계획수립지침(건교부)에서 정하지 아니한 사항은 도시계획수립지침(건교부)의 도시계획의 입안 및 결정절차에 따릅니다.

※ 효력의 발생 : 지구단위계획구역의 결정·고시가 있은 날부터 5일후에 효력발생 (법 제25조)

◎ 지구단위계획과 다른 계획과의 관계

지구단위계획은 도시계획절차에 따라 입안·결정되는 도시계획으로 다른 도시계획이 변경되거나 다른 도시계획에 의하여 지구단위계획이 변경되는 경우에는, 양자를 동시에 결정하거나 먼저 지구단위계획을 변경한 후에 다른 도시계획을 변경합니다.

지구단위계획은 도시계획법에 의하여 도시계획구역내의 일정부분에 대하여 구역을 지정하고 계획을 수립할 수 있으며, 도시개발법, 택지개발촉진법 등 개별사업법에 의하여 지정된 사업구역의 계획적 관리 등을 위하여 개별사업법에 의한 실시계획 등과 함께 수립할 수 있습니다.

7. 지구단위계획의 변경

◎ 지구단위계획의 재정비(도시계획법 제28조)

특별시장·광역시장·시장 또는 군수는 5년마다 수립된 지구단위계획을 재정비하여야 합니다.

◎ 관계행정기관·건설교통부장관과의 협의, 건축위원회의 의견청취, 도시계획위원회의 심의후 변경

경미한 변경 이외의 사항은 지구단위계획수립 절차와 마찬가지 과정을 거쳐 변경하여야 합니다.

◎ 관계행정기관·건설교통부장관과의 협의를 생략할 수 있는 변경

① 지구단위계획으로 결정한 지역·지구 또는 도시계획시설에 대한 변경결정으로서 다음에 해당하는 변경인 경우

- 단위 도시계획시설 부지면적의 1/20 미만인 시설부지의 변경인 경우(공원 및 녹지를 제외하며, 도로의 경우에는 시점 및 종점이 변경되지 아니하는 경우와 중심선이 종전에 결정된 도로의 범위를 벗어나지 아니하는 경우에 한함)
- 지형사정으로 인한 도시계획시설의 근소한 위치변경 또는 비탈면 등으로 인하여 불가피하게 된 시설부지의 변경인 경우
- 이미 결정된 도시계획시설부지의 변경없는 세부시설의 결정 또는 변경인 경우
- 국토이용관리법에 의하여 도시지역이 지정되거나 항만법 또는 어항법에 의하여 도시계획구역에 연접된 공유수면이 항만구역 또는 어항구역으로 지정됨에 따른 지구단위계획구역 및 항만에 관한 지구단위계획의 변경인 경우
- 국토이용관리법 제6조제1호의 규정에 의한 도시지역의 축소에 따른 지구단위계획구역의 변경인 경우
- 기타 건설교통부령이 정하는 경미한 사항의 변경인 경우

지형사정으로 인한 도시계획시설의 근소한 위치변경 또는 비탈면 등으로 인하여 불가피하게 된 시설부지의 변경에 따른 지역·지구·구역 및 지구단위계획구역의 변경

도시계획시설기준에 관한 규칙 제13조의 규정에 적합한 범위안에서 도로모퉁이변을 조정하기 위한 도시계획시설의 변경

도시계획결정의 내용중 면적산정착오 등을 정정하기 위한 변경

② 가구면적 또는 획지면적의 10/100 이내의 변경인 경우

③ 건축물높이의 10/100 이내의 변경인 경우

④ 다음 각각에 해당하는 획지의 규모 및 조성계획의 변경인 경우

- 지구단위계획에 2필지 이상의 토지에 하나의 건축물을 건축
   하도록 되어 있는 경우
- 지구단위계획에 맞벽건축을 하도록 되어 있는 경우
- 지구단위계획에 주차장·보행자통로 등을 공동으로 사용하도
   록 되어 있어서 2필지 이상의 토지에 건축물을 동시에 건축
   할 필요가 있는 경우
⑤ 건축선의 1m 이내의 변경인 경우
⑥ 건축물의 배치·형태 또는 색채의 변경인 경우
⑦ 기타 건설교통부령이 정하는 경미한 사항의 변경인 경우
- 교통처리계획중 주차출입구· 차량출입구·보행자출입구의
   위치의 변경
- 대문·담 또는 울타리의 형태 또는 색채
- 간판의 크기·형태·색채 또는 재질
- 장애인·노약자 등을 위한 편의시설계획
※ 동 항목에 대해서는 주민의견 청취 대상이 아님
◎ 관계행정기관·건설교통부장관과 협의, 건축위원회의 의견청
취·도시계획위원회의 심의 생략으로 변경

위 관계행정기관·건설교통부장관과의 협의를 생략할 수 있는
변경의 ①호 내지 ⑦호에 해당하는 경우로서 도시계획조례가 정
하는 경우에는 협의나 심의 없이 지구단위계획의 변경이 가능합니
다. 물론 이 때도 지구단위계획의 결정 및 고시 절차는 거쳐야 합
니다.

서울시에서는 도시계획조례(제19조)에서 그 대상을 다음과 같이
정하고 있습니다.

① 지구단위계획으로 결정한 지역·지구 또는 도시계획시설에
   대한 변경결정으로서 다음에 해당하는 변경인 경우
- 단위 도시계획시설부지면적의 1/20 미만인 시설부지의 변경
   인 경우(공원 및 녹지를 제외하며, 도로의 경우에는 시점 및
   종점이 변경되지 아니하는 경우와 중심선이 종전에 결정된

　도로의 범위를 벗어나지 아니하는 경우에 한함)

－지형사정으로 인한 도시계획시설의 근소한 위치변경 또는 비
탈면 등으로 인하여 불가피하게 된 시설부지의 변경인 경우

－이미 결정된 도시계획시설부지의 변경 없는 세부시설의 결정
또는 변경인 경우

－지형사정으로 인한 도시계획시설의 근소한 위치변경 또는 비
탈면 등으로 인하여 불가피하게 된 시설부지의 변경에 따른
지역・지구・구역 및 지구단위계획구역의 변경

－도시계획시설기준에 관한 규칙 제13조의 규정에 적합한 범위
안에서 도로 모퉁이변을 조정하기 위한 도시계획시설의 변경

－도시계획결정의 내용 중 면적산정착오 등을 정정하기 위한
변경

② 획지면적의 10/100 이내의 변경

③ 기타

－교통처리계획중 주차출입구・차량출입구・보행자출입구의 위
치의 변경

－대문・담 또는 울타리의 형태 또는 색채

－간판의 크기・형태・색채 또는 재질

－장애인・노약자 등을 위한 편의시설계획

8. 지구단위계획의 내용

지구단위계획은 구역의 지정목적달성에 필요한 사항이 포함되도
록 하여야 합니다. 다음 사항중 선택적으로 포함시킬 수 있습니다.

① 동일한 지역・지구안에서 지역・지구의 세분

② 다음에 정하는 도시기반시설의 배치와 규모

지구단위계획구역과 관련된 지역의 개별법률에 의한 개발사업에
의하여　설치하는　도시기반시설/도로/주차장＊/광장/공원(묘지공
원・도시자연공원제외)/녹지/공공공지/수도/공동구/학교(대학제외)
/공공청사/문화시설/도서관/연구시설/사회복지시설/공공직업훈련시

설/청소년수련시설/ 하수도/종합의료시설

③ 가구(도로로 둘러싸인 일단의 지역) 및 획지(계획적인 개발 또는 정비를 위하여 구획된 일단의 토지)의 규모와 조성계획

④ 건축물 등의 용도제한, 건축물의 건폐율 및 용적률과 높이의 최고한도 및 최저한도

⑤ 건축물의 배치·형태·색채와 건축선에 관한 계획

⑥ 경관계획

문화재·산·수변 및 특정 건축물의 조망권 확보를 위해서 경관분석을 해야 합니다. 필요할 경우 야간경관에 대한 계획도 수립해야함

⑦ 교통처리계획

보행·차량 등 교통관련 계획을 수립하고 법령에 따라 교통영향평가를 받아야함

⑧ 기타 토지이용의 합리화, 도시의 기능증진 등에 필요한 사항

-지하 또는 공중공간에 설치할 시설물의 높이·깊이·배치 또는 규모

-대문·담 또는 울타리의 형태 또는 색채

-간판의 크기·형태·색채 또는 재질

- 장애인·노약자 등을 위한 편의시설계획

- 생물서식공간의 보호·조성·연결 및 물과 공기의 순환 등에 관한 계획

- 에너지 및 자원의 절약과 재활용에 관한 계획

※ 건축물부설주차장은 당해 건축물이 속한 가구안에서 당해 건축물의 대지 바깥에 단독 또는 공동으로 설치하게 할 수 있음. 이때 부설주차장의 위치, 규모 등은 지구단위계획으로 결정함.

9. 단계별 집행계획 수립

◎ 단계별 집행계획의 수립

- 지구단위계획이 결정고시된 때에는 단계별집행계획을 수립
  하여야 함
- 집행계획작성방법은 지구단위계획수립지침과 도시계획수립
  지침의 해당내용을 적용함.
◎ 단계별집행을 위한 역할분담
- 공공 부담시설, 토지소유자·민간의 공동 부담시설, 민간 단
  독 부담시설로 구분하여 집행 우선 순위를 정함
- 공공부문에서 먼저 적극적으로 공공시설을 만들고 민간부문
  은 이에 따르도록 유도하여야 함
◎ 재원조달계획·보상계획의 수립
- 도로, 상하수도 등의 도시계획시설에 대하여는 재원조달계
  획·보상계획 등을 구체적으로 포함함
◎ 제1·제2 단계별 집행계획
- 공공에서 설치할 시설의 집행계획은 제1단계집행계획과 제2
  단계집행계획으로 구분하여 수립하되
- 3년 이내에 시행하는 시설은 제1단계집행계획에, 3년후에
  시행하는 시설은 제2단계집행계획에 포함되도록 함
- 특별시장·광역시장·시장·군수는 매년 제2단계 집행계획
  을 검토하여 3년 이내에 도시계획 시설사업을 시행할 도시
  계획시설을 선정하여 이를 제1단계 집행계획에 포함시킬 수
  있음

10. 도시설계와 상세계획에 대한 경과조치
① 종전의 도시설계(지구)와 상세계획(구역)에 대한 경과조치
개정된 도시계획법 제42조[지구단위계획구역의 지정 등] 및 제
43조[지구단위계획의 내용]의 규정에 의하여 지정된 지구단위계획
구역 및 그에 관하여 수립된 지구단위계획으로 봄
② 종전의 도시설계구역과 상세계획구역에 대한 지구단위계획
수립 시한

법 시행일(2000. 7. 1)부터 2년 이내에 지구단위계획에 관한 도시계획결정이 결정·고시되지 아니하는 때에는 도시계획법 제44조[지구단위계획구역의 지정에 관한 도시계획결정의 실효]의 규정에 불구하고 이 법 시행일부터 2년이 되는 날의 다음날(2002. 7. 1)에 그 지정의 효력을 상실함

③ 종전법령에 의하여 진행된 절차의 인정

2000. 7. 1 이전에 도시설계나 상세계획수립을 위하여 기초조사, 주민의견청취, 도시계획위원회의 자문, 지방의회의 의견청취, 도시계획위원회의 심의 등의 절차를 거친 경우 상세계획안에 법 제43조 제1항제1호 및 제2호(세분하여 지정할 수 있는 지역·지구, 대통령령이 정하는 도시기반시설의 배치와 규모)에 해당하지 아니하는 지역·지구 또는 도시기반시설에 관한 계획이 포함되어 있는 경우 당해 부분에 대하여는 지역·지구의 지정·변경, 개발제한구역·시가화조정구역의 지정·변경, 도시기반시설의 설치·정비·개량, 도시개발사업 및 재개발사업에 관한 도시계획의 수립절차가 진행된 것으로 봄

11. 기반시설 사항

지구단위계획구역으로 결정 가능한 기반시설로서는 교통시설(도로, 주차장), 공간시설(광장, 공원, 녹지, 공공공지), 유통·업무시설(수도, 공급설비, 공동구), 공공·문화체육시설(시장, 학교, 공공청사, 문화시설, 도서관, 연구시설, 사회복지시설, 공공직업 훈련시설, 청소년 수련시설,) 보건·위생시설(종합의료시설), 환경기초시설(하수도, 폐기물 처리시설), 기타시설 등이 있습니다.

◎ 제1종 지구단위계획과 제2종 지구단위계획의 차이점

【답변】➡

◎ 1종·2종 지구단위계획의 분류

지구단위계획의 종류에는 제1종 지구단위계획과 제2종 지구단위계획이 있습니다. 제1종 지구단위계획이란 토지이용을 합리화·구체화하고, 도시 또는 농촌·산촌·어촌의 기능을 증진시키며, 미관의 개선 및 양호한 환경을 확보하기 위하여 수립하는 계획입니다. 그리고 제2종 지구단위계획이란 계획관리지역 또는 개발진흥 지구를 체계적이고 계획적으로 개발 또는 관리하기 위하여 용도지역의 건축물, 시설의 용도, 종류 및 규모 등에 대한 제한을 완화하거나 건폐율 또는 용적율을 완화하여 수립하는 계획입니다.

제1종 지구단위계획과 제2종 지구단위계획은 각각의 대상지역이나 목적에서 차이를 보이고 있습니다. 제1종 지구단위계획의 대상지역은 도시지역내 신규개발 사업지구, 용도지역 해제지구 등 집약적 토지이용이 발생하는 곳이고, 제2종 지구단위계획의 대상지역은 도시지역 밖의 계획관리지역과 개발진흥지구입니다. 전자의 목적이 토지이용의 합리화·구체화 및 기능·미관의 증진이라면 후자의 목적은 도시화가 예상되는 지역을 체계적으로 개발·관리하는 것입니다.

제1종 지구단위계획과 제2종 지구단위계획은 도시관리계획 절차에 따라 계획을 수립해야 하는데, 그 수립기준은 제1종과 제2종 공통되는 것으로 기초조사와 환경관리, 교통처리, 가구 및 획지, 건축물의 용도·규모, 경관, 공원 및 녹지, 기반시설 관리 등이 그 기준이 됩니다. 여기서 기초조사란 도시기본계획수립지침의 기초조사 항목에 준하는 일반기초조사, 도시 관리 계획수립지침의 환경성 검토방법으로 수행하는 환경성 검토, 토지적성평가지침에 따르는 토지적성평가가 포함되는 것입니다.

1)제1종 지구단위계획

지구단위계획이라 함은 통상 제1종 지구단위계획을 의미하며, 제1종 지구단위계획은 우선 도시관리계획의 수립대상이 되는 지역 안에서 특별한 문제점이나 발전 잠재력이 있는 곳으로 지구단위 계획을 통해 체계적이고 계획적인 개발 또는 관리가 필요한 지역 을 대상으로 합니다.

제1종 지구단위계획에는 도시재개발구역·택지개발예정지구 또 는 주거환경개선지구에서 시행되는 사업이 완료된 후 10년이 경 과된 지역이나, 시가화 조정구역이나 공원에서 해제되는 지역으로 면적이 30만㎡ 이상인 지역, 녹지지역에서 주거·상업·공업지역 으로 변경되는 지역으로써 면적 30만㎡이상인 지역은 반드시 포 함되어야 합니다. 그 외에 제1종지구단위계획 지정이 가능한 지역 은 첫째, 토지이용을 개별 건축물에 구체적으로 반영하고자 하는 구역(용도지구), 둘째, 쾌적한 구역환경을 유지하고자 하는 구역, 셋째, 특정기능의 강화 또는 완화, 난개발 방지 등이 필요한 지역 입니다.

지구단위계획구역을 지정할 때는 해당 구역 및 주변지역의 여 건도 함께 고려해서 의도하는 목적이 달성 될 수 있도록 지정 목 적을 분명히 해야 합니다. 제1종 지구단위계획의 지정목적은 대략 5가지로 각각의 내용을 상세히 살펴보면 다음과 같습니다.

첫째, 기존의 시가지가 도시기능을 상실하거나 낙후된 지역을 정비하는 기존 시가지의 정비가 지정 목적이 되는 경우.

둘째, 도시 성장 및 발전에 따라 그 기능을 재정립 할 필요가 있는 곳으로 도로 등 기반시설을 재정비 하거나 기반시설과 건축 계획을 연계시키는 기존 시가지의 관리를 지정목적으로 하는 경 우.

셋째, 개발보다는 도시 형태와 기능을 현재의 상태로 유지·관 리에 초점을 두는 기존시가지의 보전이 지정 목적이 되는 경우.

넷째, 도시 안에서 상업 등 특정기능을 강화하거나 도시 팽창에 따라 기존 도시의 기능을 흡수·보완하는 새로운 시가지를 개발하는 신시가지의 개발하는 것을 지정 목적으로 하는 경우.

마지막으로 위의 지정목적 중에서 둘 이상의 목적을 복합하여 달성하고자 하는 경우는 복합적인 사항이 그 지정 목적이 됩니다.

2)제2종 지구단위계획

제2종 지구단위계획은 과거 준농림지역에서 준도시지역으로 국토이용계획 변경을 통해 도시계획적 제어요소(기반시설 확보, 도시경관 문제 등) 없이 아파트를 건설함으로써 파생되는 문제점을 극복하기 위해 생긴 제도로 도시화가 예상되는 도시지역 밖의 계획관리지역 또는 개발진흥지구를 체계적·계획적으로 개발 또는 관리하기 위한 것으로 용도지역의 건축물 외에 시설의 용도·종류 및 규모 등에 대한 제한을 완화하거나 건폐율 또는 용적율을 완화하여 수립하는 계획입니다. 이는 난개발 방지를 위해 개발수요를 집단화하고, 충분한 기반 시설을 확보하여, 개발 예상 지역을 체계적으로 개발·관리하고, 환경 친화적인 환경 조성 및 지속 가능한 개발을 유도하기 위함입니다.

3)계획관리지역에서의 제2종 지구단위계획

제2종 지구단위계획 지정이 가능한 지역·지구는 계획관리지역과 개발진흥지구로써, 계획관리지역에서는 첫째로 지정하고자 하는 지역에 아파트 또는 연립주택 건설계획이 포함되는 경우에는 면적기준 30만㎡ 이상이어야 하며, 기타의 경우 3만㎡ 이상이어야 합니다. 둘째로 당해 지역에 도로·수도공급설비·하수도 등 기반시설을 공급할 수 있어야 하며, 셋째로 자연환경·경관·미관 등을 해치지 아니하고 문화재의 훼손 우려가 없어야 2종지구단위계획을 수립할 수 있습니다.

4)계획진흥지구에서의 2종지구단위계획

개발진흥지구에는 첫째, 계획관리지역 안에 지정된 개발진흥지구, 둘째, 계획관리지역·생산관리지역 및 농림지역 내 산업개발진흥지구·유통개발진흥지구 및 복합개발진흥지구(주거기능이 포함되지 않은 지역에 한함), 마지막으로 도시지역 외의 지역 안에 지정된 관광·휴양개발진흥지구로 분류될 수 있습니다.

둘째의 경우에는 주거기능이 포함되지 않는 지역에 한한다. 또한 각각의 개발진흥지구 목적에 따라 주거형, 산업형, 유통형, 관광·휴양형, 복합형 지구단위계획이 가능합니다. '주거형 지구단위계획'은 주민의 집단적 생활근거지로 이용되고 있거나 이용될 지역으로 계획적인 개발을, '산업형 지구단위계획'은 농공단지나 공장, 이에 부수되는 근로자 주택이나 기타 농어촌관련 시설을 설치하기 위한 계획적인 개발을 지정목적으로 구분하고 있습니다.

'유통형 지구단위계획'은 물류시설이나 유통단지, 공동 집배송 단지 및 집배송 센터 등의 시설 설치를 위한 계획적인 개발을, '관광·휴양형 지구단위계획'은 관광사업을 영위하기 위해 설치하는 시설, 체육시설 등의 설치를 위한 계획적인 개발을 목적으로 한다. 마지막으로 '복합형 지구단위계획'은 위의 사항 중에서 둘 이상을 동시에 지정하는 경우입니다.

5) 1·2종 지구단위계획의 기부채납(인센티브)

제2종 지구단위계획에는 기반시설의 배치와 규모, 가구 및 획지의 규모와 조성계획, 건축물 용도·건폐율·용적률·높이의 최고한도·최저한도 그리고 교통처리계획이 반드시 포함되어야 합니다. 아울러 지구단위계획이 제1종 지구단위계획과 제2종 지구단위계획으로 확대되면서 기존의 행위제한이 완화되었습니다. 제1종 지구단위계획에서는 일부가 완화되어 대지면적의 일부를 공공시설 용지로 제공할 때 건폐율, 용적률, 높이 등이 완화(인센티브 적용)되고, 공개공지 또는 공개공간 의무면적을 초과해 설치할 때 용적률, 높이 등이 완화됩니다.

또 완화가 적용되는 건폐율, 용적률의 한계는 적용항목 중 각각 150%, 200%를 초과해선 안 되며, 지구단위 계획으로 결정되지 않으면 적용되지 않는 것이 원칙이다. 또한 제1종 지구단위계획에서 한옥마을을 보존하거나 보행자 전용거리를 조성할 때 주차장 설치 기준이 100%까지 완화되고, 도시지역 내 개발진흥지구가 지구단위구역으로 지정될 때 높이와 용적률이 120% 이내에서, 공동개발 시에는 용적률이 120% 이내에서 각각 완화됩니다.

제2종 지구단위계획의 행위제한은 1종보다 완화범위가 확대되어 구역내 인센티브가 건폐율, 용적률 부분에서 계획수립 및 기반시설 부담의 대가로 계획관리지역의 1.5배 이하(건폐율 60%이하, 용적률 150%이하)가 되고, 당해 용도지역상 불가능한 건축물도 지구단위계획에서 허용하는 경우에는 건축이 가능합니다.

6) 주민제안

지구단위계획구역지정 및 계획결정의 입안권은 시장·군수·구청장이지만 <국토의 계획 및 이용에 관한 법률> 제26조에 의거, 주민들이 구역지정 및 계획을 제안할 수 있습니다.

첫째, 주민들이 지구단위계획구역의 지정을 제안하는 경우는

·지구단위계획을 통하여 주민 스스로 가로경관 형성 등 지역발전을 도모하고자 하는 경우

·지나친 개발로 주거환경 또는 주변의 생활환경이 악화될 우려가 있어 주민 스스로 체계적인 정비 또는 개발을 도모하고자 하는 경우

·기반시설의 설치·정비 또는 개량을 하고자 하는 경우이다.

둘째, 지구단위계획구역의 변경을 제안할 수 있는 경우는

·이미 지정된 지구단위계획구역이 매우 불합리하여 이를 조정할 필요가 있다고 판단되는 경우

·주민합의의 어려움 등으로 인하여 지구단위계획구역을 지구

단위계획에 따라 관리, 정비하는 것이 오히려 주거환경을 악화시킬 우려가 있는 경우

· 쾌적한 주거환경 확보 등을 위해 이미 지정된 지구단위계획구역 주변을 관리할 필요가 있는 경우이다.

셋째, 지구단위계획의 입안의 경우는 주민제안으로 지정된 지구단위계획 구역 또는 변경된 지구단위계획구역에 대하여 주민 스스로 지구단위계획을 수립하고자 하는 경우

· 이미 지정된 지구단위계획구역에 대하여 주민 스스로 계획을 수립 관리하고자 하는 경우

· 이미 수립된 지구단위 계획이 불합리하다고 판단되어 주민합의로 이의 변경을 요청하는 경우가 있습니다.

지구단위계획구역 및 지구단위계획의 제안인 경우 계획의 내용이 관계법령 및 지구단위계획 수립지침에 적합해야 하고, 지구단위계획의 수립과 사업시행이 전제되어야 하며, 제안한 지역의 대상 토지면적(국공유지의 면적은 제외)의 80% 이상에 해당하는 토지 소유자의 동의 및 국공유지에 대해서는 해당 재산관리청과 사전에 협의가 이뤄져야 합니다.

7) 특별계획구역

지구단위계획구역 중에서 현상설계 등에 의해 창의적인 개발안을 받아들일 필요가 있거나 계획안을 작성하는데 상당한 시간이 걸릴 것으로 예상되는 경우가 있습니다. 이런 경우에는 별도의 개발안을 만들어 지구단위계획으로 수용 결정하는 구역을 특별계획구역으로 구분 짓습니다.

이러한 특별계획구역의 지정대상은 크게 다섯 가지로 각각의 내용을 자세히 살펴보면 다음과 같습니다.

첫째, 하나의 대지 안에 여러 동의 건축물과 다양한 용도를 수용하기 위하여 특별한 건축적 프로그램을 만들어 복합 개발하는 것이 필요한 경우로써 대규모 쇼핑단지나 전시장·터미널·농수

산물 도매시장·출판 단지 등 일반화되기 어려운 특수 기능의 건축시설이며, 둘째는 지형조건상 지반의 높낮이 차이가 심하여 건축적으로 상세한 입체계획을 수립하는 경우인데 복잡한 지형의 재개발 구역을 종합적으로 재개발하는 경우가 있습니다. 셋째. 지구단위계획구역안의 일정지역에 대하여 우수한 설계안을 반영하기 위하여 현상설계 등을 하고자 하는 경우로써 중심상업지역 등 상징적 공간 형성을 필요로 하는 신시가지 등이 포함되고, 넷째. 주요 지표물 지점으로서 지구단위 계획안 작성 당시의 대지 소유자의 개발프로그램이 뚜렷하지 않았으나 우수한 개발 안을 유도할 필요가 있는 경우로 대규모 필지나 이전적지 등이 있습니다. 다섯째. 지구단위계획의 지정 목적을 달성하기 위하여 특별계획구역으로 지정하여 개발하는 것이 필요한 경우에는 공공사업의 시행, 대형 건축물의 건축 또는 2필지 이상의 토지 소유자의 공동개발 등이 포함됩니다.

마지막으로 살펴볼 것은 지구단위계획 결정도서입니다. 지구단위계획이 이뤄지기 위해서는 지구단위계획 결정도서를 작성해야 하는데 이는 주민제안서, 지구단위계획 결정도서, 계획 설명서로 나눌 수 있습니다. 주민제안서에는 제안자·사업개요·제안사유 등이며, 지구단위계획 결정도서에는 도시관리계획 결정 조서 및 도서이고, 계획 설명서에는 사업개요·기초조사·계획 방향 기본 구상·경관계획·환경에 대한 검토 결과·교통영향 분석·재원조달 방안 등이 포함됩니다.

◈ 사업승인, 건축허가, 시행인가 차이

【답변】 ➡

단독주택 20호 이상, 공동주택 20세대이상일경우 사업승인을 받습니다. 대지는 만제곱미터 이상인 경우 외에는 사업승인 대상이 아니므로 건축허가를 받습니다..

다만, 공동주택으로..연면적에 대한 주거연면적이 90% 미만인 건물(주거복합 혹은 주상복합)은 건축허가를 받습니다

그리고 시행인가는 도시재개발, 재건축등에서 사용하는 용어로 참고로 재건축의 경우 사업시행인가를 획득하는 순간부터 주택에서 분양권(조합원이라면 다른말로 입주권이라고 함.)으로 전환하게 되어 준공 이전까지는 분양권을 소유하게 되는 것입니다.

재건축 시행인가를 받기 위해서는 사업시행계획서와 조합원의 동의를 거쳐서 인가를 신청해야 하는데 이때 조합원 80%이상의 동의를 받아야 합니다.

일반적으로 사업계획을 받아야 하는 경우, 주택법시행령 제15조를 참조하시기 바랍니다.

제15조 (사업계획의 승인) ① 법 제16조제1항 본문에서 "대통령령이 정하는 호수"라 함은 단독주택의 경우에는 20호, 공동주택의 경우에는 20세대를 말하며, "대통령령이 정하는 면적"이라 함은 1만제곱미터를 말한다.

② 법 제16조제1항 단서의 규정에 의하여 국토의계획및이용에관한법률에 의한 도시지역중 상업지역(유통상업지역을 제외한다) 또는 준주거지역안에서 200세대 미만의 주택과 주택외의 시설을 동일건축물로 건축하는 경우로서 다음 각호의 요건을 충족하는 경우와 농어촌주택개량촉진법에 의한 농어촌주거환경개선사업중 농업협동조합중앙회가 조달하는 자금으로 시행하는 사업에 대

하여는 이를 사업계획승인대상에서 제외한다.

1. 1세대당 주택의 규모가 제21조제1항의 규정에 의한 공동주택의 규모에 적합한 경우

2. 당해 건축물의 연면적에 대한 주택연면적 합계의 비율이 90퍼센트 미만인 경우

③ 제1항 및 제2항 본문의 규정에 의한 주택건설규모를 산정함에 있어 동일한 사업주체(건축법 제2조제1항제12호의 규정에 의한 건축주를 포함한다)가 일단의 주택단지를 수 개의 공구로 분할하여 주택을 건설하고자 하는 때에는 전체 공구의 주택건설호수 또는 세대수의 규모를 주택건설규모로 산정한다. 이 경우 주택의 건설기준, 부대시설 및 복리시설의 설치기준과 대지의 조성기준의 적용에 있어서는 전체 공구를 하나의 대지로 본다.

④ 법 제16조제1항 본문에서 "대통령령이 정하는 경우"라 함은 다음 각호의 경우를 말한다.

1. 330만제곱미터 이상의 규모로 택지개발촉진법에 의한 택지개발사업 또는 도시개발법에 의한 도시개발사업을 추진하는 지역중 건설교통부장관이 지정·고시하는 지역안에서 주택건설사업을 시행하는 경우

2. 수도권·광역시 지역의 긴급한 주택난 해소가 필요하거나 지역균형개발 또는 광역적 차원의 조정이 필요하여 건설교통부장관이 지정·고시하는 지역안에서 주택건설사업을 시행하는 경우

⑤ 법 제16조의 규정에 의하여 주택건설사업계획(주택건설사업에 필요한 대지조성공사를 우선 시행하고자 하는 경우를 포함한다) 또는 대지조성사업계획의 승인을 얻고자 하는 자가 제출하여야 하는 서류는 다음과 같다.

1. 주택건설사업계획 승인신청의 경우 : 다음 각목의 서류. 다만, 제16조의 규정에 의한 표본설계도서에 의하여 사업계획승인

을 신청하는 경우에는 라목의 서류를 제외한다.

　　가. 주택건설사업계획승인신청서

　　나. 주택건설사업계획서

　　다. 주택과 부대시설 및 복리시설의 배치도

　　라. 제2호 다목의 서류(대지조성공사를 우선 시행하는 경우에 한한다)

　　마. 국토의계획및이용에관한법률시행령 제96조제1항 제3호 및 동시행령 제97조제6항제3호의 사항을 기재한 서류(법 제18조제2항의 규정에 의하여 토지를 수용 또는 사용하고자 하는 경우에 한한다)

　　바. 제12조 각호의 사실을 증명하는 서류(공동사업시행의 경우에 한하며, 법 제32조제1항의 규정에 의한 주택조합이 단독으로 사업을 시행하는 경우에는 제12조제2호 및 제3호의 사실을 증명하는 서류를 말한다)

　　사. 법 제17조제3항의 규정에 의한 협의에 필요한 서류

　　아. 법 제30조제1항의 규정에 의한 공공시설의 귀속에 관한 사항을 기재한 서류

　　자. 주택조합설립인가서(법 제32조제1항의 규정에 의한 주택조합의 경우에 한한다)

　　차. 법 제35조제2항 각호의 1의 사실 또는 이 영 제13조제1항 각호의 사실을 증명하는 서류(건설산업기본법 제9조의 규정에 의한 건설업 등록을 한 자가 아닌 경우에 한한다)

　　카. 그 밖에 건설교통부령이 정하는 서류

　2. 대지조성사업계획 승인신청의 경우 : 다음 각목의 서류

　　가. 대지조성사업계획승인신청서

　　나. 대지조성사업계획서

　　다. 대지조성공사설계도서. 다만, 사업주체가 국가 · 지방

자치단체, 대한주택공사법에 의한 대한주택공사(이하 "대한주택공사"라 한다) 또는 한국토지공사법에 의한 한국토지공사(이하 "한국토지공사"라 한다)인 경우에는 건설교통부령이 정하는 도서로 한다.

　　라. 제1호 마목·사목 및 아목의 서류

　　마. 조성한 대지의 공급계획서

　　바. 그 밖에 건설교통부령이 정하는 서류

◎ 일반분양, 동시분양, 조합원분양의 의미와 장단점

【질의】➡ 일반분양, 동시분양, 조합원분양이란 단어들이 있는데 이들이 의미하는 게 무엇인지, 또 어떠한 장단점이 있는 것이고 그것의 영향은 무엇인가요?

【답변】➡

동시분양과 일반분양은 같은 줄기에서 출발한 개념이 아니라 비교 대상이 안됩니다.

예를 들어 일반분양과 조합분양의 차이점 이렇게 하시면 비교 대상이 됩니다.

동시분양이란 서울과 인천에서 시행중인 것으로 주택공급에 관한 규칙에 의해서 일정신문에 일정기간 동안 광고를 내고(이런 일련의 분양 행위에 대하여 주택공급에 관한 규칙에서 규제하고있습니다.) 등등 그런 식으로 그달에 분양할 물건을 한회차로해서 한번에 몰아서 분양하는 것입니다. 1년에 12차까지 있고(거의 한달에 한번꼴), 해가 바뀌면 다시 1차부터 시작합니다(예. 2004년도 2차 동시분양 이런식의 광고).

일반분양이란 재건축 재개발 등 조합이 시행사인경우 시공사에서 조합원들한테 분양하는 아파트 빼고 나머지 분양하는 것이 즉 일반인들에게 분양하는 것을 말합니다. 정리하자면 동시분양은 분양방식이고 일반분양은 분양받을 대상을 말하는 것입니다.

◎ 일박기에 대한 정부대책

> **【질의】➡** 민간업체가 공동주택지를 개발할 때 일부 지주들의 과도한 보상금 요구로 인한 피해를 줄이기 위해서 일종의 알박기에 대해서 정부가 대책을 발표하였는데 정확한 내용은 무엇인지요?

【답변】➡

알박기와 관련된 문제점

부동산개발사업을 하는 사람들에게 있어서 가장 큰 골칫거리 중 하나가 이 알박기가 아닐까 생각합니다. 모르긴 해도 알박기라는 단어만 들어도 치가 떨리고 가슴이 답답해지는 사람들이 많을 것입니다. 개발사업에 있어서 알박기는 시행사에게 뿐만 아니라 수분양자에게까지 피해를 끼치는 정말 없어져야 할 악행 중의 악행입니다. 정부 차원에서도 그러한 악행을 용납하지 않겠다는 취지로 지난 2005년 1월 5일 주택법을 개정하여 공포하였으며 2005년 3월 9일부터 시행되고 있습니다. 알박기와 관련하여 주택법 등에서는 다음과 같이 규정하고 있습니다.

1. 알박기와 관련된 법령의 규정

1) 주택법 : 주택법 제18조의2 제1항에 의하면, 주택법 제16조 제2항 제1호의 규정1)에 의하여 사업계획승인을 받은 사업주체는 당해 주택건설 대지 중 사용할 수 있는 권원을 확보하지 못한 대지(건축물을 포함)의 소유자(지구단위계획구역 결정 고시일 3년 이전에 당해 대지의 소유권을 확보하여 계속 보유하고 있는 자는 제외)에게 그 대지를 시가에 따라 매도할 것을 청구할 수 있습니다. 이 경우 매도청구 대상이 되는 대지의 소유자와 사전에 3월 이상의 기간 동안 협의하여야 한다. 또 동조 제3항에 의하면, 매도청구는 집합건물의 소유 및 관리에 관한 법률 제48조의 규정을

준용토록 되어 있으며, 이 경우 구분소유권 및 대지사용권은 주택건설사업 또는 리모델링사업의 매도청구의 대상이 되는 건축물 또는 토지의 소유권과 그 밖의 권리로 봅니다.

2) 집합건물의 소유 및 관리에 관한 법률 : 동법 제48조의 내용을 살펴보면 다음과 같습니다. 제1항에는 재건축 결의에 찬성하지 아니한 구분소유자에 대해 재건축에의 참가여부를 회답할 것을 서면으로 최고하도록 되어 있으며, 제2항 및 제3항에는 최고를 받은 구분소유자는 최고 수령일로부터 2월 이내에 회답하여야 하고 이 기간 내에 회답이 없으면 재건축에 참가하지 아니하는 뜻을 회답한 것으로 보도록 규정하고 있습니다. 제4항엔 상기 제2항의 기간만료일로부터 2개월 이내에 재건축에 찬성하지 아니한 구분소유자에 대해 구분소유권 및 대지사용권을 시가에 따라 매도할 것을 청구할 수 있다고 규정하고 있습니다.

◈ 1가구 2주택 관련 양도시 비과세

【질의】 ➡ 서울 잠실에서 20년도 넘게 거주를 하고 있었는데 재개발이 되어서 1년전쯤 아파트 매매를 하여 하남시로 이사왔습니다. 나중에 재개발 아파트가 완공이 되면 하나를 팔려고 하는데 이런 경우에도 1가구 2주택으로 인정되어 양도세를 내야하는가요?

【답변】 ➡

일시적인 2주택자로 보아 재개발 준공일로부터 1년이내 양도시 비과세 됩니다.

재개발·재건축사업에 참여한 조합원이 재개발·재건축사업기간중 일시 취득하여 1년 이상 살던 집을 재개발·재건축아파트로 세대전원이 이사하게 되어 팔게 될 때는 비과세됩니다. 다만, 이 경우에는 재개발·재건축된 주택의 준공일로부터 1년 이내에 양도하여야 합니다.

관리처분계획인가일(관리처분계획인가일 전에 철거된 경우에는 철거일) 이후에는 주택이 아닌 조합원 입주권으로 바꾸어 양도세를 실거래가로 내야 합니다. 그런데 재개발조합원 입주권 매도시 아래의 3가지 조건을 모두 충족해야 양도세 비과세 혜택을 받을 수 있습니다.

첫째, 관리처분계획인가일(관리처분계획인가일 전에 철거된 경우에는 철거일) 이전에 1가구 1주택에 3년 이상 보유(서울 등은 2년 이상 거주 포함)해야 한다.

둘째, 관리처분계획인가일(관리처분계획인가일 전에 철거된 경우에는 철거일) 현재 다른 주택을 소유하지 않아야 한다. 즉, 재개발대상 주택만 존재해야 한다.

그리고 마지막으로 매도일 현재에 다른 주택을 소유하지 않아야 한다.

특히, 주의해야할 것은 재개발 조합원 입주권의 양도세 비과세 판단시 주택과 주택에서 일시적으로 2주택 1년 유예기간을 활용한 비과세를 사용할 수 없다는 것입니다.

조합원의 입주권으로 보는 시기는 관리처분계획인가일부터 지만 사실상 주택수에서 제외해 주는 시기는 멸실일을 기준으로 판단해야 합니다. 멸실일 이후에는 재건축과 비슷한 혜택을 동일하게 활용할 수 있습니다.

1가구 2주택자가 유예기간이 지났을 경우 다시 재건축 이외의 주택을 매도시 1가구 1주택으로 보아 양도세 비과세 혜택을 받을 수 있는 기회를 얻을 수 있습니다.

◎ 서울시에서 아파트를 재건축 또는 신규 건축시 진입로 폭은 얼
마나 되나요?

【답변】➡

서울시만 그런 것이 아니고 어느 지역이나 마찬가지입니다. 건
축법에서 정하고 있는 사항을 간단히 말씀드리겠습니다.

총세대수 300세대 미만인 경우 진입도로폭 6m이상

총세대수 300~500세대 미만인 경우에는 진입도로폭 12m이상

총세대수 500~1000세대 미만인 경우에는 진입도로폭 16m이상

총세대수 1000~2000세대 미만인 경우에는 진입도로폭 20m이상

총세대수 2000세대 이상인 경우에는 진입도로폭 25m이상

✪ 재개발지역 및 재건축대상주택의 전세금 관련

【질의】 ➡ 재개발지역이 지정된 주택의 전세는 세입자만 보호대상이
되며, 재건축대상 주택의 경우 세입자 보호대책이 없다고 하는데
재건축대상주택의 전세입자는 전세금을 돌려받지 못하나요?

【답변】 ➡

재개발 지역이나 재건축 지역이나 전세금의 반환에는 아무런 관련이 없습니다.

다만 임대 주택의 건설에서 차이를 보입니다

재개발은 공영 사업의 일환으로 임대 아파트의 건설을 기본으로 합니다.

세입자의 보호 대책이라는 것이 이부분 입니다.

하지만 재건축은 조합원들의 사업으로 아무런 제약이 없습니다.

임대 아파트를 건설 하는건 시행사나 시공사의 재량입니다.

전세금의 반환은 법적으로 아무런 영향이 없으므로 당연히 반환을 받는 것입니다.

◇ 토지이용계획확인원 토지대장 지적도

【질의】 ➡ 전세계약시 등기부 등본만 보았는데 재개발구역인지 확인을
위하여 토지이용계획확인원 토지대장 지적도를 확인하라는데, 구체
적으로 어떤점을 유의해서 봐야 되는지요? 그리고 토지이용계획확
인원~토지대장 지적도는 어디서 볼 수 있나요?

【답변】 ➡

등기부 등본에 보면 갑구엔 소유주의 변동상황 을구엔 채무관
련상황이 기재되어 있습니다. 당연히 확인을 하셔야 합니다.

토지이용계획확인원에는 도로로 편입이 되는등의 도시계획이 기
재되어 있습니다. 지적도는 말그대로 지적의 확인 입니다

실제적으로는 도시계획확인원이나 지적도를 확인하는 경우는 거
의 없습니다. 또한 토지대장을 보는것보다 등기부 등본의 건물과
토지를 각각 떼어 보시는게 갑구와 을구에 대한 확인이 더 정확
합니다.

매매시에는 위의 내용을 전부 확인을 해야 합니다

토지대장과 등기부가 약간은 다를수도 있습니다. 하지만 전세에
는 등기부 등본의 토지와 건물만 보면 됩니다. 또한 등기부는 등
기소에서 확인을 하시면 됩니다(요즘은 전산화로 구청에도 무인
발급기가 있습니다).

지적도, 도시계획확인원, 토지대장은 구청이나 동사무소등 관할
지자체의 민원실을 이용 하시면 됩니다.

◎ 1가구 2주택자의 절세 요령은 어떤 것이 있을까요?

【답변】➡

　1가구 2주택자들은 주택이 투기지역인지 비투기지역인지 여부를 따져 매도여부를 결정해야 합니다. 사례별로 살펴보면

　① 비투기지역에 2채를 소유하고 있는 경우

　비투기지역에 2채를 소유하고 있는 경우 먼저 점검해야하는 것이 2주택인 상태에서 양도세 비과세를 받을 수 있는 경우가 있는지 여부입니다.

　매매로 일시적으로 1가구 2주택이 된 경우 다른 주택을 취득한 날로부터 1년 이내에 종전주택을 양도하는 경우 1가구 1주택으로 보아 양도소득세를 비과세 받을 수 있습니다.

　하지만, 다른 주택을 취득한날로부터 1년 이내에 종전주택을 매도하지 않은 경우 먼저 매도하는 주택은 양도세가 과세되고 나중에 매도하는 주택은 3년 보유요건(서울 등은 2년 거주요건 충족 필요)을 충족한 후 매도하면 양도세 비과세를 받을 수 있습니다. 따라서, 1년 유예기간이 지난 경우 어느 것을 먼저 매도할 것인가를 정하는 매도순서 조절이 필요합니다. 먼저 매도하는 주택은 세금을 내야하므로 차익이 적은 것을, 나중에 매도하는 주택은 양도세 비과세를 받는 주택이므로 차익이 많은 것을 매도하는 것이 좋습니다.

　2채 모두 비투기지역에 소재하거로 보유기간이 1년 미만 보유한 상태이거나 1년 이상 보유한 주택 중 6억원을 초과하는 고가주택이 아닌한 기준시가로 양도세를 계산할 수 있습니다.

　기준시가로 양도세 계산시 주의할점은 기준시가의 변경 고시전후와 기준시가 인상여부에 따라 양도세가 달라질 수 있다는 것이다. 따라서, 기준시가가 새로 고시될 시기와 상승할지 여부를 잘 점검해서 매도시기를 설정해야 합니다.

기준시가는 매도주택에 따라 신경써야할 시기가 다릅니다. 국세청이 시세를 조사하여 고시하는 대상인 아파트 등은 4월말에 기준시가가 새로 고시될 것으로 예상되므로 인상될 가능성이 있다면 기준시가 고시일 전에 매도일(실제잔금청산일과 등기접수일 중 빠른날)이 설정되도록 신경을 써야 할 것입니다.

국세청이 시세를 조사하여 기준시가를 설정하는 대상이 아닌 단독주택, 다세대주택,다가구주택, 주거용오피스텔 등은 4월을 별로 신경쓰지 않아도 되며, 오히려 6월말에 새로 고시될 개별공시지가를 신경써야 합니다.

년초에 발표된 표준지 공시지가가 상승하였는지 점검해 보면 6월말에 발표된 토지의 개별공시지가가 올라갈 것인지 여부를 판단할 수 있습니다.

개별공시지가가 올라갈 가능성이 있다면 새로운 개별공시지가가 고시되기전에 매도일 설정이 되도록 신경써야 합니다.

② 비투기지역에 1채와 투기지역에 1채를 소유하고 있는 경우

비투기지역에 있는 주택이 항상 적은 것은 아닙니다. 비투기지역과 투기지역에 있는 주택에 대해 세금을 계산해 보고, 어느 주택이 세금이 더 많이 나오는지를 파악해야합니다.

비투기지역의 주택이 세금이 적다면 먼저 매도하고 투기지역의 주택은 비과세를 활용하여 매도합니다. 만약 투기지역 내의 주택이 세금이 적다면 먼저 매도하고 비투기지역 주택을 비과세를 활용하여 매도하는 것이 세금이 적습니다.

세금계산시 비투기지역은 기준시가 계산이 가능하지만, 투기지역은 기준시가 계산을 할 수 없고 반드시 실거래가로 양도세를 계산해야합니다.

비투기지역의 주택을 매도함에 있어 기준시가 새로운 고시일과 기준시가 인상여부를 고민하는 것은 비투기지역에 2채를 모두 가지고 있는 경우와 같습니다.

1가구 2주택자가 양도세 비과세를 받지 못하고 투기지역 소재

주택을 먼저 매도하는 경우 추가로 고민해야할 부분은 탄력세율입니다. 다행히도 현재는 탄력세율이 적용되고 있지 않지만 시행령 개정을 통하여 언제든지 적용할 수 있으므로 미리미리 대비해야합니다.

탄력세율이 적용될 것으로 예상되면 1가구 2주택자가 투기지역 소재주택을 먼저 매도시 탄력세율이 적용되기 전에 매도할 것인가 여부와 탄력세율 적용을 피하기 위해 비투기지역 주택을 먼저 매도할 것인가가 고민에 추가되어야 합니다.

현행 기본세율은 1년 미만 50%, 1년 이상 2년 미만 40%, 2년 이상 9~36%로 되어 있지만, 탄력세율이 최고 15%로 시행되면 세율은 1년 미만 65%, 1년 이상 2년 미만 55%, 2년 이상 24~51%로 변경됩니다.

③ 투기지역에 모두 2채를 보유하고 있는 경우

투기지역에 2채를 모두 가지고 있는 경우도 양도세를 먼저 계산해 보고, 어느 주택이 세금이 더 많이 나오는지를 파악해야 합니다. 투기지역에 모두 소재하므로 양도세 계산은 기준시가로 할 수 없고 반드시 실거래가로 해야 합니다. 주택매도하는 순서는 다음과 같이 정하면 양도세를 줄일 수 있습니다.

먼저 매도하는 주택은 세금을 내야하므로 차익이 적은 것을, 나중에 매도하는 주택은 양도세 비과세로 유도할 것이므로 차익이 많은 것을 매도하는 것이 좋습니다.

다만, 1가구 2주택의 투기지역 소재주택을 매도하는 경우 탄력세율이 적용될 수 있으므로 탄력세율이 적용되기 전에 먼저 매도할 것인가 여부도 고민해 두어야 합니다.

위에서 양도세 비과세 받을 수 있는 경우를 매매로 인한 일시적 2주택자의 비과세 부분만 살펴보았으나, 다음과 같은 경우에도 1가구 2주택자가 양도세 비과세 혜택을 받을 수 있으므로 참고적으로 알아두는 것이 좋습니다.

① 상속으로 인해 2주택이 된 경우

주택을 1채 가지고 있는 사람이 다른 주택을 상속받아서 2개의 주택을 소유하게 되는 경우에 기존주택의 비과세 판단시 상속주택은 소유주택에서 제외되므로 기존주택이 매도일 현재 비과세요건(서울 등은 3년 이상 보유와 2년 이상 거주, 서울 등 이외의 지역은 3년 이상 보유)을 갖춘 경우 양도세를 비과세 받을 수 있습니다.

다만, 이러한 상속주택이 되기 위해서는 원칙적으로 고인의 사망일에 1채를 소유한 상태에서 상속받은 사람 또한 주택이 1채밖에 없어야 합니다. 사망일에 고인의 주택이 2채인 경우에는 2채 중에서 어느 것을 상속주택으로 할 것인가의 문제가 발생하게 됩니다.

또한, 일반주택을 먼저 매도시에 양도세를 비과세를 해주는 것이므로 상속주택을 먼저 매도하는 경우에는 양도세를 내야 합니다.

② 부모와 자녀가 합가할 경우

1주택을 가진 자녀세대와 1주택을 가진 부모세대가 함께 세대를 합치면 1가구 2주택이 됩니다.

이렇게 1주택을 보유하고 있는 자가 1주택을 보유하고 있는 부모를 동거 봉양하기 위하여 세대를 합침으로써 1가구 2주택이 되는 경우에는 세대를 합친 날로부터 2년 이내에 먼저 매도하는 주택은 매도일 현재 비과세 요건(서울 등은 3년 이상 보유와 2년 이상 거주, 서울 등 이외 지역은 3년 이상 보유)을 갖추었다면 양도세를 비과세 받을 수 있습니다.

다만, 직계존속이 남자는 60세, 여자의 경우에는 55세 이상이어야 한다. 이 경우 직계존속에는 배우자의 직계존속도 포함됩니다.

여기서, 2년의 유예기간을 지나서 매도하는 경우에는 반드시 양도세를 내야한다고 생각하는 경우가 많이 있습니다. 하지만, 2년의 유예기간이 지난 경우라도 다시 세대분리를 한후 매도하면 각

각 1가구 1주택에 해당되어 매도일 현재 서울 등은 3년 이상 보유와 2년 이상 거주, 서울 등 이외 지역은 3년 이상 보유요건을 갖추었다면 양도세를 비과세 받을 수 있습니다.

③ 결혼으로 2주택이 된 경우

이런 경우에도 불가피하게 2주택이 되는 경우로 세법은 예외적으로 양도세 비과세를 해주고 있습니다.

즉, 1주택을 보유하는 자가 1주택을 보유하는 자와 결혼함으로써 1가구2주택을 보유하게 되는 경우 그 혼인한 날부터 2년 이내에 먼저 양도하는 주택은 매도일에 3년 보유요건(서울 등은 2년 거주요건 갖추어야 함)을 충족하면 양도세를 내지 않아도 됩니다.

다만, 이 경우는 부모와의 합가와 달리 배우자를 세대분리 시킬 수 없으므로 2년의 유예기간이 지나면 먼저 매도하는 주택은 세금을 내야하고 나중에 매도하는 주택은 1가구 1주택상태의 매도이므로 매도일 현재 3년 보유요건(서울 등은 2년 거주요건 갖추어야 함)을 충족하면 양도세 비과세를 받을 수 있습니다.

배우자와 세대를 분리할 수 있는 방법은 이혼이라는 절차를 통해 법적분리를 하는 것뿐입니다. 하지만, 법적이혼한 사람이라도 실질상 거주를 같이하는 경우 위장이혼으로 보아 같은 세대로 보아야한다는 해석이 있습니다.

④ 농어촌 주택 보유때

1주택을 보유하고 있는 자가 농어촌 주택을 2003년 8월 31일부터 2005년 12월 31일까지의 기간 중에 취득하여 1가구 2주택이 된 경우에도 일반주택을 매도시 비과세요건을 갖추었다면 양도세를 내지 않아도 됩니다.

단, 농어촌 주택을 3년 이상 보유하지 않으면 양도세를 추징합니다. 위의 혜택을 받을 수 있는 농어촌주택의 범위는 정해져 있으므로 주의해야합니다.

⑤ 양도세 경과조치

양도세 비과세 관련한 한가지 주목할 것은 2004년 1월 1일이전에 일시적 2주택이 된 경우 대체취득을 위한 일시적 2주택은 1년 유예기간안에 기존주택을 동거봉양이나 혼인으로 인한 일시적 2주택은 2년 유예기간내에 먼저 매도하는 주택에 대해 2004년 1월 1일 이후 매도하더라도 서울 등의 지역에서도 1가구 1주택 3년 보유요건과 1년 거주요건을 갖추면 비과세가 가능하도록 경과규정이 마련되었다는 것입니다.

추가적으로 주의해야할 것은 본인의 주거목적 주택을 소유하고 있는 경우 세금을 줄이기 위해서 거주목적주택을 무조건 매도하는 것은 바람직하지 않습니다. 거주주택의 처분비용과 또 다른 거주주택을 취득해야하는 비용과 교육 등의 비경제적인 비용도 고려하여 결정하는 것이 바람직한 의사결정이 될 것입니다.

◎ 분양권 양도세는 무엇인가요?

【답변】 ➡

　　분양권이라는 것은 세무상 부동산을 취득할 수 있는 권리로서 청약예금이나 청약부금, 청약저축 등 주택청약통장 가입자에게 우선 공급한 분양아파트의 입주권을 의미합니다. 이러한 분양권은 아파트라는 실물이 아니고 단지 권리상태이기 때문에 등기를 하지 않고 따라서 명의변경이 자유로운 편입니다. 그래서 한 때는 투기의 온상으로 분양권을 매매하는 것 자체가 금지되기도 했었습니다. 하지만 이제는 거래자체가 허용되기는 하지만 그 거래에 대해서 양도소득세를 과세하고 있습니다.

　　양도소득세는 분양권을 팔면서 발생하는 양도차익(프리미엄)에 기본공제 250만원을 빼주고 여기에 세율을 적용하여 세액을 산정하는 구조입니다. 이때 양도일이 속하는 달의 말일부터 2월이내에 양도소득세 신고를 하면 10%의 할인을 받을 수 있습니다.

　　한편 장기보유 특별공제의 경우 토지와 건물의 양도시 보유기간에 따라 양도차익의 10~30%를 공제해주고 있는 것으로 원칙적으로 분양권은 토지건물과 같은 실체가 아니기 때문에 적용되지 않습니다.

　　다만, 재개발재건축조합원의 아파트분양권을 양도할 때는 일반적인 아파트분양권과는 다르게 기존 부동산부분하고 분양권부분을 구분을 해서 별도로 양도소득을 계산을 하는 데 이때 기존부동산의 양도차익을 계산할 때 기존부동산이 3년 이상 보유된 경우 장기보유특별공제를 해주고 있습니다.

　　양도소득기본공제란 분양권의 보유기간에 관계없이 연간 250만원을 공제해 주고 있는 것으로 한해동안에 250만원만큼은 양도차익이 있어도 과세를 안하겠다는 취지로 만들어진 규정입니다.

　　세율에 있어서 일반적으로 분양권을 양도시 무조건 36%의 세율이 적용되는 것으로 착각하는 경우가 많습니다. 그것은 단기매매를 목적으로 분양권을 양도하는 경우가 많아서인데 36%의 세율이 적용되는 것은 분양권을 1년 미만 보유할 때이고 분양권이라도 1년이상 보유시 규정에 의한 세율이 적용됩니다.

◎ 나대지의 경우 분양대상조합원 해당 여부 외

【질의】 ➡ 현재(단독주택)토지대장을 확인하니 159m,40m 로 분리된 상태고, 주택공시지가 확인하니 159m쪽만 주택공시지가가 확인되고, 개별공시지가는 각각 확인 됩니다. 40m쪽은 현재 집앞 길 부분입니다(지목은 '대'로 표시. 이 경우 나대지 인가요). 알고 싶은 건 현 단계에 부모님 명의로 되어 있는 40m 토지를 증여 받는다면 분양권을 받을 수 있습니까? 또한 부모님이 1가구 3주택인대 세금부분은 어찌되는지요. 참고로 40m는 개별공시지가가 계속 떨어져서 313,000원정도 입니다. 가족 중 단독세대주로 부모님 집에 전입이 되어 있는 경우 세입자 기준으로 보상 받을 수 있을까요?

【답변】 ➡

1. 현행 나대지 40제곱미터가 도로로 이용되고 있다면 청산조합원으로 현금보상만 받게 되므로 50제곱미터 이상을 매입하거나 국/공유지를 불하받아야 분양대상조합원이 됩니다.

2. 건축법령상 토지분할의 최소면적(주거지역 90제곱미터, 상업지역 150제곱미터, 공업/녹지지역 200제곱미터, 기타지역 90제곱미터)이상만 가능하므로 기존 나대지(도로이용중)와 합병이 가능하다면 합병후 90제곱미터이상으로 분할하면 분양대상조합원이 가능합니다.

3. 문제는 기존의 주택이 49평형을 배당받을 수 있는 경우에 분할로 30평형대를 분양받는다면 분할을 할 것이 아니라 기존의 소형평수에 해당하는 건물+대지 또는 대지를 추가 구입하여 조합원이 되거나 다른 조합원에 제값받고 매도하는 전략이 좋을 듯 합니다. 즉, 건물+대지만으로 49평을 배정받는 권리가액에 속한다고 한다면 나대지인 상태에서 무주택세대주등에게 매도등으로 양도하여 20평대의 입주권을 받는 것이 좋을 듯 합니다.

4. 재개발의 경우 기본적으로 전용면적 60제곱미터, 85제곱미

터, 115제곱미터(경우에 따라서는 165제곱미터까지 가능) 공동주택을 조합원에게 분양하는데 권리가액이 높은 순서대로 평형대를 배정받으므로 "현재의 주택 및 대지가 권리가액의 순서가 어느 정도에 속하는가"에 따라서 전략을 달리해야 합니다.

5. 나대지를 증여하면 증여세가 부과되며 타인에 양도하면 1가구3주택에 관계없이 양도세만 부과됩니다.

◎ 주택건설사업의 종류을 말해주세요

【답변】 ➡

1. 주택건설사업의 종류

주택건설사업의 종류는 크게 주택사업자의 분양사업, 무주택자의 조합결성에 의한 조합주택사업, 도시재개발에 의한 재개발주택사업, 노후.불량주택을 철거하고 새로이 건축하는 재건축주택사업, 노후·불량주택밀집지역의 주거환경개선을 위한 주거환경개선사업 등 5가지로 구분할 수 있습니다.

① 분양목적의 주택건설 - 주택건설사업자가 판매를 목적으로 불특정다수인에게 공급할 주택을 건설하는 것을 말합니다.

② 조합주택의 건설 - 무주택세대주로 구성된 조합인 20인 이상의 주택조합이 건설하는 주택

③ 재건축사업 - 노후·불량주택을 철거하고 그 철거한 대지위에 주택을 건설하는 사업

④ 재개발사업 - 노후.불량주택 밀집지역의 주거환경개선을 위하여 주택을 건설하는 사업

⑤ 주거환경개선사업 - 도시저소득주민이 집단으로 거주하는 지역으로서 정비기반시설 열악 및 노후불량주택 밀집지역으로서 주거환경을 개선하기 위해 주택을 건설하는 사업

2. 주택건설사업의 주체

공공기관단체인 대한주택공사, 지방자치단체, 한국토지공사 및 민간기업인 등록사업자와 주택법에의한 주택조합, 도시및주거환경정비법에 의한 정비사업주택조합 등이 있습니다.

�‌◆ 건물이 완공되었으나 입주대상자인 조합원의 일부가 무자격자로 판명되어 건축물에 대한 준공검사가 보류되었을시 부대복리시설인 상가에 대한 부분준공은 가능한지?

【답변】 ➡

　　무자격조합원이 발생되었을시 무자격조합원 정리가 끝나기 전까지는 준공검사 신청이 불가능한 것이나 무자격조합원의 입주와 관련이 없는 복지시설(상가)에 있어서는 동 시설이 법률에 의거 이미 일반분양되어 있는 상태라면 복리시설(상가)에 대한 부분준공 처리는 제반여건 등을 감안하여 특별한 사유가 없다면 가능합니다.

◙ 공동주택에 대하여 건축물에 대한 공사가 완료되었으나 현재 사
 업부지에 사업시행자의 부도로 근저당이 설정되어 있는 경우 임
 시사용승인이 가능한지?

【답변】 ➡

사용검사를 받은 후가 아니면 주택·복리시설 또는 대지를 사
용할 수 없으나 임시사용승인을 받은 경우에는 가능하도록 주택법
에서 규정하고 있습니다.

임시사용승인은 건축물의 동별로 공사가 완료된 때에 승인할
수 있도록 규정하고 있으므로 임시사용승인은 가능하나 구체적인
사항은 사업계획승인(사용검사)권자가 공사완료여부 및 입주민의
권익보호 등을 종합적으로 검토하여 판단하게 됩니다.

◆ 재건축조합원에게 공급하고 남은 잔여주택(서울, 19세대)에 대하여 유자격자를 대상으로 일반공급(분양)이 아닌 재건축조합이 결정한 분양가격에 따라 일간지에 2회 이상 분양공고를 하였으나, 분양신청자가 없을 시 사업주체 측에서 선착순 분양도 가능한지?

【답변】 ➡

　　주택조합이 그 조합원에게 공급하고 남은 주택의 수가 19세대 이하인 경우에는 신청일 현재 서울시 지역에 거주하는 부양가족이 있는 2년이상 무주택세대주로서, 재당첨금지대상자가 아닌 자에게 공급이 가능하나, 신문광고등 객관적으로 증빙할 수 있는 공급절차를 거친 후에도 미분양주택이 있는 경우라면 선착순의 방법으로 입주자를 선정할 수 있습니다.

◎ 재건축단지내 나대지 소유자의 조합원 자격과 구제방법 및 1주
   택에 2인 이상이 공유지분을 가지고 있을 때 공유자 모두에 대
   한 조합원 자격은?

【답변】 ➡

규정에 의하여 조합원의 자격은 "노후·불량주택(당해 주택에
부속되는 대지 포함)의 소유자. 다만, 1세대가 2주택 이상을 소유
하거나 1주택을 2인 이상이 공유지분으로 소유하는 경우에는 이
를 1인의 조합원으로 본다."고 되어 있으므로 나대지 소유자는 재
건축 조합원 자격이 없으며, 또한 1주택에 2인 이상 고유지분을
가지고 있을 경우 1주택만을 공급받을 수 있습니다.

또한 재건축으로 건립되는 아파트의 경우 예를 들어 처와 남편
의 명의로 아파트가 한 채씩 있다고 하여도 1세대 1주택 공급이
원칙이므로 하나에 대해서는 금전청산의 절차를 거치게 됩니다.

◎ 재건축조합과 지정업자가 공동으로 시행하는 재건축조합이 미동의자의 구분소유권등을 매도청구소송하여 사업계획승인을 득하였다면 잔여세대의 일반분양시 미동의자의 구분소유권 등에 설정된 소유권이외의 권리를 말소하여야만 일반분양이 가능한지?

【답변】 ➡

재건축조합이 입주자를 모집하고자 할 때에는 주택이 건설되는 대지의 소유권을 확보한 상태에서 주택공급에관한규칙 제7조 제1항 또는 제2항의 요건을 갖추어야 하나, 지정업자 또는 시공권이 있는 등록업자인 사업주체가 주택이 건설되는 대지의 소유권을 확보하고 있으나, 그 대지에 저당권 등이 설정되어 있는 때에는 저당권 등의 권리자가 주택의 입주자 모집 이후에는 저당권 등을 행사하지 아니하고 그 주택의 사용검사를 받기 전가지 그 저당권 등을 이의없이 말소한다는 약정서를 저당권자와 사업주체가 공동으로 공증하여 제출하거나 주택사업공제조합으로부터 주택분양보증 또는 주택임대보증을 받은 경우에는 그 저당권 등을 말소하지 아니한 상태에서 입주자모집공고승인이 가능하도록 되어 있는바, 질문의 경우와 같이 지정업자와 공동사업주체인 재건축조합이 미동의자의 구분소유권 등을 매도청구하여 사업계획승인을 받아 입주자모집공고승인을 받고자 하는 경우 주택을 건설하는 대지에 설정된 저당권 등을 말소하도록 하는 규정은 입주자들의 재산권 보호 취지이므로 저당권 등의 설정에 대하여 주택공제조합으로부터 분양보증을 받으면 입주자 모집공고도 가능할 것으로 보여지지만 자세한 사항은 입주자 모집공고권자인 관할구청장의 행정지도를 받는 것이 좋습니다.

◈ 재건축조합의 잔여세대를 임의분양하고자 하나 분양대상자가
없어 주택공급에관한 규칙에 준하여 임의분양대상자를 광고하
여 입주자를 모집하였으나 신청자가 미달되어 잔여세대가 있는
경우 동 잔여세대를 자격제한 없이 입주자를 모집할 수 있는지?

【답변】 ➡

　　재건축조합이 조합원에게 공급하고 남은 잔여주택이 20세대 미
만인 경우에는 당해지역의 지역주택조합원자격요건과 동일한 자에
게 임의공급이 가능하도록 하고 있고, 도시및주거환경정비법에 의
하여 건설·공급되는 주택은 무주택세대주에게 우선적으로 공급하
는 것이 일반적인 사항이므로 조합주택의 잔여세대를 공급함에 있
어 입주대상자가 미달되는 경우 당해 주택건설지역에 입주대상자
아 없음이 객관적으로 입증되고, 당해 사실을 시장 등이 확인하는
경우 미달된 잔여세대에 대하여는 조합원자격요건과 관계없이 공
급할 수 있습니다.

�‍◎ 조합원 총회 관련

【질의】 ➡ 현 조합임원과 조합원총회에서 새로 선출된 신임 임원간에 조합업무의 인계인수 사항이 제대로 이루어지지 않은 상태에서 조합장의 변경인가가 가능한지? 또한 새로 선출된 신임 임원이 조합규약에 의거 임시총회를 개최하여 조합장 직인을 변경할 것을 총회에서 결의한 후 새로운 조합임원의 직인을 변경하여 변경인가를 신청한 경우 승인이 가능한지?

【답변】 ➡

주택조합설립인가를 받고자 하는 자는 조합원 전원이 연명한 조합규약 등을 조합설립인가권자에게 제출하도록 규정되어 있고 그 규약내용 중에는 조합임원의 권리·의무 및 그 선임방법, 조합규약의 변경절차 등을 포함하여 조합설립인가를 받도록 되어 있으며, 주택조합설립인가를 받고자 하는 자는 창립총회의 회의록 및 조합장선출동의서, 조합원 전원이 연명한 조합규약, 변경의 내용을 증명하는 서류등을 첨부하여 조합설립인가권자에게 제출하여 변경인가를 받도록 되어 있는바, 위와 같은 경우 조합임원이 조합규약이 정한 바에 따라 새로이 선출되었고, 조합대표의 직인변경도 조합규약에 의거 총회결의를 거쳐 변경하여 신청되었다면 변경인가를 하는 것이 타당합니다.

◎ 재건축조합의 설립인가 신청시 구비서류 중 재건축결의동의서,
조합규약동의서, 대표자선정서, 사업계획동의서의 연명부에 인
감도장이 아닌 도장으로 서명날인한 경우 구비서류의 하자여부

【답변】 ➡

재건축조합 설립인가에 관한 사항으로서, 노후·불량주택의 소
유자들이 법률에 의거하여 재건축주택조합 설립인가를 받고자 하
는 경우 창립총회의 회의록 및 조합장선출동의서, 조합원전원이
연명한 조합규약, 재건축결의를 증명하는 서류 등을 포함하여 조
합설립인가를 받도록 되어있고, 또한 그 선임방법, 조합원 전원의
합의를 요하는 중요한 사항과 그에 관한 합의의 방법 및 절차 등
을 규정하고 있는바, 재건축조합설립위원회의 대표자선정은 재건
축조합설립위원회의 내부적 사항이고 재건축조합대표 등 임원의
선출은 재건축조합규약에서 정한 방법에 따라야 할 것이며, 또한
재건축조합설립인가시의 제출서류의 적법성 여부는 인가기관에서
법률에 의거 재건축결의를 증명하는 서류를 종합적으로 검토하여
처리됩니다.

따라서 인가권자의 재량에 따라 하자여부가 결정될 것으로 보
입니다.

�« 재개발·재건축 정관에 임원은 겸직할 수 없다는 내용에 대하여 재개발 감사직에 있으면 재건축추진위원장을 할 수 있는지?

【답변】➡

　　주택개량재개발조합의 임원은 같은 목적의 사업을 추진하는 다른 조합의 임원 또는 직원을 겸직할 수 없도록 규정되어 있으며, 재건축은 재건축 추진 단지내 노후·불량주택의 소유자가 도시및주거환경정비법의 규정에 의한 재건축조합을 설립하여 추진하는 것으로, 재개발·재건축 추진은 주거환경이 불량한 주택을 각각의 관련법규에 정하는 바에 따라 철거하고 주택을 건설하여 주거생활의 안정을 도모하고 주거수준을 향상시키며 도시의 건전한 발전과 공공복리의 증지에 기여하는 같은 목적의 사업이라고 할 수 있는 바, 재개발조합의 임원은 재건축조합의 임원 또는 직원을 겸할 수 없습니다. 따라서 재건축추진위원장도 할 수 없습니다.

◎ 주택재건축 사업이란?

【답변】 ➡

　도로 등 정비기반시설은 양호하나 노후·불량 건축물이 밀집한 지역에서 주거환경을 개선하기 위하여 시행하는 사업으로 정비구역안 또는 정비구역이 아닌 구역에서 관리처분계획에 따라 공동주택 및 부대·복리시설을 건설하여 공급하는 방법에 의합니다.

　다만, 주택단지 안에 있지 않은 건축물(단독주택 등)의 주택재건축사업은 지형여건·주변의 환경으로 보아 사업시행상 불가피한 경우와 정비구역안에서 시행하는 사업에 한합니다.

　주택재건축사업은 종전에는 주택건설촉진법과 집합건물의소유및관리에관한법률에 따라 시행되었으나 도시및주거환경정비법은 종전의 위 법률에 따라 시행중인 재건축사업을 도시및주거환경정비법에 의한 재건축사업으로 봅니다.

◎ 주거환경개선사업이란?

【답변】 ➡

　도시의 저소득 주민이 집단으로 거주하는 지역으로서 도로·하수도·공원·공용주차장·공동구 등 정비기반시설이 극히 열악하고 주택 등 건축물이 극히 불량하여 주건환경개선 정비구역으로 지정된 지역에서 기반시설을 정비하고 주택 개량 및 주거환경을 개선하기 위하여 공공기관에서 시행하는 사업을 말합니다.

　이러한 정비사업은 도시및주거환경정비법이 제정되기 이전에는 '도시저소득주민의주거환경개선을위한특별조치법'에 근거하여 시행되어 왔는데, 도시및주거환경정비법은 이에 따라 시행된 주거환경개선사업을 도시및주거환경정비법에 의한 주거환경개선사업으로 보고 있습니다

�‍◈ 노후 · 불량주택의 판단기준은?

【답변】➡

노후 · 불량건축물은 대상지역의 건축물 수준을 나타내는 것으로서 도시및주거환경정비법에서는 정비사업을 시행하기 위한 정비구역 지정에 있어서 중요한 요건중 하나에 해당합니다.

특히 재개발보다는 재건축사업가 관련하여 노후 · 불량건축물 기준에 충족되더라도 안전진단결과에 따라 재건축사업이 결정됨에 유의하여야 합니다.

도시및주거환경정비법 제2조 제3호와 도시및주거환경정비법 시행령 제2조를 종합하여 노후 · 불량건축물의 판단기준을 정하고 있으며, 시 · 도 조례에서 기존 건축물의 준공년도에 따라 노후 · 불량건축물 판정기준을 구체적으로 정리하고 있습니다.

-법률에 의한 노후 · 불량주택

· 건축물이 훼손되거나 일부가 멸실되어 붕괴 그 밖의 안전사고의 우려가 있는 건축물

· 건축물을 철거하고 새로운 건축물을 건설하는 경우 그에 소요되는 비용에 비하여 효용의 현저한 증가가 예상될 것에 해당하는 건축물로서 다음 사항에 속하는 건축물

a. 건축법 제49조 제1항의 규정에 의하여 당해 지방자치단체의 조례가 정하는 면적에 미달되거나 국토의계획및이용에관한법률 제2조 제7호의 규정에 의한 도시계획시설등의 설치로 인하여 효용을 다할 수 없게 된 대지가 있는 건축물

b. 공장의 매연 · 소음 등으로 인하여 위해를 초래할 우려가 있는 지역안에 있는 건축물로서 특별시 · 광역시 또는 도의 조례가 정하는 건축물

c. 당해 건축물을 준공일 기준으로 40년까지 사용하기 위하여 보수 · 보강하는데 드는 비용이 철거후 새로운 건축물을 건설하는

데 드는 비용보다 클 것으로 예상되는 건축물

· 도시미관의 저해, 건축물의 기능적 결합, 부실시공 또는 노후화로 인한 구조적 결함 등으로 인하여 철거가 불가피한 건축물로서 대통령령이 정하는 건축물

a. 준공된 후 20년이 지난 건축물(시·도 조례가 그 이상의 연수로 정하는 경우에는 그 연수)

b. 국토의계획및이용에관한법률 제19조 제1항 제8호의 규정에 의한 도시기본계획상의 경관에 관한 사항에 저촉되는 건축물

c. 건축물의 급수·배수·오수설비 등이 노후화되어 수선만으로는 그 기능을 회복할 수 없게 된 건축물

◎ 재건축을 추진하고자 하는 아파트단지가 하나의 주택단지로 관리되고 있는데도 단지 내 도로 8미터를 기준으로 하여 2개의 단지로 구분하여 조합을 설립하여야 하는지?

【답변】 ➡

　　주택단지는 정비구역 또는 사업시행구역의 기본단위로 사업계획승인을 얻어 주택과 부대복리시설을 건설한 일단의 토지를 말하는 것으로 재건축사업은 종전의 주택건설촉진법 제33조의 규정에 의하여 사업계획승인을 받은 당초의 주택단지별로 하여야 하나, 도시및주거환경정비법 시행령 제5조의 규정에 의하면 ①하나의 사업계획승인을 얻었으나 도시계획시설로 분리되어 각각 관리되고 있는 경우 그 각각의 토지, ②따로 사업계획 승인을 받았으나 공동관리되고 있는 경우 그 전체 토지, ③분할청구에 따라 분할된 토지 또는 분할되어 나가는 토지는 예외적으로 주택단지의 범위를 인정하고 있는 바, 위 재건축단지의 범위는 사실판단의 문제이므로 주택단지의 범위에 대한 구체적인 사항은 사업계획승인내용, 지역현황 및 주변환경 등을 잘 알고 있는 지방자치단체에 문의하면 됩니다.

　　하지만 대부분의 경우 하나의 조합으로 설립이 가능합니다.

◈ 재건축사업의 경우 정비계획수립 및 정비구역지정의 의무자는?

【답변】 ➡

　도시및주거환경정비법 제4조 및 동법 시행령 제10조·제13조의 규정에 따라 시장·군수는 기본계획의 적합한 범위 안에서 정비계획을 수립하여 14일 이상 주민에게 공람하고 지방의회 의견을 들은 후 이를 첨부하여 시·도지사에게 정비구역 지정을 신청하여야 하며, 시·도지사는 정비구역 지정 또는 변경 지정하고자 하는 경우에는 지방도시계획위원회의 심의를 거쳐 지정 또는 변경 지정하여야 한다고 규정되어 있는바, 정비계획수립 및 정비구역지정은 당해 지자체(시장·군수·구청장·도지사 등)의 소관업무에 해당하며, 세부적인 사업추진 및 시행방법에 대해서는 당해 사업의 인가기관(시장·군수·구청장 등)에 문의하면 자세한 사항을 안내 받을 수 있습니다.

✪ 주민에 의한 재건축 정비구역지정 요청이 가능한지?

【답변】 ➡

　　도시및주거환경정비법에 의해 정비사업을 위한 정비구역의 정정신청은 기본계획에 적합한 범위내에서 구의회 의견청취 등의 소정의 절차를 거쳐 구청장이 시장에게 신청할 수 있는 권한입니다(주민제안 규정은 없음).

　　그러나 서울특별시도시및주거환경정비조례 제6조에 "구청장이 주민요구에 의하여 정비구역의 지정을 입안하고자 하는 경우 토지등소유자의 2/3 이상의 동의를 얻어야 한다"라는 규정을 명시함으로써 사실상 국토의계획및이용에관한법률에 의하는 지구단위계획 및 도시기반시설의 설치, 정비, 개량에 관한 계획처럼 재건축정비계획도 주민제안 기능을 사실상 부여합니다.

　　따라서 주민이 주택재건축정비구역의 지정을 요청하는 경우, 당해 구청장은 요청내용이 법령에서 규정한 요건에 해당하는지 여부와 사업시행의 필요성 등을 검토한 후 시장에게 구역지정을 신청할 수 있습니다.

◈ 단독주택지 재건축 사업절차는?

【답변】 ➡

　단독주택지의 재건축 사업절차는 공동주택지(아파트 등)의 재건축사업과 동일한 절차로 이루어집니다.

　'정비구역지정(서울시 조례는 4/5 이상의 주민 동의 요구) → 추진위원회 승인(토지등소유자 과반수 이상의 동의) → 조합설립인가(토지등소유자 4/5 이상의 동의) → 사업시행인가 → 관리처분계획 인가 → 이주 → 철거 → 착공 → 준공'의 순서로 이루어지게 됩니다.

　단독주택의 재건축 사업은 공동주택의 재건축 사업보다 이점이 많습니다. 우선 단독주택지의 용적률은 대부분 100% 미만이므로 제2종·제3종 이하면 200~250%까지 가능해 사업성이 높습니다.

　이외에도 재개발 대상지보다 도로, 공원 등 기반시설 여건이 양호하여 사업시행시 기반시설 부담도 적습니다.

　20세대 이상 건설하면 일반분양하여야 하나, 단독주택지 재건축 사업으로 하면 조합원에게 우선분양하며, 또한 토지등 소유자의 4/5 동의로 조합설립인가가 되면 미동의자에 대하여 매도청구로 토지를 확보할 수 있어 속칭 알박기로 인한 문제가 발생할 가능성이 적습니다.

　기존의 단독주택지를 재건축하고자 하는 경우에는 도시및주거환경정비법 시행령 별표1·3호 나목의 규정에 적합한 지역에서 정비계획을 수립하여 정비구역 지정을 받아야 합니다.

　하지만 당해 구역내에 일부 공동주택의 포함여부는 정비구역 지정권자가 공동주택의 위치·정비계획의 내용 등을 고려하여 결정할 수 있습니다.

◎ 추진위원회나 정비사업조합에서 도시및주거환경정비법의 규정
에 의하여 선정된 시공자에게 자금지원을 받는 것이 합법적인
지?

【답변】➡

　　추진위원회의 운영은 정비사업조합설립추진위원회운영규정의 규
정에 따라야 하며, 동 규정 제32조의 규정에 추진위원회의 운영자
금은 토지등소유자가 납부하는 경비 및 금융기관 등으로부터 정비
사업자가 알선할 수 있는 것이나, 정비사업자가 직접 대여하도록
하는 것은 아니며, 도시및주거환경정비법 제20조 및 제24조의 규
정에 자금의 차입과 그 방법·이율 및 상환방법 등에 대하여는
조합정관 및 총회의 의결사항으로 정하도록 규정되어 있습니다.
　　따라서, 동법에 의하여 인정되지 않은 사항에 대하여 시공사 등
으로부터 운영비 등을 지원받는 것은 명백히 위법이므로 지원을
받지 않아야 합니다.

◎ 시공사 선정시 몇 개 업체를 선정하여 사업참여 공모하고, 대의
원회 심의로 1개 업체를 선정 총회의 결의를 받은 경우 적법한
지?

【답변】 ➡

　　시공사의 선정은 도시및주거환경정비법 제11조의 규정에 의하
면 조합 또는 토지등소유자가 사업시행인가를 받은 후 건설업자를
조합정관이 정하는 바에 따라 경쟁입찰의 방법으로 선정하도록 규
정하고 있으며, 동법 시행령 제35조제1호에서는 시공사의 선정은
대의원회가 대행할 수 없도록 규정하고 있으므로 질문의 경우에는
적합하지 않은 것으로 보입니다.

　　참고로 주택재건축정비사업조합 표준정관 제12조의 규정에 따
라 1회 이상 일간신문에 입찰공고하고, 현장설명회를 개최한 후
참여제안서를 제출받아 선정하는 등의 절차에 따라 선정하도록 하
고 있습니다.

◈ 구청으로부터 승인받은 재건축추진위원회가 일부의 토지를 소유한 주택업자를 공동사업자로 선정하였고, 조합의 설립인가 등도 받지 않고 조합창립총회에서 시공사·철거업자·설계업자 등과 계약 등을 의결할 수 있는지?

【답변】 ➡

철거업자·설계자는 도시및주거환경정비법 제24조에서 조합의 설립인가를 받은 조합의 총회에서 당해 정관이 정하는 바에 따라 선정하도록 규정하고 있고, 시공자는 조합설립인가를 받은 조합이 사업시행인가를 받은 후에 조합의 정관등이 정하는 절차에 따라 경쟁입찰의 방법으로 선정하는 것이며, 일부 토지를 소유하고 있는 시공사와의 공동사업은 불가합니다.

또한 시공사·철거업자·설계업자 선정에 관한 사항은 동법 제14조의 규정에서 정하고 있는 추진위원회의 업무범위에 포함되지 않습니다.

◎ 조합설립추진위원회 승인신청을 위한 토지소유자 동의자수 신청시 다가구주택과 구분소유권이 개인별로 등재된 상가, 다세대주택 등 각각의 경우에 대하여 동의자수 산정방법은?

【답변】 ➡

　도시및주거환경정비법 시행령 제28조제1항의 규정에 의하면 주택재개발사업의 경우 정비구역안에 소재한 토지 또는 건축물의 소유자 또는 그 지상권자를 동의자로 산정하는 것이며, 1필지의 토지 또는 건축물이 수인의 공유에 속하는 경우와 1인이 다수 필지의 토지 또는 건축물을 소유한 경우에는 1인으로 산정하도록 하고 있습니다.

　따라서 다가구주택의 경우는 1인으로 산정하고, 구분소유권이 개인별로 등재된 상가와 다세대주택의 경우는 각 구분소유자별로 산정하여야 할 것으로 보입니다.

◙ 정비사업조합설립추진위원회 운영규정의 적용을 기존 추진위원회에도 적용하는지?

【답변】 ➡

　　정비사업조합설립추진위원회 운영규정은 동 규정 부칙에 따라 도시및주거환경정비법 시행후 최초로 구성하는 정비사업조합설립추진위원회부터 적용하도록 규정되어 있으며, 추진위원회는 종전법에서는 제도화되어 있지 않았으므로 도시및주거환경정비법에 따라 승인되는 모든 추진위원회는 동 규정의 적용을 받습니다.

◈ 건설교통부에서 고시한 추진위원회 운영규정이 법적효력이 있는지?

【답변】➡

　　정비사업조합설립추진위원회 운영규정은 도시및주거환경정비법 제13조제2항의 규정에 근거하여 건설교통부 고시 제2003-165호로 고시되었으며, 정비사업조합설립추진위원회의 구성·기능·조직 및 운영에 관한 사항을 정하여 공정하고 투명한 추진위원회의 운영을 도모하고 원활한 정비사업추진에 이바지함을 목적으로 제정·운영되고 있는 것으로서 정비사업조합추진위원회는 운영규정을 따라야 합니다.

　　표준정관은 도시및주거환경정비법의 규정에 의한 노후·불량건축물 등의 소유자가 주택재개발정비사업조합을 설립하여 주택재개발사업을 시행하는 경우에 조합정관에 규정하여야할 사항과 정관작성상 유의할 점등을 조합 설립인가권자 및 조합설립추진위원회, 관련주민들에게 제공하여 주택재개발정비사업조합이 적법타당하고 민주적·합리적으로 운영될 수 있도록 함은 물론 주택재개발이 효율적·경제적으로 추진될 수 있도록 하는데 있습니다.

　　표준정관은 하나의 예시로 법적구속력은 없으며, 조합의 특징과 여건에 따라 관련 조항을 추가·삭제·수정하여 달리 규정할 수도 있으나, 조합원의 권익과 관계되는 사항에 대한 규정완화 등은 치밀한 검토와 전체적인 합의절차 등을 거쳐 신중하게 하는 것이 바람직하며, 관계법령에 위반하는 사항이 있어서는 안됩니다.

◑ 재건축결의에 대한 동의의 의사표시의 방식

【답변】 ➡

재건축조합의 사업지구 내에 주택을 소유하고 있는 자는 주택건설사업계획에 대한 승인이 있기 전까지는 얼마든지 재건축결의에 동의함으로써 조합원의 지위를 취득할 수 있고, 조합규약이나 정관에 다른 정함이 없는 이상, 이와 같은 동의의 의사표시는 반드시 일정한 절차와 방식에 따라서만 하여야 하는 것은 아니고, 그 동의의 의사를 분명히 추정할 수 있는 행위나 외관이 있는 것으로도 충분합니다.

하나의 주택단지안에 여러 동의 건물이 있는 노후 · 불량주택의 소유자들이 재건축하고자 하는 경우에는 집합건물의소유및관리에관한법률 제47조제1항 · 제2항의 규정에 불구하고 주택단지안의 각 동별(복리시설은 하나의 동으로 본다) 구분소유자및 의결권의 각 3분의 2이상의 결의와 주택단지안의 전체 구분소유자 및 의결권의 5분의 4이상의 결의로 재건축할 수 있습니다.

◑ 당초 재건축에 동의하였다가 안전진단 이후(조합설립인가전)에 재건축추진위원회 및 인가권자에게 동의철회 의사를 서면으로 제출한 경우 이들을 재건축 동의자로 간주하여 조합설립인가가 가능한지 여부 및 조합설립인가전 재건축 동의 철회방법 및 철회가능시기

【답변】 ➡

도시및주거환경정비법 제28조 제3항의 규정에 의하여 토지소유자의 동의자수 산정기준을 적용함에 있어 정비구역안의 토지등 소유자가 추진위원회의 승인 또는 조합설립의 인가전에 동의를 철회하는 경우에는 이를 동의자수에서 제외하되, 동법 제26조 제1항에 사항의 변경이 없는 경우에는 조합설립의 인가를 위한 동의자수에서 이를 제외하지 않도록 규정하고 있습니다.

도시및주거환경정비법 제28조 제4항의 규정에서 토지등소유자의 동의(철회포함)는 인감도장을 사용한 서면동의(인감증명서 첨부)의 방법에 의합니다.

도시및주거환경정비법 제20조의 규정에서 조합원의 제명·탈퇴 및 교체에 관한 사항은 조합정관에 의하도록 규정하고 있으므로 이를 따르면 됩니다.

◪ 재건축안전진단을 한 후 신법 시행이전에 재건축조합설립인가 신청을 하였으나, 승인을 받지 못한 경우 도시및주거환경정비법 부칙 제3조의 규정에 따라 종전법의 규정에 따라 조합설립인가를 받을 수 있는지?

【답변】 ➡

도시및주거환경정비법 제3조에서 종전규정에 따라 행하여진 처분·절차는 신법에 의한 처분·절차로 보도록 하고 있으나, 동 규정은 종전 제도와 새로운 제도가 동일한 때에만 인정되는 것이며, 동 부칙 제7조 제1항의 규정에 의하여 종전법에 의하여 사업시행인가를 받지 못하는 경우에는 신법의 절차 및 방법에 따라야 합니다.

다만, 종전에 받은 재건축결의동의서가 신법의 양식과 다르더라도 용적률 및 조합원부담 등 신법에서 규정한 동의내용과 동일한 경우에는 재건축결의동의서로 사용할 수 있습니다.

◎ 주택거래신고제란?

【답변】 ➡

주택거래신고제란 주택에 대한 투기수요를 억제하고 투명한 주택거래 관행의 정착을 위하여 주택가격을 안정시키기 위하여 투기지역중 주택에 대한 투기가 성행하거나 성행할 우려가 있는 지역으로서 주택거래지역으로 지정된 지역에서 행해지는 주택거래에 대한 신고를 하는 것을 말합니다.

주택거래신고제는 2004년 4월 30일부터 시행되고 있으며, 주택거래를 신고하여야 하는 시기는 당해 지역이 주택거래신고지역으로 지정되었음을 관보에 게시한 날부터입니다.

당해 지역이 주택거래신고지역으로 지정되는 경우 거래당사자는 주택거래계약의 체결일로부터 15일 이내에 신고하여야 하며, 신고지역 지정 이전에 체결된 계약으로서 검인을 받지 않은 계약은 신고지역이 지정된 날로부터 15일 이내에 신고하여 합니다.

주택거래신고지역은 주택의 종류에 따라 아파트거래신고지역, 연립주택거래신고지역 및 아파트 · 연립주택거래신고지역으로 구분됩니다.

주택거래신고지역의 지정기준은 ① 전월의 아파트 또는 연립주택의 매매가격상승률이 1.5% 이상인 지역, ② 3월간의 아파트 또는 연립주택의 매매가격상승률이 3%이상인 지역, ③ 1년간의 아파트 또는 연립주택의 매매가격상승률이 전국의 2배 이상인 지역, ④ 관할 시장 · 군수 · 구청장이 주택에 대한 투기가 성행할 우려가 있다고 판단하여 지정을 요청하는 지역을 대상으로 합니다.

주택거래신고지역은 투기지역으로 지정된 지역중에서 지정기준에 해당하는 지역을 대상으로 해당지자체와 협의후 주택정책심의위원회의 심의를 거쳐 건설교통부장관이 지정하게됩니다.

주택거래신고지역은 시 · 군 · 구 또는 읍 · 면 · 동의 행정구역별로 지정하는 것이 원칙이나, 투기가 성행하는 지역이 국지적이거나 투기의 인근지역 확산가능성이 낮은 경우 등 지정범위를 한정할 필요가 있다고 인정되는 경우에는 주택단지 또는 재건축·재개발구역단위로 지정할 수 있습니다.

주택거래신고지역으로 지정된 지역에서는 주택거래가 있는 경우 거래당사자는 주택거래내용을 계약일로부터 15일 이내에 시장·군수·구청장에게 신고할 의무가 발생하고, 신고기간내 신고하지 않거나 허위신고를 하는 경우 과태료가 부과됩니다.

주택거래신고지역은 당해 지역의 주택가격이 신고지역 지정전의 가격수준으로 하락되어 상당기간 다시 변동할 우려가 없는 경우, 관할지방자치단체장이 당해지역의 주택가격이 안정되었다고 판단하여 해제를 요청하는 경우에 주택정책심의위원회의 심의를 거쳐 해제하게 됩니다.

주택거래신고는 원칙적으로 거래당사자인 매도인 및 매수인이 함께 하여야 합니다. 다만, 신고의무자가 생업상의 사정 등으로 직접 신고할 수 없는 경우에는 대리인으로 하여금 신고하게 할 수 있으며, 당사자 일방이 신고를 거부할 경우에는 상대방이 단독으로 신고할 수 있습니다.

주택거래신고를 하는 경우 거래당사자는 계약당사자·계약일·거래대상 주택의 소재지·거래대상 주택의 종류와 규모·거래가액·소유권이전 예정일자·부동산중개업자의 중개에 의한 계약인 경우에는 그 부동산중개업자·계약의 조건 또는 기한이 있는 때에는 그 조건 또는 기한을 신고하여야 합니다.

주택거래당사자인 매도인 및 매수인이 주택거래계약을 신고하고 신고필증을 교부받은 경우에는 부동산등기특별조치법에 의한 검인을 받은 것으로 간주되므로 소유권이전등기시 별도로 검인을 받지 않아도 됩니다. 즉, 매매계약서에 신고필증을 첨부하여 소유권이전등기를 할 수 있습니다.

주택거래신고지역의 전용면적 60㎡를 초과하는 아파트, 전용면적 150㎡를 초과하는 연립주택, 재건축·재개발구역안에 있는 모든 아파트 및 연립주택은 꼭 신고하여야 합니다. 기준보다 작은 경우는 신고하지 않아도 됩니다.

주택거래신고지역이라도 오피스텔과 분양권의 전매인 경우, 단독주택이나 다세대주택은 신고대상이 되지 않습니다. 그러나 주상복합아파트의 경우에 주택부분은 공동주택중 아파트에 해당하므로 신고대상이 됩니다. 다만, 신규로 건설되는 주상복합아파트를 신규로 분양받는 경우에는 분양권에 해당되므로 신고대상이 아닙니다.

또한 분양받은 신규주택에 대한 소유권이전등기를 하는 경우에는 주택거래신고대상이 되지 않지만 신규주택을 등기하고 제3자에게 양도하는 경우에는 신고대상이 됩니다.

❂ 재건축사업이 곤란하게 되어서 조합을 탈퇴한 자의 조합원의 지위는?

【답변】 ➡

　　재건축조합은 재건축지역 내에 있는 주택의 소유자등을 조합원으로 하여 그 조합원들의 자유의사에 따라 설립된 것이고, 재건축사업은 재건축지역 내에 있는 주택의 소유자가 전부 참여하거나 만약 끝내 조합에의 참여를 거부하는 주택소유자가 있을 경우 재건축조합이 그 주택을 매수하는 등의 방법으로 재건축조합이 적어도 재건축 공사의 착수전까지 재건축지역 내에 있는 대지의 소유권 전부를 확보하지 못한다면 시행될 수 있고, 만약 그때까지 대지의 소유권 전부를 확보하지 못한다면 시행될 수 없습니다. 이와 같이 재건축조합은 일정한 지역 내에 있는 주택용 대지 전부를 확보하여야만 재건축공사를 할 수 있는 조합의 성격상 원칙적으로 재건축 지역내에 있는 주택의 소유자 전부의 참여를 전제로 하는 것인데, 만약 재건축공사를 착수하기 직전단계인 사업계획의 승인 후에도 조합원들이 조합에서 임의로 탈퇴할 수 있게 되면 그 조합원들의 소유 부동산을 포함하여 사업계획을 새운 재건축사업의 시행이 불가능하거나 현저히 곤란하게 될 염려가 있어 도시및주거환경정비법에서는 재건축조합을 다른 주택조합인 지역조합이나 직장조합과는 달리 취급하여 조합설립인가후에도 조합원들의 임의탈퇴가 허용됨을 당연 전제로 하고 다만 사업사업계획 승인후에는 조합원의 임의 탈퇴와 그에 따른 가입 즉, 조합원의 교체를 원칙적으로 금지하고 있습니다.

　　도시및주거환경정비법에 의하면 조합규약에는 무자격 조합원의 제명이나 사업이 종결된 때의 조합의 해산절차 및 방법만을 규정하고 있을 뿐 자격이 있는 조합원의 탈퇴에 대한 아무런 제한규정을 두고 있지 않고, 또한 조합을 탈퇴한 조합원이 있음에도 조합이 이를 무시하고 탈퇴한 조합원이 동의한 것처럼 사업계획승인을 받은 경우 사업계획승인은 하자로 인해 취소가 됩니다.

결론적으로 적법한 절차를 거쳐 조합을 탈퇴한 조합원은 조합원의 지위를 가지지 않습니다.

◎ 사업계획의 개념은?

【답변】 ➡

　사업시행이란 정비구역안에서 정비사업[도시및주거환경정비법에서 정한 절차에 따라 도시의 기능을 회복하기 위하여 정비구역안에서(정비사업은 정비구역안에서 행해진다. 다만 주택재건축사업의 경우에는 정비구역이 아닌 구역에서도 행해짐) 도시계획사업으로 정비기반시설을 정비하고 주택 등 건축물을 개량하거나 건설하는 주거환경정비사업사 도시환경정비사업을 말함]을 위해 필요한 행위 또는 제반절차(기본계획수립 및 구역지정을 받아 이에 따른 공사등 집행행위를 하는 사업의 시행단계, 이전고시와 청산금 징수, 등기, 조합해산 및 청산으로 사업을 종료하는 사업종료단계를 말한다)를 말한다. 통상 정비사업은 정비구역이 지정되고 토지등소유자로 구성된 조합이 정비사업을 시행하게 되는데 여기서 중요한 역할을 하는 것이 사업시행을 위해 필요한 각종 계획입니다.

　사업시행계획이란 한마디로 정비구역내의 정비사업 시행과 관련한 기본적인 계획을 말합니다. 사업시행계획은 초지이용계획, 건축계획, 정비기반시설 등 설치계획, 이주대책 등등 정비사업을 위한 포괄적·구체적인 계획들로 구성되고 인가에 의해 효력을 발생하면 사업시행자에게 토지수용권 등이 발생하며 그에 정하는 바에 따라 이해관계인을 기속하게 됩니다.

◎ 사업계획승인 이후 공급가격을 변경하는 사업비의 증액이 있는 경우 조합원 전원의 동의를 받아 사업계획변경을 하여야 하는지?

【답변】 ➡

　　현행 주택법 시행규칙 제11조제3항의 규정에 의하면 사업계획승인권자는 입주자 모집의 공고(주택을 건설하는 경우에는 사업계획승인)를 한 후에는 주택의 공급가격을 변경하는 사업비의 증액에 대한 사업계획의 변경은 입주예정자 전원의 동의 없이는 불가능하므로 재건축조합은 사업계획승인을 받은 이후부터 동 규정이 적용되는 것이며, 사업계획승인을 받은 이후 당초 약정된 공급가격을 변경하는 경우에는 조합원 전원의 동의를 받아 사업계획변경 승인을 받아야 합니다.

◙ 매도청구권이란?

【답변】 ➡

매도청구권이란 재건축사업을 시행함에 있어 조합설립에 동의를 하지 않은 자에 대하여 일정한 절차를 거쳐 토지 및 건축물의 소유권에 대하여 매도할 것을 청구할 수 있는 권리를 말합니다.

이러한 매도청구권은 형성권으로서 당사자의 동의없이 일방적으로 이루어져 계약체결의 자유를 상당부분 제한하는 성질을 가지며, 그 행사로 매도청구권을 행사한 자와 불참한 토지 또는 건축물의 소유자 사이에 매매계약이 성립한 것으로 봅니다.

도시및주거환경정비법 제39조에 따르면 사업시행자는 주택재건축 사업을 시행함에 있어 조합설립의 동의를 하지 않은 자(건축물 또는 토지만 소유한자 포함)의 토지 및 건축물에 대하여는 집합건물의소유및관리에관한법률 제48조의 규정을 준용하여 매도청구를 할 수 있습니다.

이 경우 재건축결의는 조합설립의 동의로 보며, 구분소유권 및 대지사용권은 사업시행구역안의 매도청구의 대상이 되는 토지 또는 건축물의 소유권과 그 밖의 권리로 본다고 규정하고 있습니다.

기존에 매도청구권은 집합건물의소유및관리에관한법률 제48조의 규정에 의해 인정된 권리였으나 도시및주거환경정비법상 권리로 되면서 집합건물의소유및관리에관한법률을 준용하도록 하고 있습니다.

◎ 재건축 참여 여부에 대한 최고기간 만료일

【답변】➡

집합건물의소유및관리에관한법률 제48조에 의히면 집합건물에 관한 재건축의 결의가 있는 때에는 그 결의에 찬성하지 않은 구분소유자에 대하여 재건축에의 참가 여부에 대한 회답을 서면으로 최고하여야 하고, 최고를 받은 구분소유자는 최고수령일로부터 2월 이내에 회답해야 하는데 회답하지 않은 경우에는 참가하지 않은 것으로 보며, 매수청구권의 행사는 위 최고기간(2개월) 만료일로부터 2월 이내에 행사하도록 되어 있습니다.

또한, 위와 같은 규정의 취지는 집합건물의 재건축 결의는 집합건물의 구분소유자 개개인에 따라서는 전재산과 관련된 중요한 사항이어서 절차를 명확히 하는 한편 충분히 숙고할 기회를 주는데 목적이 있는 것이라고 보아야 하기 때문에 재건축 결의에의 참가 여부에 대한 수차례의 최고가 있는 경우 위 규정에 의한 '최고기간 만료일로부터'의 기준이 되는 최고는 최종적으로 이루어진 최고로 봅니다.

-최고서의 작성요령-

재건축사업을 시행함에 있어 조합 설립의 동의여부를 최고하오니 이 최고서를 받으신 날로부터 2개월 이내에 동의여부를 서면으로 회답하여 주시기 바라며, 회답이 없을 경우에는 재건축 조합 설립에 동의하지 않는 것으로 간주하여 귀하의 토지 및 건축물의 소유권을 시가에 따라 매수청구 할 것임을 알려 드립니다.

◎ 당초 조합설립에 미동의한 토지등소유자가 매도청구 소를 제기한 이후 조합설립에 동의하였을 경우 조합임원의 피선출권이 있는지?

【답변】 ➡

조합설립에 미동의한 자가 다시 동의를 하는 경우 조합원 자격은 있는 것이며 1년 이상 당해 지역에 거주한 경우 등 임원자격 요건에 적합하면 임원 피선출권이 있습니다.

과거 매도청구를 당했다 하여 조합원 자격이나 임원 피선출권을 제한하는 규정은 없습니다.

다만, 조합정관에서 별도로 임원에 대한 자격제한을 두고 있는 경우에는 조합정관에 따라 제한을 할 수 있습니다.

◈ 매도청구권 행사기간의 법적성격

【답변】 ➡

집합건물의소유및관리에관한법률 제48조 제4항에서 재건축 참가자 또는 매수지정자가 재건축 참여여부에 대한 최고를 한 후 같은 조 제2항의 기간 만료일로부터 2개월 이내에 재건축에 참가하지 아니한 구분소유자에 대하여 매도청구권을 행사하도록 매도청구권의 행사기간을 규정한 취지는, 매도청구권이 형성권으로서 재건축 참가자 다수의 의사에 의하여 재건축에 참가하지 아니한 구분소유자의 구분소유권에 관한 매매계약의 성립을 강제하는 것이므로, 만일 위와 같이 행사기간을 제한하지 아니하면 매도청구의 상대방은 재건축 참가자 또는 매수지정자가 언제 매도청구를 할지 모르게 되어 그 법적 지위가 불안정하게 되는 등 재건축에 참가하지 아니한 구분소유자의 권익을 부당하게 침해할 우려가 있는 점에 비추어 상대방의 정당한 법적 지위를 보호하고 아울러 재건축을 둘러싼 법률관계를 조속히 확정하기 위한 것이라고 봄이 상당하므로, 매도청구권은 행사기간 내에 이를 행사하지 않으면 그 효력을 상실하게 됩니다.

◎ 재건축결의당시 정족수를 갖추지 못했으나, 불참자의 일부가 찬성함으로써 정족수를 충족한 경우에 재건축결의의 하자가 치유되는지?

【답변】 ➡

집합건물의소유및관리에관한법률 제48조 소정의 구분소유자 등의 매도청구권은 재건축의 결의가 유효하게 성립하여야 비로소 발생하는 것이므로, 재건축의 결의가 같은법 제47조 제2항 소정의 정족수를 충족하지 못했다면 유효한 재건축의 결의가 있다고 할 수 없어 매도청구권을 행사할 수 없고, 매도청구권행사에 따른 소송중에 재건축불참자 일부가 재건축 결의에 찬성함으로써 정족수를 충족하였다고 하더라도 정족수의 하자가 치유되어 무효인 종전의 재건축 결의가 소급하여 유효하게 되는 것은 아닙니다.

종전의 재건축 결의에 하자가 있어 새로이 재건축 결의를 한 경우 그 결의에 따른 매도청구권은, 집합건물의소유및관리에관한법률 제48조 제2항·제4항에 따라 재건축참가자 또는 매수지정자가 재건축의 결의에 찬성하지 않은 구분소유자 또는 승계인에 대하여 새로운 결의에 따라 재건축에 참가할 것인지 여부를 최고한 후 그 회답기간 만료일로부터 2개월 이내에 행사기간 내에 이를 행사하지 아니하면 그 효력을 상실하는 것이고, 매도청구권행사에 따른 소송이 계속중이라고 하여 달리 볼 것은 아닙니다.

◎ 재건축에 참가하는 구분소유자들만으로 구성되어 설립인가를 받은 재건축조합이 매도청구권을 행사할 수 있는지?

【답변】 ➡

집합건물의소유및관리에관한법률 제48조 제4항의 규정은 재건축에 참가하지 않는 구분소유자를 구분소유관계로부터 배제함으로써 구분소유자 전원이 재건축에 참가하는 상태를 형성할 수 있도록 하기 위하여, 재건축에 참가하는 구분소유자는 재건축에 참가하지 않는 구분소유자의 구분소유권 및 대지사용권에 대한 매도청구를 할 수 있게 함과 아울러, 구분소유자의 자금부담이 곤란한 경우 등을 고려하여 자금력을 가진 구분소유자 이외의 제3자도 재건축 참가자 전원의 합의에 의한 매수 지정을 받은 경우에는 매도청구권을 행사할 수 있도록 한 취지이므로, 재건축에 참가하는 구분소유자들만으로 구성되어 설립인가를 받은 재건축조합은 같은 조항의 재건축에 참가하는 전체 구분소유자와 다르지 않고, 따라서 전체 구분소유자와 같이 당연히 매도청구권을 행사할 수 있습니다.

◙ 하나의 단지 내에 있는 여러 동의 건물 전부를 일괄하여 재건축하고자 하는 경우, 재건축결의는 각각의 건물마다 있어야 하는지?

【답변】 ➡

　　하나의 단지 내에 여러 동의 건물이 있고 그 대지가 건물 소유자 전위의 공유에 속하여 단지 내 여러 동의 건물 전부를 일괄하여 재건축하고자 하는 경우에는 각각의 건물마다 그 구분소유자의 4/5 이상의 다수에 의한 재건축 결의가 있어야 하고, 그와 같은 경우에 일부 건물에 재건축결의의 요건을 갖추지 못하였지만 나머지 건물에 재건축결의의 요건을 갖추었다면 그 나머지 건물에 대하여는 적법한 재건축결의가 있었다고 볼 것이므로 그 나머지 건물의 구분소유자에 대하여 매도청구권을 행사할 수 있습니다.

◈ 재건축조합이 제명된 조합원에 대하여 매도청구권을 행사할 수 있는지?

【답변】➡

　　매수지정자에 의하여 행사되는 위 매도청구권은 재건축의 결의에 찬성하지 않은 구분소유자에 대하여 인정되는 것이나, 재건축결의에 찬성한 조합원들이 그에 따른 의무이행을 하지 않아 조합규약에 따른 적법한 절차를 거쳐 제명된 경우에도 위 규정을 유추적용(재건축결의에 찬성한 조합원들이 그 점유부분을 명도하지 않는 등 의무이행을 하지 않으면 재건축조합은 조합규약에 근거가 마련되어 있는 경우 그 조합원들에 대하여 소유권이전등기절차의 이행과 명도를 구할 수 있으나, 조합원의 귀책사유로 그 조합원이 적법하게 제명된 경우에는 조합규약에 따른 의무이행을 구할 수 없게 되므로, 위와 같이 해석하지 안는다면 재건축조합이 의무불이행을 사유로 적법하게 조합원을 제명한 경우 재건축조합으로서는 매도청구권을 행사할 수도 없게 되면서 조합규약에 따른 명도청구권 등의 행사도 불가능하게 되어 결과적으로 제명된 조합원에 의해 재건축사업이 좌절될 가능성이 있고, 이로 말미암아 결국 재건축결의에 찬성한 조합원들이 그 후의 사정에 따라 재건축사업에 따른 의무이행을 하지 않더라도 사실상 재건축조합으로서는 조합규약상의 규정된 제명권을 행사할 수 없게 되는 부당한 결론에 도달하게 됨)하되, 그 조합원들은 그들의 의무를 이행하지 않음으로써 추후 재건축결의에 찬성하지 않는 의사표시를 명백히 하였으므로 집합건물의소유및관리에관한법률 제48조 제1항에 따른 최고를 요하지 않고 바로 매도청구권을 행사할 수 있다고 보아야 합니다.

◎ 재건축결의가 있은 후 재건축불참자에 대하여 매도청구권이 행사된 경우 그 매매시가의 평가기준

【답변】 ➡

집합건물의소유및관리에관한법률 제47조 소정의 재건축 결의가 있은 후 그 재건축에 참가하지 않은 자에 대하여 같은 법 제48조 제4항에 의한 매도청구권이 행사되면, 그 매도청구권 행사의 의사표시가 도달함과 동시에 재건축에 참가하지 않은 자의 구분소유권 및 대지사용권에 관하여 시가에 의한 매매계약이 성립하게 되는데, 이때의 시가란 매도청구권이 행사된 당시의 구분소유권과 대지사용권의 객관적 거래가격으로서, 노후되어 철거될 상태를 전제로 한 거래가격이 아니라 그 건물에 관하여 재건축 결의가 있었다는 것을 전제로 하여 구분소유권과 대지사용권을 일체로 평가한 가격, 즉 재건축으로 인하여 발생할 것으로 예상되는 개발이익이 포함된 가격을 말합니다(참조판례 95다38172 판결).

◎ 재건축조합의 조합원의 신탁을 원인으로 한 소유권이전등기절차를 이행할 의무가 있는지?

【답변】 ➡

　　재건축조합의 조합원은 조합의 재건축사업 목적달성에 협력할 의무가 있고, 조합규약상 그 의무의 하나로 규정된 현물출자 의무는 조합의 재건축사업의 원활한 수행을 위하여 신탁 목적으로 조합원 소유의 토지를 조합에 이전할 의무를 포함하고 있는 것이며, 집합건물의소유및관리에관한법률 소정의 구분소유자의 경우 그들이 가지는 대지사용권은 전유부분의 처분에 따르게 되어 있고 그 전유부분과 분리하여 대지사용권을 처분할 수 없게 되어 있는 데다가 재건축사업은 재건축지역 내에 있는 주택의 철거를 전제로 하는 것이어서, 조합원은 주택 부분의 철거를 포함한 일체의 처분권을 조합에 일임하였다고 보아야 하므로 대지사용권 외에 전유부분에 대한 소유명의도 재건축조합 앞으로 신탁하여 줄 의무가 있으므로, 조합원들은 재건축조합에게 조합설립인가로써 조합규약의 효력이 발생한 날짜에 신탁을 원인으로 한 소유권이전등기절차를 이행할 의무가 있습니다(참조판례 96다23887 판결)

◈ 재건축조합설립인가후 사업계획승인 신청시 반드시 조합원 소
유 부동산을 조합에 신탁등기를 완료하여야 하는지?

【답변】 ➡

재건축조합과 등록업자가 공동으로 주택을 건설하고자 하는 경
우에는 사업계획승인 신청시에 주택조합이 주택용대지의 소유권을
확보하도록 규정하고 있습니다.

이 경우 주택조합의 주택용대지 소유권 확보라 함은 주택조합
또는 주택조합 구성원 개개인의 등기부등본상 토지소유권을 확보
하고 있는 경우를 의미하는 것입니다.

신탁등기에 관해서 법에서는 규정하고 있지 않지만 조합규정에
서는 정할 수 있습니다.

따라서 조합규약에서 신탁등기에 관하여 정하고 있지 않으면
조합명의로 신탁등기를 하지 않아도 됩니다.

◈ 관리처분계획이란?

【답변】 ➡

관리처분계획이란 정비사업시행구역 안에 있는 종전의 토지 또는 건축물의 소유권과 소유권 이외의 권리를 정비사업으로 새로이 조성된 토지와 축조된 건축시설에 관한 권리로 일정한 기준아래 전환시켜 배분하는 일련의 계획, 즉 사업완료후 이전고시(분양처분)의 내용을 미리 정하는 계획을 말합니다.

도시개발법의 환지방식에 의한 사업시행규정은 정비사업과 관련된 환지에 준용하도록 하고 있으므로, 관리처분계획은 도시개발사업의 환지계획을 준용합니다. 즉 관리처분계획에 관하여 도시및주거환경정비법에서 특별히 정한 것을 제외하고는 도시개발법상 환지규정에 따릅니다.

관리처분계획은 정비사업시행구역 안의 토지소유자의 권리 · 의무에 직접 관계되는 행위로 사업시행자가 행한 행정처분에 해당하며, 그 성질을 공용환지와 다른 공용환권으로 보고 있습니다.

정비사업을 추진함에 있어서 최대현안은 사업비등 자금문제와 권리조정 또는 권리변환에 관한 권리문제이므로 관리처분계획은 사업구역 안의 권리자에게는 사업과 정의 어느 절차보다도 가장 큰 이해관계를 가지는 단계이며, 당해 사업의 성패를 좌우하는 중요한 단계입니다. 따라서 초기단계에서 자금부담이 많거나 또는 권리관계가 복잡해 권리조정으로 많은 시간과 비용을 소모하게 되면 사업추진에 난항을 겪게 됩니다.

관리처분계획은 사업시행자가 분양신청기간이 종료된 때에 기존건축물을 철거하기 전에 부양신청현황을 기초로 이를 수립하여 시장 · 군수등의 인가를 받아야 합니다.

◎ 재건축사업의 국민주택규모 건설비율에 관한 기준은?

【답변】 ➡

도시및주거환경정지법시행령 제52조 제2항의 규정에 의거하여 도시및주거환경정비법에 의하여 주택재건축정비사업을 하고자 하는 경우에는 건설교통부장관이 주택수급의 적정을 기하기 위하여 국민주택규모의 주택의 건설비율을 75% 이하의 범위안에서 정하는 경우에는 그에 적합하게 국민주택규모 이하의 주택을 건설하여야 합니다.

대상은 수도권정비계획법 제6조 제1항 제1호의 규정에 의한 과밀억제권역에서 20세대 이상으로 재건축하고자 하는 경우이며, 300세대 미만인 경우에는 전용면적 85㎡ 이하 규모의 주택 60% 이상을 건축해야 하며, 300세대 이상인 경우에는 전용면적 60㎡ 이하 규모의 주택을 20%이상 건축하고, 60㎡~85㎡ 규모의 주택 40% 이상을 건축하여야 합니다.

조합분양분을 기존평수 이하로 건축하는 경우로서 일반분양 주택을 모두 국민주택 규모 이하로 재건축하는 경우에는 위의 규정을 적용하지 않습니다.

또한 적용제외대상이라도 도시및주거환경정비법 제48조의 규정에 의하여 관리처분계획을 하는 경우 권고대상이 되며, 이를 준수하는 경우 인가권자가 용적률을 높여주는 것이 보통입니다.

◎ 주택건설사업관련 대한주택보증주식회사에서 행하는 보증의 종류는?

【답변】 ➡

주택법 제77조 제1항의 규정에 의한 업무를 수행하기 위하여 대한주택보증주식회사에서 행하는 보증은 다음과 같습니다(시행령 제106조 제1항).

①주택분양보증

사업주체가 파산등의 사유로 분양계약을 이행할 수 없게되는 경우 주택분양보증약관에 따라 당해 주택의 분양(사용검사 및 소유권보존등기를 포함)의 이행 또는 납부한 계약금 및 중도금의 환급을 책임지는 보증

② 주택임대보증

사업주체가 파산 등의 사유로 분양계약을 이행할 수 없게되는 경우 주택임대보증약관에 따라 당해 주택의 임대(사용검사 및 소유권보존등기를 포함)의 이행 또는 납부한 계약금 및 환급을 책임지는 보증

③ 주상복합주택분양보증

건축주가 파산 등의 사유로 주상복합건축물의 분양계약을 이행할 수 없게 되는 경우 주상복합주택분양보증약관에 따라 당해 주택의 분양(주택검사 및 소유권보존등기를 포함)의 이행 또는 납부한 계약금 및 중도금의 환급을 책임지는 보증

④조합주택시공보증

주택조합과 시공계약을 체결한 시공사가 파산 등의 사유로 당해 주택조합에 대한 시공책임을 이행할 수 없게 되는 경우에 조합주택시공보증약관에 따라 시공사를 대신하여 시공을 이행하거나 일정기준의 손해금을 부담하는 보증

⑤ 하자보수보증

공동주택관리령 제16조의 규정에 의한 하자보수의무기간중에 발생한 하자의 봇주에 대한 보증

⑥ 감리비예치보증

등록업자가 주택건설의 감리와 관련하여 감리자에게 지급하여야 할 감리비의 지급에 대한 보증

⑦ 인·허가보증

사업주체가 주택사업과 관련하여 국가 및 지방자치단체로부터 인·허가를 받을 경우에 관계법령에 의하여 부담하여야할 시설물의 설치, 원상회복 및 기타 인·허가조건의 이행책임에 대한 보증

⑧ 임대보증금보증

민간임대사업자가 임대차계약을 체결한 임차인에게 임대보증금을 반환하지 않는 경우, 임대보증금보증약관에 따라 임차인에게 발생할 손해예정액(보증금액과 국민주택기금융자금의 합계액에서 분양전환예정가격을 차감한 금액)의 지급을 책임지는 보증

⑨ 주택구입자금보증

회사의 주택분양보증을 받은 사업주체와 분양계약을 체결한 입주예정자가 금융기관으로부터 분양대금납입일정에 따라 대출받은 주택구입자금에 대한 보증

◪ 시공사가 부도·파산 등의 사유가 발생한 경우 조합이 하도급업자에게 직접 공사대금을 지급할 수 있는지?

【답변】 ➡

하도급법 제14조 제1항에서는 "발주자는 원사업자의 파산·부도 등의 이유로 원사업자가 하도급대금을 지급할 수 없는 명백한 사유가 있는 경우 등 대통령령에서 정하는 사유가 발생한 때에는 수급사업자가 제조·수리 또는 시공한 분에 상당하는 하도급대금을 해당 수급사업자에게 직접 지급하여야 한다."고 규정하고 있으며, 제 2항에서는 "제1항의 규정에 의한 사유가 발생한 경우 발주자의 원사업자에 대한 대금지급 채무와 원사업자의 수급사업자에 대한 하도급대금 지급채무는 그 범위안에서 소멸한 것으로 본다."고 규정하고 있습니다.

또한 하도급법 시행령 제4조 제1항에서는 직접지급사유와 관련하여 다음과 같이 규정하고 있습니다.

① 원사업자의 파산·부도가 있거나 사업에 관한 허가·인가·면허·등록 등이 취소되어 원사업자가 하도급대금을 지급할 수 없게 된 경우로서 수급사업자가 하도급대금의 직접지급을 요청한 때

② 발주자가 하도급대금을 직접 수급사업자에게 지급한다는 뜻과 그 지급방법 및 절차에 관하여 발주자·원사업자 및 수급사업자가 합의한 때

③ 원사업자가 법 제13조의2 제1항의 규정에 의한 하도급대금 지급보증의무를 이행하지 아니하고 법 제13조제1항 또는 제3항의 규정에 의하여 지급하여야할 하도급대금의 2회분 이상을 지급하지 아니한 경우로서 수급사업자가 하도급대금의 직접지급을 요청한때로 규정하고 있습니다.

따라서 원사업자인 사업시공자가 부도등이 발생한 후 수급사업

자가 직접 지급을 요청하는 직접 지급사유가 발생한 경우 발주자
는 하도급대금을 수급사업자에게 직접 지급하여야 하며, 이를 이
행하지 않는 경우 하도급법 위반이 됩니다.

또한 발주자가 원사업자에게 지급해야할 대금을 하도급법에 의
해 수급사업자에게 직접 지급하는 경우 발주자는 특별한 상계처리
절차없이 직접 지급한 금액의 범위에서 자신의 채무를 하도급법
제14조 제2항에 의하여 면제받게 됩니다.

◈ 재건축조합의 회계감사 시기는?

【답변】➡

　시장·군수 또는 주택공사 등이 아닌 사업시행자는 도시및주거환경정비법 제76조의 규정에 따라 추진위원회에서 조합으로 인계되기 7일 이내, 사업시행인가의 고시일로부터 2일 이내, 준공인가으 신청일로부터 7일 이내에 회계감사를 받아야 하며, 그 결과를 회계감사 종료된 날부터 15일 이내에 시장·군수에게 보고하고 이를 조합원이 공람할 수 있도록 하여야 합니다.

　회계감사에 대한 규정이 신설되기 이전에 사업승인된 재건축조합의 경우에는 규정에 의한 사용검사 또는 임시사용승인이 신청되었다면 회계감사를 받아야 합니다.

　또한, 소규모재건축조합인 경우에도 회계검사를 받아야 합니다.

◈ 조합장이 법무사 수수료를 과대하게 지급한 경우 업무상 배임인지?

【답변】 ➡

　　업무상배임죄가 성립하려면 주관적 요건으로서 임무 위배의 인식과 자기 또는 제3자의 이익을 위하여 본인에게 재산상의 손해를 가한다는 인식, 즉 배임의 고의가 있어야 합니다.

　　이와 같은 고의는 피고인이 이를 부인하는 경우에는 사물의 성질상 고의와 상당한 관련성이 있는 간접사실을 증명하는 방법에 의하여 입증할 수 밖에 없습니다.

　　재건축조합의 조합원들이 시공회사로부터 이주비를 차용하면서 약속어음을 발행·공증하여 주기로 함에 따라 조합장이 조합원들을 대표하여 약속어음공증신청을 이사회의 결의로 선정된 법무사로 하여금 대행하게 하는 용역계약을 체결함에 있어, 그 법무사가 제시하는 수수료액이 적정한 것인지 조사하여 보지 않고, 그 금액이 과다함에도 불구하고 이를 낮추려는 시도조차 하지 않은 채 이를 그대로 받아들여 용역계약을 체결하였다면, 경험칙상 조합장으로서의 임무에 위배한다는 인식과 법무사의 이익을 위하여 본인인 조합원들에게 재산상의 손해를 가한다는 인식을 가지고 있었다고 할 수 있으므로 업무상배임죄가 성립한다고 할 수 있습니다.

❖ 조합원 탈퇴서를 제출한 조합원의 건물을 명도단행가처분후 건물을 철거하는 것이 정당한 행위인지?

【답변】➡

　재건축조합에 조합원으로 가입하면서 ''재건축사업 추진에 수반되는 조합의 제 규정 및 시행절차를 성실히 준수할 것''이라는 취지의 동의서를 제출하였고, 또 조합규약에 ''조합은 재건축사업을 시행할 경우 그 구역 안에 있는 건축물을 철거할 수 있다.''고 되어 있다면 가입할 당시에 한 동의에는 자신이 위 조합에 이 사건 건물을 명도한 이후에는 위 조합이 이 사건 건물을 철거하는 것을 승낙한다는 내용이 포함되어 있는 것이어서, 위 조합은 이 건물을 명도받은 다음에는 언제든지 이를 철거할 권한을 가진다고 할 것이고, 조합과 사이에 분쟁이 생기면서 재건축조합에 탈퇴서를 제출함으로써 재건축조합에 거부하는 취지의 의사표시를 한 사실은 인정되나, 건물소유자가 조합원이 되면서 한 건물철거 등에 관한 포괄적 동의는 재건축조합의 결의에 중대한 하자가 있다거나 재건축사업시행이 불가능하게 되었다거나 또는 대다수의 조합원이 사업시행을 포기하고 탈퇴를 원한다는 등의 특별한 사정이 없는 한 탈퇴 등의 방법에 의한 철회가 허용되지 아니한다 할 수 있습니다.

　따라서 재건축조합의 조합원 지위를 그대로 보유하고 있고 또 재건축조합이 재건축구역 내에 있는 대부분의 건물을 철거하는 등 활발히 재건축사업을 추진하고 있는 경우, 위와 같이 조합탈퇴를 통하여 철거승낙을 철회하는 취지의 의사표시는 효력이 없고 따라서 철거승낙은 여전히 유효하므로, 건물의 명도 및 철거를 재건축 추진에 협조하지 않아서 법원으로부터 건물에 대한 명도단행 등 가처분결정을 받은 후 탈퇴서를 제출한 조합원 소유의 건물을 철거한 경우에 건물 철거행위는 유효한 승낙하에 이루어진 것이라고

할 것이라고 판단되며, 같은 취지에서 건물 철거행위는 형법 제24
조 소정의 탈퇴서를 제출한 조합원의 승낙에 의한 행위라 하여 범
죄로 되지 않는 행위라고 보아 대하여 무죄입니다.

　재건축조합은 위 법률 및 조합규약에 따라 사업시행구역 안의
조합원들 소유의 건물 등 지장물을 철거할 수 있는 것이므로 조합
탈퇴의 의사표시에도 불구하고 여전히 조합원의 지위에 있는 자를
상대로 사업시행구역 안에 있는 건물을 명도하고 이를 재건축사업
에 제공하여 행하는 업무를 방해하여서는 안된다는 가처분의 판결
을 받아 이를 철거한 것은 형법 제20조에 정한 업무로 인한 정당
행위라 할 것입니다.

◑ 서울강북지역의 뉴타운 개발사업이란?

【답변】➡

　　뉴타운사업은 강북지역의 열악한 주거환경을 강남보다 나은 격조 높은 21C형 타운으로 조성하기 위해 서울시가 도입한 기성시가지 재개발사업입니다.

　　도로, 공원, 학교 등 여유있는 도시기반시설 확보와 다양한 계층과 세대가 더불어 사는 커뮤니티 조성, 주거수준의 질적제고, 직주가 근접하는 복합도시를 지향합니다.

　　구체적으로는 근린지구단위의 동일생활권을 뉴타운사업지구로 지정하고 동 지역전체가 완전히 정비가 완료될 미래시점에서 바람직한 모습을 뉴타운개발 기본계획에 담고 이 계획에 따라 기반시설은 공공부문이 개발하게 됩니다. 또한 필요에 따라서는 종합공영개발이 시행됩니다.

　　종합개발기본계획으로는 ①도로·공원등 도시기반시설 계획, ②지역간·지역내 교통처리계획, ③행정기관·학교·복지시설 등 공공시설 설치계획, ④주택·업무시설 등 건축계획, ⑤광고물·가로시설물·색채등 옥외공간 디자인계획이 있습니다.

◈ 뉴타운 개발유형은?

【답변】 ➡

　　지역특성에 따라 신시가지형, 주거중심형, 도심형으로 구분합니다.

　　1. 신시가지형 뉴타운

　　대규모 미(저)개발지 등을 대상으로 주거, 상업, 생태, 문화기능 등을 갖춘 자족적인 신시가지를 조성하는 사업으로 신도시개발 개념에 근접한 형태의 개발사업

　　2. 주거중심형 뉴타운

　　노후·불량주거지 밀집지역 등을 중심으로 인근 생활권지역에 대한 전체 도시기반구조를 개선하는 사업으로 도시기반시설은 공공부문이 담당하고, 주택재개발은 전체 개발계획에 의거해서 주민이 직접 개발하거나 주민이 희망하는 경우에는 공영개발이 가능

　　3. 도심형 뉴타운

　　도심 또는 인근지역에서 주거, 상업, 업무기능 등을 복합개발하는 사업으로 대형상가, 문화시설, 관공서, 업무시설은 물론 아파트, 주상복합빌딩 등을 함께 배치하여 직주근접형 도심커뮤니티를 조성

◎ 뉴타운 사업을 위한 주민추진위원회를 구성할 경우 승인이 가능한지?

【답변】 ➡

뉴타운 사업을 위한 추진위원회 구성이 법적으로 규정되어 있지 않아 시 또는 자치구의 승인을 얻어 활동할 수 없습니다.

또한 도시및주거환경정비법 규정에 의한 정비(예정)구역 및 뉴타운개발계획이 수립되지 않은 지역을 대상으로 정비사업조합설립 추진위원회의 구성 및 명칭도 사용할 수 없습니다.

다만, 주민의 의사가 계획에 반영되어야 한다는 점에서 구청장과 협의해서 '지역별 대표' '직능별 대표' '토지소유자' 등의 주민대표 협의회를 구성하고, 그 주민대표가 개발계획에 참여하여 의견을 반영하도록 하는 것이 바람직합니다.

◑ 재건축에서의 신탁등기란?

【답변】 ➡

　신탁등기는 재건축사업의 원활한 추진을 위하여 조합원의 소유로 되어 있는 사업시행지구안의 토지 또는 주택등의 신탁재산을 사업시행 기간동안 조합앞으로 이전하여 관리·처분하게 하는 방법을 말합니다.

　신탁등기는 토지·건물 소유권이전 및 신탁등기 신청의 방법으로 하며 조합원은 위탁자겸 수익자, 조합은 수탁자로 되며 조합은 조합원과 신탁계약서상 신탁재산과 관련된 신탁목적 범위내에서만 권리를 행사할 수 있게 되고 신탁의 목적을 달성할 수 없다고 판단되는 경우 신탁을 해지할 수 있는 권리를 가집니다.

　종래 재건축조합에 조합원의 소유로 되어 있는 토지 또는 주택등에 대하여 신탁등기를 하는 것이 관행으로 인식되어 일반적 절차가 되었습니다. 그러한 이유는 신탁등기를 하지 않을 경우, 일부 조합원의 신탁등기 미비 및 이를 조건으로 한 부당한 요구 등에 의하여 사업추진이 지연되는 경우가 발생할 수 있으므로 신탁등기에 관한 근거를 둔 것입니다. 그 외 신탁등기를 하지 않으면 안정적 소유권 확보가 곤란하고, 일반분양자에 분양계약시 또는 이전등기시 전원날인 또는 전원의 인감증명을 첨부해야 한다는 점, 준공후 새로운 면적취득으로 인한 대지지분 변동 및 일반분양자의 지분배당을 일괄적으로 처리해야 한다는 점, 마지막으로 실무상 주택보증보험주식회사에서 조합명의로 신탁할 것을 요구한다는 점이 있습니다.

　결국 조합원들의 재산권을 조합앞으로 이전해 놓으면 일체로서 관리, 처분하는데 용이하기 때문입니다.

　그러나 재건축조합이 사업을 추진하기 위하여 반드시 조합원의 재산권에 대하여 조합명의로 소유권이전 및 신탁해야 한다는 규정은 없습니다.

제3편. 재건축 관련서식

제3편 재건축관련서식

【서식】 지급명령신청서

지 급 명 령 신 청

채권자 ○ ○ ○
　주소　　○○시　○○구　○○동　○○번지
채무자 ○ ○ ○
　주소　　○○시　○○구　○○동　○○번지

물품대금지급청구 독촉사건
청구금액 : 금 50,000,000원정

청 구 취 지

1. 채무자는 채권자에게 금 50,000,000원 및 이에 대한 이 사건 지급명령정본
　송달일부터 완제일까지 연 2할 5푼의 비율에 의한 금원을 지급하라.
2. 독촉절차비용은 채무자의 부담으로 한다.
라는 지급명령을 구합니다.

신 청 이 유

1. 채권자는 20○○년 ○월 ○일 채무자에게 기계공구 등 금 50,000,000원 상
　당을 납품하였으나 채무자는 그에 대한 물품대금을 지급하지 않고 있습니
　다.
2. 채권자는 수차례 채무자에게 대금지급을 요구하였으나 이에 응하지 아니
　하여 청구취지기재와 같은 지급명령을 신첩합니다.

20○○년 ○월 ○일

위 채권자　　○○○ (인)

○○지방법원 귀중

【서식】 지급명령에 대한 이의신청서

이 의 신 청

채 권 자 ○○○
채 무 자 ○○○

  위 당사자간 귀원 ○○차○○○호 약속어음금청구 독촉사건에 관한 지급명령정본을 채무자는 20○○. ○. ○. 송달받았으나 채무자는 이에 불복하므로 이의신청합니다.

20○○년 ○월 ○일

위 채무자　　○ ○ ○ (인)

○○지방법원 귀중

【서식】 조정신청서 표지

<table>
<tr><td>접 수 인</td></tr>
<tr><td>

</td></tr>
</table>

조 정 신 청 서

서울중앙지방법원 귀중

작 성 일   20 . . .
사 건 명
신 청 인

피신청인

신청금액	원	첨용인지		원	송 달 료		원

【서식】 대여금 반환 조정신청서

(대여금 반환신청)

신 청 취 지

1. 신청금액 : (원본)　　금　　　　　　　　　　원
　　　　　　　(가산금)　비율　　　　　　　　　푼
　　　　　　　　　　　　기간　　　　　　부터　　　　　　　까지

2. 피신청인들 상호간의 관계 : 연대(　)/각자(　)/평등분할(　)

신 청 원 인

1. 채권의 내용
　(1) (대여자)　　　　　　　　　　　　(2) (차용자)
　(3) (공동차용자 상호간의 관계 : 연대(　)/분할(　)
　(4) (대여일자) : ________,　________,　________.
　(5) (금　액) : _______원 _______원 _______원
　(6) 변제기일 : ________,　________,　________.
　(7) 가 산 금
　　　1. 기간 : 신청취지와 같음
　　　2. 비율 : ① 약정이율 _______푼
　　　　　　　② 이자약정 없음
　　　　　　　민법상 연 5푼
　　　　　　　신청인 (　) / 피신청인(　)이(영업의 종류)　　　업을 하
　　　　　　　는 상인이므로 상법상 연 6푼

2. 당사자의 지위
  (1) 신청인 ; 대여자 본인(　) / 대여자의 상속인(　)
    신청인이 대여자의 상속인이면 : (대여자 사망일)
    (대여자와의 관계) 신청인은 대여자의
  (2) 피신청인 : 차용자 본인(　) / 차용자의 상속인(　)
            연대보증인(　) / 보증인 (　)/ 연대채무자(　)
    피신청인이 차용자의 상속인이면 : (차용자 k망일)
    (차용자와의 관계) 피신청인은 차용자의

위와 같이 주장하여 신청취지와 같은 조정을 구합니다.
(작성일자) ＿＿＿＿＿＿년 ＿＿＿＿＿월 ＿＿＿＿＿일
신청인(서명) ＿＿＿＿＿＿＿＿＿＿＿＿＿＿＿＿ (날인)

【서식】 매매대금 조정신청서

(매매대금신청)

신 청 취 지

1. 신청금액 : (기본대금)　금 _______________원
　　　　　　　(지연손해금)　비율 ___________푼
　　　　　　　　　　　　　　기간 ___________부터 __________까지

신 청 원 인

1. 매매의 내용
　　(거래기간)
　　(1) (매매일자)　________　　　　(2) (매 도 인)___________
　　(3) (매 수 인)　_______　　　　(4) (목 적 물)___________
　　(5) (수　　량)　_______　　　　(6) (대　　금)___________
　　(7) (대금지급기일 및 지급방법) :

2. 지연손해금
　　(1) 기간 ; 신청취지와 같음
　　(2) 비율 : ① 민법상 연 5푼　　　　　　　　　　　　　　　　( )
　　　　　　　② 신청인 ( ) / 피신청인( )이(영업의 종류)　　업 ( )
　　　　　　　　을 하는 상인이므로 상법상 연 6푼
　　　　　　　③ 특약상의 비율 :　 푼　　　　　　　　　　　　( )
3. 신청인의 지위 : 매도인 본인( ) / 매도인의 상속인( )　　　　( )

(조2-2)

4. 피신청인의 지위 : 매수인 본인( ) / 연대보증인( ) / 보증인( ) /
　　　　　　　　　　　매수인의 상속인( )
5. 상속관계
　(1) 신청인이 매도인의 상속인일 때 : (매도인의 사망일)
　　　(매도인과의 관계) 신청인은 매도인의
　(2) 피신청인이 매수인의 상속인일 때 : 매수인 사망일)
　　　(매수인과의 관계) 피신청인은 매수인의

위와 같이 주장하여 신청취지와 같은 조정을 구합니다.
(작성일자)　＿＿＿＿＿＿＿년 ＿＿＿＿＿월 ＿＿＿＿＿일
신청인(서명)　＿＿＿＿＿＿＿＿＿＿＿＿＿＿＿＿ (날인)

【서식】 소액사건 소장 표지

*** 이 소장표지는 이하 각 소장의 표지와 같다.

<table>
<tr><td rowspan="2">접 수 인</td><td rowspan="4">소 장</td><td>. . .시
변론기일소환장 통</td></tr>
<tr><td>위 서류를 영수함
20 . . .
원고   인</td></tr>
</table>

배당순위번호	
사 건 번 호	
담 당	제 단독판사
첫 변론기일	
접 수 구 분	1서면,2구술,3우편,4당직,5대리

사 건 명
원고
　　주 소
1. 피 고
　　　주 소
2. 피 고
　　　주 소

소 가	원	첩용인지	원	송 달 료	원
(인지첨부란)				위 금액 송달료로써 납부함 　　　　년　월　일 성명　　　　인	

서울중앙지방법원   귀중

【서식】 수표금 소장

수표금 청구   제7호양식

청 구 취 지

1. 청구금액 : (원 금) 금 ___________원
                 (기산금) 기간 ________부터 소장부본 송달까지
                       비율 연 _______푼
                       기간 소장부본송달 다음날부터 완제일까지
                       비율 연 2할 5푼

청 구 원 인

1. 원고는 아래 수표의소지인입니다.

	1	2	3
(1) 액면금액	원	원	원
(2) 발 행 인			
(3) 지 급 인			
(4) 지 급 지			
(5) 발 행 지			
(6) 발 행 일			
(7) 지급제시한날			

2. 피고의 지위 : 발행인( ) / 배서인( )

3. 원고는 위 어음을 20 . . . 에 _________로부터(물품대금, 대여금담보, 기타 ________)조로 취득하였습니다.

4. 원고가 위 수표를 그 지급제시기간 경과전에 위와 같이 위 지급인에게 지급제시하였으나 그 지급이 거절되었습니다.

5. 위 수표에는 위 제시의 날을 기재하고 일자를 부기한 지급인의 지급거절선언이 기재되어 있습니다.

20 . . .

원고   (인)

【서식】 약속어음금 소장

<table>
<tr><td>

약속어음금 청구   제6호양식

청 구 취 지

1. 청구금액 : (원 금) 금 __________원
               (기산금) 기간 ________부터 소장부본 송달까지
                       비율 연 ________푼
                       기간 소장부본송달 다음날부터 완제일까지
                       비율 연 2할 5푼
2. 피고들 상호간의 관계 : 합동(   )

청 구 원 인

1. 원고는 배서가 연속된 아래 약속어음의 소지인 입니다.

	1	2	3
(1) 액면금액	원	원	원
(2) 발 행 인			
(3) 만기(지급기일)			
(4) 발 행 일			
(5) 수 취 인			
(6) 지급지 및 　　지급장소			
(7) 발 행 지			
(8) 지급제시한날			

2. 피고의 지위 : 발행인(   ) / 배서인(   )
3. 원고는 위 어음을 20   .   .   .   에 ________로부터(물품대금, 대여
   금담보, 기타 ________)조로 취득하였습니다.
4. 원고가 위 어음을 지급장소에서 지급제시하였으나 지급이 거절되었습니
   다.

20   .   .   .

　　　　　　　　　　　원고　　　　　　　　　　(인)

</td></tr>
</table>

【서식】 노임 소장

노임 청구   제4호양식

청 구 취 지

1. 청구금액 : (원　금) 금 __________원

            (기산금) 기간 ________부터 소장부본 송달까지

                   비율　연 ________푼

                   기간　소장부본송달 다음날부터 완제일까지

                   비율　연 2할 5푼

청 구 원 인

1. 노무제공의 내역

  (1) 노무의 종류 ____

  (2) 노무의 제공기간 ______부터 _______까지

  (3) 노 임 액 ________원

  (4) 기타약정 ____

____

     －

     －

2. 기타 보충할 내용

20 ． ． ．

                                            원고   (인)

【서식】 매매대금 소장

매매(물품)대금청구   제3호양식

청 구 취 지

1. 청구금액 : (원　금) 금 ___________원

　　　　　　　　(기산금) 기간 ________부터 소장부본 송달까지

　　　　　　　　비율 연 _______푼

　　　　　　　　기간 소장부본송달 다음날부터 완제일까지

　　　　　　　　비율 연 2할 5푼

청 구 원 인

1. 매매(물품거래)내역

　(1) 거래기간(매매일자) ________부터 ________까지

　(2) 매 도 인 _________　　(3) 매 수 인 _________

　(4) 목 적 물 ________　　(5) 수　　량 _________

　(6) 대　　금 ________원

　(7) 대금지급기일 및 지급방법___________________________________

　____

　____

2. 기타 보충할 내용

20　.　.　.

원고   (인)

【서식】 대여금 소장

(대여금 청구)　　　　　　　　　　　　　　　　　　　제2호양식

청 구 취 지

1. 청구금액 : (원　금) 금 ___________원

　　　　　　　(기산금) 기간 _________부터 소장부본 송달까지

　　　　　　　　　　　비율　연 ________푼

　　　　　　　　　　　기간　소장부본송달 다음날부터 완제일까지

　　　　　　　　　　　비율　연 2할 5푼

2. 피고들 상호간의 관계 : 연대(　　)

청 구 원 인

1. 대여내역

　(1) 대 여 자 _________　　　(2) 차 용 자 _________

　(3) 연대보증인 _________ , _________

　(4) 대 여 일 _________ , _________ , _________

　(5) 금　　액 _________원, _________원, _________원

　(6) 변 제 기 _________ , _________ , _________

　(7) 약정이율 _________ , _________ , _________

　　　ㅡ

　　　ㅡ

2. 기타 보충할 내용

20　．　．　．

　　　　　　　원고　　　　　　（인）

【서식】 변론재개신청서

변 론 재 개 신 청

사건   ○○가소 ○○○호

원고 ○ ○ ○
피고 ○ ○ ○

  위 당사자간 귀원 ○○가소○○○호 대여금청구 사건에 관하여 20○○. ○. ○. 변론을 종결하고 동년. ○. ○. 09:40을 판결선고기일로 지정하였으나, 이 사건에 대하여 다음과 같이 새로운 사실이 발견되어 이를 제출하고자 하오니 변론의 재개를 명하여 줄 것을 신청합니다.

- 아   래 -

새로 발견된 사실
 1. 피고 작성의 각서 1부
 2. 증인 : 차용증 작성시 입회인 1인

20○○년 ○월 ○일

위 원고 ○ ○ ○ ㉑

○○지방법원 귀중

【서식】 변론기일지정신청서

변론기일지정신청

사건   ○○가소 ○○○호

원고 ○ ○ ○
피고 ○ ○ ○

　위 당사자간 귀원 ○○가소○○○호 대여금청구사건에 관하여 20○○. ○. ○. 10:30 제2차 변론기일에 쌍방불출석으로 인하여 이건 소가 취하간주되었으나, 원고는 당일 부친의 상을 급작스럽게 맞이하여 미처 기일의 연기를 신청하지 못하고 부득이 불출석하게 된 것으로서 원고에게 책임없는 사유로 불출석하게 된 것이니 다시 기일을 지정해 줄 것을 신청합니다.

　　　　　　　　20○○년 ○월 ○일

　　　　　　　　　　　　위 원고 ○ ○ ○ ㊞

○○지방법원 귀중

【서식】 당사자표시정정신청서

보　정　서

사건　○○가소 ○○○호

원고　○ ○ ○
피고　○ ○ ○

　위 당사자간 귀원 ○○가소○○○호 약속어음 청구사건에 관하여 아래와 같이 피고의 표시를 변경신청합니다.

아　래

　변경된 피고의 표시

　　피고 : ○ ○ ○
　　　　　○○시 ○○구 ○○동 ○○번지

20○○년 ○월 ○일

위 원고 ○ ○ ○ ㉑

○○지방법원 귀중

【서식】 당사자변경신청서

당 사 자 변 경 신 청

사건 ○○가소 ○○○호

원고 ○ ○ ○
피고 ○ ○ ○

　위 당사자간 귀원 ○○가소○○○호 채무부존재확인 청구사건에 관하여 원고는 다음과 같이 피고 변경신청합니다.

아　래

1. 변경된 피고의 표시
　　피고 : ○ ○ ○
　　　　　○○시 ○○구 ○○동 ○○번지

2. 변경신청이유
　　원고는 피고 ○○○로 이 사건 소장을 제출하였으나 당사자적격이 없는 자이어서 소송절차를 진행할 수 없는 바, 피고 ○○○로 변경하여 소송을 계속하고자 하오니 허가바랍니다.

　　　　　　　　20○○년 ○월 ○일

　　　　　　　　　　　　위 원고 ○ ○ ○ ㊞

○○지방법원 귀중

【서식】 보조참가신청서

보 조 참 가 신 청

원고 ○○○
피고 ○○○
보조참가인 : ○○○
　　　　　　　○○시 ○○구 ○○동 ○○번지

참 가 취 지

　위 당사자간 귀원 ○○가소○○○호 대여금청구 사건에 관하여 피고를 보조하기 위하여 위 소송에 참가하고자 하오니 허가결정하여 주시기 바랍니다.

참 가 원 인

　원고는 이 사건 대여금을 피고가 20○○. ○. ○. 대여하였으나 현재까지 변제치 않고 있다고 주장하여 연대보증인인 피고에게 이 건 대여금을 청구하고 있으므로 보조참가인은 이 건 대여금에 대하여 주채무자로서 피고가 패소할 경우 구상채무를 청구당할 처지이나, 실은 보조참가인이 원고에게 20○○. ○. ○ 이 건 대여금 전액을 변제완료한 사실이 있으므로, 참가인은 소송의 결과에 이해관계가 있어 피고를 보조하기 위하여 이 참가신청에 이른 것입니다.

입 증 방 법

1. 변제증서　　　　　　　1부

첨 부 서 류

1. 보조참가신청서 부본　　2부
1. 납부서

20○○년 ○월 ○일

위 보조참가인 ○ ○ ○ ㊞

○○지방법원 귀중

【서식】 소송절차수계신청서

소 송 절 차 수 계 신 청

사건 ○○가소 ○○○호

원고 ○ ○ ○
피고(피신청인) ○ ○ ○
신청인 (1) ○ ○ ○
    ○○시 ○○구 ○○동 ○번지
  (2) ○ ○ ○
    ○○시 ○○구 ○○동 ○번지
  (3) ○ ○ ○
    ○○시 ○○구 ○○동 ○번지

 위 당사자간 귀원 ○○가소○○○호 대여금청구 사건에 관하여 위 피고가 20○○. ○. ○.에 사망하였으므로 소송절차는 당연 중단되었으나, 신청인 (1), (2), (3)이 피신청인의 재산을 공동상속하였으므로 위 사람에 대하여 소송절차를 수계하도록 신청합니다.

첨 부 서 류

1. 호적등본   1부
1. 재적등본   1부
1. 주민등록말소자등본   1부

      20○○년 ○월 ○일

      위 신청인 (1) ○ ○ ○ ⑪
         (2) ○ ○ ○ ⑪
         (3) ○ ○ ○ ⑪

○○지방법원 귀중

【서식】 소송고지서

소 송 고 지 서

고지인(피고) ○ ○ ○
피고지인   ○ ○ ○
          ○○시 ○○구 ○○동 ○○번지

　위 고지인은 피고지인에 대하여 원고와 피고 간에 지방법원 ○○가소○○
○호 대여금청구사건에 관하여 위 소송을 고지합니다.

고 지 이 유

　위 원고는 피고(고지인)에게 20○○. ○. ○. 대여금 5,000,000원을 구하고
있으나 이 건 대여금은 피고 이외의 피고지인이 연대하여 차용한 금원이므로
피고지인에게도 지급할 의무가 있다할 것인 바, 피고가 패소하는 경우에는 피
고지인에게 부담부분의 구상금을 청구하기 위하여 민사소송법 제77조 제1항
에 의하여 소송을 고지하는 것입니다.

소송의 정도

　위 소송에서 고지인(피고)는 20○○. ○. ○. 소장 부분과 20○○. ○. ○.
09:40 변론기일소환장을 수령하고 20○○. ○. ○.자 답변서를 제출하였음.

첨 부 서 류

1. 소장부본 사본　　　　　　　1부

2000년 ○월 ○일

위 고지인(피고) ○ ○ ○ ⑩

○○지방법원 귀중

【서식】 주소보정서

<table>
<tr><td colspan="2" align="center">보   정   서</td></tr>
<tr><td colspan="2">사건번호   가   (차)   (단독)
원고(채권자) :
피고(채권자) :
  귀원의 보정명령에 따라 아래와 같이 보정합니다.</td></tr>
<tr><td colspan="2">1. 주소보정
  성명
  보정할 주소</td></tr>
<tr><td colspan="2">2. 재송달신청
  상대방이 그 주소지에 있으면서 고의로 수령을 거부하고 있으므로 같은 주소에 다시 송달하여 주시기 바랍니다.</td></tr>
<tr><td colspan="2">3. 주간 특별송달신청(집행관에 의한 송달)
  상대방이 송달한 장소에 살고 있으면서 일부러 송달물을 받지 않거나, 집행관에 의하여 송달물을 신속히 송달하지 아니하면 소기의 목적을 달성할 수 없음.</td></tr>
<tr><td colspan="2">4. 야간 및 휴일 특별송달신청(집행관에 의한 송달)
  상대방이 야간 또는 휴일에만 송달물을 받을 수 있음</td></tr>
<tr><td colspan="2">5. 공시송달신청(위 1 내지 4의 방법에 의한 보정이 불가능)
  상대방의 주소, 거소, 기타 송달할 장소를 알 수 없음.
  첨부서류 :</td></tr>
<tr><td colspan="2" align="center">20 . . .
위(1항, 2항, 3항, 4항, 5항) 원고(   ) (인)
법원   귀중</td></tr>
</table>

【서식】 소송대리허가신청서

<table>
<tr><td colspan="2" align="center">

소 송 대 리 허 가 신 청 및 소 송 위 임 장

</td></tr>
<tr><td colspan="2">

사건번호   가   (차)   (단독)

원고(채권자) :

피고(채권자) :

  귀원의 보정명령에 따라 아래와 같이 보정합니다.

</td></tr>
<tr><td>

1. 소송대리허가신청

      소송대리할 사람의 성명
      주 소
      소송대리허가를 신청하는 이유(간단하게)
      첨부서류

</td><td>

<table>
<tr><td>인지
500원
첨부</td></tr>
</table>

<table>
<tr><td rowspan="2">재
판
장</td><td>허</td><td>부</td></tr>
<tr><td></td><td></td></tr>
</table>

</td></tr>
<tr><td colspan="2">

2. 소송위임할 사항
  가. 일체의 소송행위, 반소의 제기 및 응소
  나. 재판상 및 재판외의 화해
  다. 소의 취하
  라. 청구의 포기의 인낙
  마. 복대리인의 선임
  바. 목적물의 수령
  사. 공탁물의 납부, 공탁물 및 이자의 반환청구와 수령
  아. 담보권행사, 최고신청, 담보취소신청, 동 신청에 대한 동의 담보취소결정
      정본의 수령, 동 취소결정에 대한 항고권의 포기
  자. 기타(특정사항 기재요)

</td></tr>
<tr><td colspan="2" align="center">

20   .   .   .

위 신청인 및 위임인 성명 : 원고(   ) (인)
          법원   귀중

</td></tr>
</table>

【서식】 소변경신청서

청구취지 및 청구원인 변경신청

사건 ○○가소○○○호

원고 ○ ○ ○
피고 ○ ○ ○

  위 당사자간 귀원 ○○가소○○○호 약속어음 청구사건에 관하여 '약속어음청구'를 '이득상환금청구'로 소 변경하고 다음과 같이 청구취지 및 청구원인 변경을 신청합니다.

청 구 취 지

1. 피고는 원고에게 금 1,000,000원을 지급하되 이건 소장부본 송달 익일부터 완제일까지 연 2할 5푼의 비율에 의한 금원을 가산지급하라.
2. 소송비용은 피고의 부담으로 한다.
3. 위 제1항은 가집행할 수 있다.
라는 판결을 구함.

청 구 원 인

  2항, 3항에 대하여
 2. 피고는 원고에게 외상물품대금조로 소외 발행 약속어음을 배서하여 양도한자로서, 비록 원고가 지급거절증서작성과 소구통지를 해태하여 약속어음금에 대한 소구권을 상실하였다고 하여도 피고가 위 약속어음을 원고에게 양도함으로써 외상물품대금조의 채무를 면하는 이득을 취한 것입니다.
 3. 따라서, 피고는 원고에게 이득상환금 1,000,000원을 지급하여야 마땅할 것이나 원고의 수차례의 독촉에도 불구하고 이를 이행치 않고 있으므로 그 지급을 구하기 위하여 본소 청구에 이른 것입니다.

입 증 방 법

추후 변론시 수시 제출하겠음.

20○○년 ○월 ○일

위 원고 ○ ○ ○ ㉑

○○지방법원 귀중

【서식】 예비적 소변경신청서

소 변 경 신 청

사건 ○○가소○○○호

원고 ○ ○ ○
피고 ○ ○ ○

위 당사자간 귀원 ○○가단 동산인도청구사건에 관하여 원고는 아래와 같이 소장을 예비적으로 변경신청합니다.

- 아 래 -

1. 변경된 청구취지
  청구취지 제1항 후단에 "별지목록 기재 동산을 인도하라" 다음에 "만약, 별지목록 기재 동산의 인도가 불가능한 경우 금 ○○○원을 지급하되, 소장 송달 익일부터 완제일까지 연 2할 5푼의 비율에 의한 금원을 가산지급하라."를 추가합니다.

2. 변경된 청구원인
  청구원인 제4항 뒤에 다음을 추가합니다.
  "그러나 이 사건 동산이 피고가 관리하는 중에 멸실되어 원고에게 인도하지 못하는 경우에는 피고에게 보관상의 주의의무를 다하지 않은 과실이 있는 것이므로, 별지목록 기재 동산의 인도에 갈음하여 손해배상전보금으로 동 동산의 감정가격 ○○○원을 지급하여야 할 의무가 있다고 할 것입니다."

3. 입증방법
  추후 변론시 수시 제출하겠음.

20○○년 ○월 ○일

위 원고 ○ ○ ○ ○ ㉙

○○지방법원 귀중

【서식】 소취하서

소 취 하 신 청

사건 ○○가소○○○호 대여금

원고 ○ ○ ○
피고 ○ ○ ○

　위 당사자간 귀원 ○○가소 ○○○호 대여금 청구사건은 당사자간의 원만
한 합의가 있었으므로 이를 취하합니다.

　　　　　　　　　　　　2000년 ○월 ○일

　　　　　　　　　　　　　　위 원고 ○ ○ ○ ㉑

○○지방법원 귀중

【서식】 준비서면

준 비 서 면

사건 ○○가소○○○호

원고 ○ ○ ○
피고 ○ ○ ○

　위 당사자간 귀원 ○○가소○○○호 대여금 청구사건에 관하여 원고는 다음과 같이 변론을 준비합니다.

- 아　래 -

1. 피고의 주장에 대하여
　피고는 20○○. ○. ○.자 답변서의 취지로 이 사건 대여금은 피고의 처에 대한 것이므로 이유없다고 주장하고 있습니다.

2. 피고의 책임
　그러나, 피고의 처 소외 ○○○는 20○○. ○. ○. 원고에게 이 사건 대여금 ○○○원을 변제기 ○. ○. 이자 월 3푼으로 대여하면서 기사에 필요한 금원이며, 가정형편이 좋아지는 대로 전액을 갚겠다고 하였을 뿐 아니라, 피고 본인이 작성한 위임장과 인감증명서를 원고에게 교부하였는 바, 원고는 대리인인 소외인에 의해 피고와 소비대차약정을 하고 동 소외인 동 금원을 교부한 것이므로, 피고는 원고에게 이 사건 청구금액을 변제할 책임이 있는 것입니다.

3. 예비적 주장
　피고는 소외인 ○○○가 피고의 동의도 없이 피고 명의로 이 사건 청구금액을 원고로부터 대여한 것이라서, 무권대리행위이므로 피고에게는 책임이 없다고 주장하나, 피고는 원고가 대여금을 상환받지 못하여 수차례 그 변제를 독촉하자 원고에게 지금은 가정형편이 어려우니 조금만 기다려 주면 다 갚겠다고 하며 원고에게 이를 각서하여 준 사실이 있습니다. 따라서 비록 소외인에게 대리권이 없었다고 하더라도 피고가 이를 사후에 추인한 것이므로, 피고는 원고에게 이 사건 청구금액을 변제할 책임이 있다 할 것입니다.

입 증 방 법

1. 위임장	1통
1. 인감증명서	1통
1. 각 서	1통

20○○년 ○월 ○일

위 원고 ○ ○ ○ ⑪

○○지방법원 귀중

【서식】 답변서

답 변 서

사건 ○○가소○○○호 대여금

원고 ○ ○ ○
피고 ○ ○ ○

　위 당사자간 귀원 ○○가소 ○○○호 대여금 청구사건에 관하여 피고는 아래와 같이 답변합니다.

- 아　래 -

　청구취지에 대한 답변
1. 원고의 청구를 기각한다.
2. 소송비용은 원고의 부담으로 한다.
라는 판결을 구함.

　청구원인에 대한 답변
원고는 피고에게 대여금 ○○○원을 청구하고 있으나, 피고는 원고에게 돈을 빌린 사실이 전혀 없으므로 이를 변제할 채무가 없습니다. 원고의 청구금액은 피고의 처가 피고 몰래 원고에게 빌려 사용한 것으로서, 피고는 원고 이외에도 다른 채권자로부터 많은 청구를 받은 바 있습니다. 피고의 처는 가사를 돌보지 않고 가출한 상태로 빌린 돈도 모두 가사와는 관계없는 곳에 사용한 것이며, 피고는 이를 이유로 하여 피고의 처를 상대로 귀원 가사부에 이혼소송을 제기한 상태입니다. 따라서, 원고의 이 사건 청구는 이유없는 것이므로 마땅히 기각되어야 할 것입니다.

입 증 방 법

1. 진술서　　　　　　　　　　　　　　　　　　　　1통
2. 이혼청구소장　　　　　　　　　　　　　　　　　1통
3. 기타추후 변론시 수시 제출하겠음

20○○년 ○월 ○일

위 원고 ○ ○ ○ ㉑

○○지방법원 귀중

【서식】 사실조회촉탁신청서

사 실 조 회 촉 탁 신 청

원고 ○ ○ ○
피고 ○ ○ ○

 위 당사자간 귀원 ○○가소 ○○○호 손해배상금 청구사건에 관하여 원고
는 다음과 같이 사실조사를 촉탁 신청합니다.

- 다 음 -

1. 촉탁목적
 이 건 피고가 원고의 이름을 모용하여 은행통장을 개설하고 은행으로부터
금 1,000,000원을 대출하여 원고에게 동 액 상당의 손해를 입힌 사실의 입증

2. 촉탁처
 주식회사 ○○은행 ○○지점 대부계

3. 촉탁사항
 가. 20○○. ○. ○. ~ 20○○. ○. ○. 까지 피고 ○○○가 귀 은행에서 대
     부한 금원 및 상환내역
 나. 대부신청서 및 본인입증서류

20○○년 ○월 ○일

위 원고 ○ ○ ○ ⑩

○○지방법원 귀중

【서식】 서증신청서

증 거 신 청

사건 ○○가소○○○호
원고 ○ ○ ○
피고 ○ ○ ○

　위 당사자간 귀원 ○○가소 ○○○호 대여금 청구사건에 관하여 원고는 아래와 같이 문서를 제출합니다.

- 아 래 -

1. 제출할 서류
　가. 각서 1부
　나. 인가등명서 사본 1부

2. 입증 취지
　피고가 원고에게 이 사건 청구금을 대여하고 그 상환을 지체하던 중 원고의 독촉에 응하여 대여사실 및 변제방법을 기재하여 원고에게 제출한 각서 및 그 진정을 담보하는 인감증명서로써 피고의 이 사건 청구금의 대여사실 및 연체사실 입증.

20○○년 ○월 ○일

위 원고 ○ ○ ○ ○ ㊞

○○지방법원 귀중

【서식】 문서제출명령신청서

문서제출명령신청

원고 ○○○
피고 ○○○

  위 당사자간 귀원 ○○가소 ○○○호 약속어음금 청구사건에 관하여 원고는 그 주장사실을 입증하기 위하여 문서의 소지자인 소외 ○○○에 대하여 문서제출명령을 하여 줄 것을 청구합니다.

1. 문서의 표시
   위 약속어음과 함께 발행된 보충권수여증서 1부
2. 입증 취지
   가. 소지인 : ○ ○ ○
   나. 주 소 : ○○시 ○○구 ○○동 ○○번지
3. 문서의 작성취지
   이건 약속어음을 백지식으로 발행하면서 보충권의 범위와 한계를 정하여 함께 교부됨.
4. 입증의 취지 및 제출의무
   보충권수여증서로서 보충권이 부여되어 발행된 것으로써 어음요건을 갖춘 어음임을 입증코자 하며, 이 문서는 원고와 피고 간의 권리발생에 관한 문서이므로 공정한 재판을 위하여 소지인에게 제출할 의무가 있다 할 것입니다.

2000년 ○월 ○일

위 원고 ○ ○ ○ ○ ㉑

○○지방법원 귀중

【서식】 감정신청서

감 정 신 청

원고 ○○○
피고 ○○○

　위 당사자간 귀원 ○○가소 ○○○호 대여금 청구사건에 관하여 원고는 그 주장사실을 입증하고자 다음과 같이 필적감정의 촉탁을 신청합니다.

- 다 음 -

1. 감정 목적물
　피고가 작성하고 서명날인한 차용증서의 필적
2. 감정할 사항 및 감정의 목적
　차용증서에 서명된 피고의 필적 및 그 기재의 필적이 피고의 필적과 동일한 것인지를 증명하기 위함.
3. 감정기관
　귀원에서 지정하는 필적감정 전문가

첨 부 서 류

1. 차용증서원본　　　　　　　　　1부

20○○년 ○월 ○일

위 원고 ○ ○ ○ ㉑

○○지방법원 귀중

【서식】 항소장(원고제기)

항 소 장

항 소 인(원고)　　○ ○ ○
　　　　　　　　　　○○시 ○○구 ○○동 ○○번지
피항소인(피고)　　○ ○ ○
　　　　　　　　　　○○시 ○○구 ○○동 ○○번지

　위 당사자간 귀원 ○○가소 ○○○호 대여금 청구사건에 관하여 원고는 동법원이 20○○. ○. ○. 선고한 판결에 대하여 전부 불복하므로 이에 항소를 제기합니다.

원판결의 표시

1. 원고의 청구를 기각한다.
2. 소송비용은 원고의 부담으로 한다.
　(원고는 위 판결정본을 20○○. ○. ○. 수령하였음)

항 소 취 지

1. 원 판결을 취소한다.
2. 피고는 원고에게 금 ○○○원을 지급하되 이중 금 ○○○원 대해서는 20○○. ○. ○.부터 완제일까지 연 2할 5푼에 의한 금원을 가산 지급하라.
3. 소송비용은 1, 2심 모두 피고의 부담으로 한다.
4. 제2항에 한하여 가집행할 수 있다.
라는 판결을 구함.

항 소 이 유

추후 제출하겠음.

첨 부 서 류

1. 항소장 부본   1통
2. 납부서   1통

20○○년 ○월 ○일

위 원고 ○ ○ ○ ㊞

○○지방법원 귀중

【서식】 항소장(피고제기)

항 소 장

항 소 인(원고) ○ ○ ○
　　　　　　　　○○시 ○○구 ○○동 ○○번지
피항소인(피고) ○ ○ ○
　　　　　　　　○○시 ○○구 ○○동 ○○번지

　위 당사자간 ○○지방법원 ○○가소○○○호 대여금 청구사건에 관하여 피고는 동 법원이 20○○. ○. ○. 선고한 판결에 대하여 전부 불복하므로 이에 항소를 제기합니다.

원판결의 표시

1. 피고는 원고에게 금○○○원을 지급하되, 이중 금 ○○○원에 대하여는 20○○. ○. ○.부터 완제에 이르기 까지 연 2할 5푼의 비율에 의한 금원을 가산지급하라.
2. 소송비용은 피고의 부담으로 한다.
3. 위 제1항에 한하여 가집행 할 수 있다.
　(피고는 위 판결정본을 20○○. ○. ○. 수령하였음)

항 소 취 지

1. 원 판결을 취소한다.
2. 원고의 청구를 기각한다.
3. 소송비용은 1, 2심 모두 원고의 부담으로 한다.
라는 판결을 구함.

항 소 이 유

추후 제출하겠음.

첨 부 서 류

1. 항소장 부본   1통
2. 납부서   1통

20○○년 ○월 ○일

위 항소인(피고) ○ ○ ○ ㉑

○○지방법원 귀중

【서식】 항소이유서

항소이유서

사건 ○○나○○○호 대여금

항 소 인(피고)　　○ ○ ○
피항소인(원고)　　○ ○ ○

　위 당사자간 귀원 ○○나○○○호 대여금 청구사건에 관하여 피고는 다음과 같이 항소이유를 제출합니다.

- 다 음 -

1. 원 판결이유

　원 판결은 원고와 피고의 무권대리인의 소외인 ○○○(피고의 전처)와의 소비대차계약을 피고가 추후 적법히 추인하였다 하여 피고는 이 사건 대여금을 변제할 의무가 있다고 하여 원고의 청구를 인용하였습니다.

2. 사후 추인 경우

　피고가 원고에게 갑 제○호증 각서를 작성하여 준 것은 사실이나 이는 피고의 자의에 의한 것이 아니라, 원고가 사람들을 데리고 피고를 협박하므로, 피고가 이를 견디지 못하고 의사없이 작성한 것이며, 피고는 원심에서 이를 다툼으로써 취소의 의사를 표시하였으므로, 이 각서를 증거로 하여 피고의 무권대리행위 사후 추인을 인정할 수 없는 것입니다. 그런데도 원 판결은 이를 인정한 것이므로 위법하다고 할 것입니다.

3. 대여금 사용

　소외 ○○○는 이 사건 대여금을 원고로부터 받아 이를 피고의 가정을 위해서는 사용한 사실이 전혀 없이 유흥비 등으로 탕진한 것이며, 소외인이 원고로부터 금원의 대여받을 당시에는 피고와의 결혼생활이 사실상 파탄된 상태였는데도 피고가 그 대여금을 사후 추인한다는 것은 경험칙에 닿지 않는 것으로 부정되어야 마땅할 것입니다.

4. 인감증명서의 발급경위

　원고가 갑 제○호증으로 제출한 인감증명서는 피고 본인의 것임이 분명하지만 이는 피고 본인이 발급받은 것이 아니라, 위 소외인이 피고 몰래 피고의 신분증을 지참하고 대리신청하여 발급받은 것이므로, 인감증명서가 피고의 대리권 수여의사를 추단하는 증거가 될 수는 없는 것입니다.

　　　　　　　　　　20○○년 ○월 ○일

　　　　　　　　　　　　　위 피고 ○ ○ ○ ㉕

　　○○지방법원 귀중

【서식】 상고장

상 고 장

원고(피상고인)　　○ ○ ○
　　　　　　　　　○○시 ○○구 ○○동 ○○번지 ○○아파트 ○○동 ○○호
피고(상 고 인)　　주식회사 ○○
　　　　　　　　　대표이사 ○ ○ ○
　　　　　　　　　○○시 ○○구 ○○동 ○○번지

　위 당사자간 ○○지방법원 ○○나○○○호 대여금 청구사건에 관하여 동원의 20○○. ○. ○. 선고한 판결정본은 20○○. ○. ○. 송달받았으나 이에 전부 불복이므로 상고를 제기합니다.

원판결의 표시

1. 피고는 원고에게 금50,000,000원을 지급하되 20○○. ○. ○.부터 완제일까지 연 2할 5푼의 비율에 의한 금원을 가산지급하라.
2. 소송비용은 피고의 부담으로 한다.
3. 위 제1항은 가집행할 수 있다.
　(20○○. ○. ○. 판결정본 수령)

신 청 취 지

　원심판결을 파기하여 사건을 ○○법원으로 환송한다.
라는 판결을 구함.

상 고 이 유

추후 제출하겠음.

첨 부 서 류

1. 상고장 부본
2. 납부서

20○○년 ○월 ○일

위 피고(상고인) ○ ○ ○ ㊞

대법원 귀중

【서식】 소송비용확정결정신청서

소송비용확정결정신청

신 청 인   ○ ○ ○
　　　　　　　　○○시 ○○구 ○○동 ○○번지
피신청인   ○ ○ ○
　　　　　　　　○○시 ○○구 ○○동 ○○번지

신 청 취 지

　피신청인의 신청인에 대한 소송비용은 ○○○원으로 확정한다.
라는 결정을 구함.

신 청 이 유

1. 위 당사자간 귀원○○가소○○○호 대여금 청구사건에 관하여 1, 2심 모두 피신청인이 패소하였고 동 판결은 이미 확정되었으므로 패소자인 피신청인이 부담하여야 할 소송비용액을 확정받고자 이 신청에 이른 것입니다.
2. 소송비용계산
　제1심
　　(1) 금○○원 소장첨부 인지대
　　(2) 금○○원 송달료
　　(3) 금○○원 소장작성 대서료
　　(4) 금○○원 준비서면작성 대서료
　　　합계 금 ○○원
　제2심
　　(1) 금○○원 준비서면작성 대서료
　　(2) 금○○원 증인여비
　　　합계 금○○원
　총합계 금○○원

첨 부 서 류

1. 신청서 부본

20○○년 ○월 ○일

위 신청인 ○ ○ ○ ⑪

○○지방법원 귀중

【서식】 유체동산가압류신청서

유체동산가압류신청

채 권 자   ○ ○ ○
　　　　　　○○시 ○○구 ○○동 ○○번지
채 무 자   ○ ○ ○
　　　　　　○○시 ○○구 ○○동 ○○번지

　청구채권의 표시 및 피보전권리
　채권자가 20○○. ○. ○. 채무자에게 변제기일 20○○. ○. ○.로 약정하고 대여한 원리금 합계 금○○○원

신 청 취 지

　채권자의 채무자에 대한 위 청구채권의 집행을 보전하기 위하여 위 채권액에 이르기까지의 채무자 소유의 유체동산을 가압류한다.
라는 재판을 구함.

신 청 원 인

1. 채권자는 20○○. ○. ○. 채무자에게 금 ○○○원을 변제기일 20○○. ○. ○ 이자 연 ○할, 이자지급일은 매월 말일 채권자의 은행 예금통장으로 지급하고, 만약 1회라도 이자지급을 지체할 경우 채무자는 기한의 이익을 상실하며 원리금 전액에 대하여 연 2할 5푼의 비율에 의한 지연손해금을 지급하기로 약정하였습니다.
2. 그런데 채무자는 20○○. ○. ○.까지의 이자만을 지급한 채, 20○○. ○. ○.부터 지금까지 원금은 물론 이자도 일체 지급치 않아 그때부터 기한의 이익을 상실하였으며, 20○○. ○. ○. 현재
　원금 ○○○원
　이자 ○○원
　지연손해금 ○○원
　의 합계금 ○○○은 연체하고 있습니다.

3. 그동안 채권자는 채무자에게 수차례 위 원리금을 상환할 것을 독촉하였으
   나 채무자는 이에 불응하며 차일피일 상환을 미루고만 있는바, 채권자는
   본안소송을 제기하여 강제집행을 하려 하나, 채권자가 조사한 바에 의하면
   채무자에게 별다른 재산이 없어 유체동산마저도 팔아 소비할 처지에 있는
   지라 채권자가 후일 본안소송에서 승소판결을 얻는다 하더라도 그 실효를
   거두지 못할 염려가 있으므로 그 집행보전을 위하여 이 가압류 신청에 이
   른 것입니다.
4. 담보제공에 관하여는 민사소송법 제475조 제3항, 제112조에 의하여 대한보
   증보험주식회사 법조지점과 체결한 지급보증위탁계약 체결문서의 제출로
   갈음하고자 하오니 허가하여 주시기 바랍니다.

소명방법 및 첨부서류

1. 금전소비대차계약서사본	1부
1. 독촉장 사본	1부
1. 내용증명우편	1부
1. 납부서	1부
1. 지급보증위탁계약서	1부

20○○년 ○월 ○일

위 채권자 ○ ○ ○ ㉑

○○지방법원 ○○지원 귀중

【서식】 부동산가압류신청서

부동산가압류신청

채 권 자   ○ ○ ○
　　　　　　　○○시 ○○구 ○○동 ○○번지 ○○빌라 ○동 ○호
채 무 자   ○ ○ ○
　　　　　　　○○시 ○○구 ○○동 ○○번지 ○○아파트 ○동 ○호

청구채권의 표시
금○○○○원정
채권자가 채무자에 대하여 가지는 대여금 채권
가압류할 부동산의 표시
별지목록기재와 같음

신 청 취 지

　채권자의 채무자에 대하여 가지는 위 채권의 집행을 보전하기 위하여 채무자 소유의 별지목록 기재 부동산을 가압류한다.
라는 재판을 구합니다.

신 청 이 유

1. 채권자는 채무자에 대하여 20○○. ○. ○. 금 ○○○원을 변제기일 20○○. ○. ○ 이자 월 ○푼 ○리로 하여 대여해 주었는바, 채무자는 변제기일이 지났는데도 원금 중에 ○○○원만 변제하고 변제기일이 ○년 지난 지금까지 아직 원리금을 변제하지 않고 있습니다.
2. 따라서 채권자는 채무자를 상대로 하여 대여금청구소송을 준비중에 있는데 채무자는 자신이 하던 사업이 부도가 나서 자신 소유의 아파트도 이미 다른 채권자들로부터 가압류되어 있어 채권자는 할 수 없이 채무자 소유인 위 부동산에 대하여 가압류하여 후일 채무자를 상대로 하는 승소판결의 집행을 보전하기 위하여 이 가압류 신청을 합니다.
　　이 건 명령신청에 대한 담보의 제공은 민사소송법 제112조 및 동 제475조 제3항에 의거 채권자가 보증보험회사와 지급보증위탁계약을 체결한 문서를 제공할 것을 신청하오니 허가하여 주시기 바랍니다.

소명방법 및 첨부서류

1. 차용증   1부
1. 등기부등본   1부
1. 납부서 및 영수증   1부

20○○년 ○월 ○일

위 채권자 ○ ○ ○ ㊞

○○지방법원 ○○지원 귀중

별지목록

  부동산의 표시
1동의 건물의 표시
  ○○시 ○○구 ○○동 ○○번지
  ○○아파트
  철근콘크리트조 슬라브지붕 5층아파트
  ○동
  1층 300㎡
  2층 300㎡
  3층 300㎡
  4층 300㎡
  5층 300㎡
  지층 150㎡
전유부분 건물의 표시
  건물번호 ○-301
  구조 철근콘크리트조
  면적
대지권의 표시
  ○○시 ○○구 ○○동 ○○번지
  대 1,500㎡
  대지권의 종류 소유권
  대지권의 비율 1,500분의 68
  등기원인과 그 연월일 20○○. ○. ○. 대지권

- 이 상 -

【서식】 자동차가압류신청 별지(자동차표시)

별지목록

자동차의 표시

1. 자동차등록번호 서울 ○○다○○○호

1. 등록연월일 20○○. ○. ○.

1. 종별 ○○형 4륜차

1. 형식 20○○년식

1. 차대번호 X-XXXXX번

1. 원동기형식 ○○○○○

1. 사용본거의 위치 ○○시 ○○구 ○○동 ○○번지

- 이 상 -

【서식】 채권가압류신청서

채 권 가 압 류 신 청

채 권 자　　　　주식회사 ○○
　　　　　　　　대표이사 ○ ○ ○
　　　　　　　　○○시 ○○구 ○○동 ○○번지
채 무 자　　　　○ ○ ○
제3채무자　　　　주식회사 ○○
　　　　　　　　대표이사 ○ ○ ○
　　　　　　　　○○시 ○○구 ○○동 ○○번지

청구채권의 표시 및 피보전권리
금○○○○원
20○○. ○. ○. 채무자가 채권자로부터 대여한 금○○○원 및 20○○. ○.
○.부터 20○○. ○. ○.까지의 연2할5푼의 비율에 의한 지연손해금
가압류할 채권의 표시
별지목록기재와 같음

신 청 취 지

채무자의 제3채무자에 대한 위 채권을 가압류한다.
제3채무자는 채무자에게 위 채무의 지급을 하여서는 아니된다.
채무자는 위 채권의 처분과 영수를 하여서는 아니된다.
채무자는 금 ○○○원을 공탁하고 가압류집행의 취소를 구할 수 있다.
라는 재판을 구함.

신 청 원 인

(생략)

소명방법 및 첨부서류

1. 대출신청서   1부
1. 대출원장   1부
1. 법인등기부초본   1부
1. 납부서   1부

20○○년 ○월 ○일

위 채권자 ○ ○ ○ ⑩

○○지방법원 귀중

별지목록

가압류할 채권의 표시

채무자가 제3채무자로부터 매월 지급받는 급여(상여금, 수당 포함) 및 매년 지급받는 기말수당 중 제세공과금을 공제한 잔액의 1/2씩 위 청구금액에 이를 때까지의 금액 및 청구금액에 달하지 아니한 사이에 퇴직한 때에는 퇴직금 중 제세공과금을 공제한 1/2씩 위 청구금액에 이를 때까지의 금액

- 이 상 -

【서식】 가압류결정에 대한 이의신청서

가압류결정에 대한 이의신청

신 청 인(채무자) ○ ○ ○
　　　　　　　　　○○시 ○○구 ○○동 ○○번지
피신청인(채권자) ○ ○ ○
　　　　　　　　　○○시 ○○구 ○○동 ○○번지

신 청 취 지

1. 피신청인의 신청인에 대한 ○○지방법원 ○○지원 ○○카단 ○○○호 채권가압류신청사건에 관하여 20○○. ○. ○. 결정의 가압류 결정을 취소한다.
2. 채권자의 위 가압류신청을 기각한다.
라는 재판을 구함.

신 청 원 인

피신청인이 신청인에게 20○○. ○. ○. 대여한 금 ○○○원은 신청인이 20○○. ○. ○. 원리금 전액을 지방법원 공탁번호 ○년 금 제○○호로 변제공탁하였는 바, 신청인의 피신청인에 대한 채무는 이건 가압류 결정 전에 소멸하였다고 할 것이어서 이건 채권가압류신청은 그 이유가 없으므로 취소를 구하고자 본 신청에 이른 것입니다.

소명방법 및 첨부서류

1. 공탁서　　　　　　　　　　　　　　　　1부
1. 납부서　　　　　　　　　　　　　　　　1부

20○○년 ○월 ○일

위 신청인(채무자) ○ ○ ○ ○ ㊞

○○지방법원 ○○지원 귀중

【서식】 가압류집행취소신청서

채 권 가 압 류 집 행 취 소 신 청

신 청 인(채무자) ○ ○ ○
　　　　　　　　　○○시 ○○구 ○○동 ○○번지
피신청인(채권자) ○ ○ ○
　　　　　　　　　○○시 ○○구 ○○동 ○○번지

　위 당사간 귀원 ○○카단○○○호 채권가압류 신청사건에 관하여 신청인은
다음과 같이 신청합니다.

신 청 취 지

　위 사건에 대한 귀원 20○○. ○. ○.자 ○○카단○○○호 채권가압류결정에
　의하여 별지목록 기재 채권에 한 가압류집행은 이를 취소한다.
라는 재판을 구함.

신 청 이 유

1. 위 가압류결정에는

소명방법 및 첨부서류

1. 공탁서　　　　　　　　　　　　　　　　1부
1. 납부서　　　　　　　　　　　　　　　　1부

20○○년 ○월 ○일

위 신청인(채무자) ○ ○ ○ ㊞

○○지방법원 귀중

【서식】 제3자이의의 소장

소　　장

원고　　○　○　○
　　　　○○시 ○○구 ○○동 ○○번지
피고　　○　○　○
　　　　○○시 ○○구 ○○동 ○○번지
제3자 이의의 소

청 구 취 지

1. 피고의 소외 ○○○에 대한 ○○지방법원 ○○단 ○○○호 유체동산가압류 신청사건에 관하여 동법원 20○○. ○. ○. 결정의 가압류 결정을 취소한다.
2. 소송비용은 피고의 부담으로 한다,
라는 판결을 구함.

청 구 원 인

1. 피고는 소외 이 20○○. ○. ○. 대여금 ○○○원을 변제치 않는다 하여 이 사건 유체동산(유체동산가압류집행조서 참조)을 ○○지방법원 ○○카단○ ○○호 유체동산가압류를 20○○. ○. ○. 결정을 받아, 동년 ○월 ○일 동법원 집행관으로 하여금 가압류하였습니다.
2. 그러나 이 사건 유체동산은 이미 20○○. ○. ○. 소외가 원고에 대한 채무의 대물변제조로 양도하였으므로 원고의 소유입니다.
3. 따라서, 피고의 원고 소유에 대한 이건 가압류는 불법하므로 당연히 취소되어야 할 것이므로 본 건 청구에 이른 것입니다.

입증방법 및 첨부서류

1. 소장부본	1부
1. 양도계약공정증서	1부
1. 납부서, 영수증	1부
1. 집행조서	1부

20○○년 ○월 ○일

위 원고 ○ ○ ○ ㊞

○○지방법원 귀중

【서식】 부동산처분금지가처분신청서

<h2 style="text-align:center;">부 동 산 처 분 금 지 가 처 분 신 청</h2>

채 권 자 1. ○ ○ ○
　　　　　○○시 ○○구 ○○동 ○○번지
　　　　1. ○ ○ ○
　　　　　○○시 ○○구 ○○동 ○○번지
채 무 자 1. ○ ○ ○
　　　　2. ○ ○ ○
　　　　3. ○ ○ ○
　　　　　　○○시 ○○구 ○○동 ○○번지
　　　등기부상 주소 : ○○시 ○○구 ○○동 ○○번지
　　　채무자들 중 3. ○○○은 미성년자이므로
　　　친권자 모 ○○○

　목적물의 표시
　○○시 ○○구 ○○동 ○○번지
　임야 ○○㎡
　목적물의 가격 : 금 ○○○○원

<h3 style="text-align:center;">신 청 취 지</h3>

　채무자들은 그들 소유명의의 ○○시 ○○동 ○○번지 임야 ○○㎡에 대하여 양도, 전세권, 저당권, 임차권을 설정하거나 기타 일체의 처분행위를 하여서는 아니된다.
라는 재판을 구합니다.

<h3 style="text-align:center;">신 청 이 유</h3>

1. 매매계약 체결
　채권자들은 채무자들과 20○○. 7. 21 동 채무자들 소유의 ○○시 ○○동 ○○번지 임야 10,215㎡(이하 본 건 부동산이라 함)에 대하여 매매계약을 체결하였는 바, 그 매매대금은 금 ○○○○원으로 약정하여 계약금 ○○○원은 계약당일, 중도금 ○○○원은 동년 8.22. 잔금 ○○○원은 동년 9.21. 각 지급하기로 하였습니다.
2. 이행완료
　따라서 채권자들은 계약당일 금 ○○○원을 계약금으로 동년 8.22. 금 ○○○원을 중도금으로 각 지급하고 당사자간 약정에 따라 8.30. 토지거래계약신고를 하여 동년 9.10. 동 신고필증까지 교부받았습니다.

3. 이행지체

그후 채권자들은 동년 9.21. 채무자 등에게 잔금이행을 하고자 매도용인감증명서 등을 교부하여 줄 것을 요구하자, 채무자 등은 계약체결 후 위 부동산의 가격이 급등했다며 매매대금외의 상당금원을 추가로 요구하면서 잔금수령을 거절하고, 소유권이전등기서류 등의 교부도 불응하고 있습니다.

4. 결 론

따라서 채권자들은 20○○. 12. 19. 위 잔대금 ○○○원을 변제공탁하고, 본안소송을 준비중에 있으나, 채무자 등은 위 부동산을 타에 처분하려고 계획하고 있어 그 집행보전을 위해 본 건 신청에 이른 것입니다.

소 명 방 법

등기부등본	1부
부동산매매계약서	1부
각 영수증	1부
토지 등 거래계약신고필증	1부
공탁서	1부

첨 부 서 류

1. 위 각 소명방법	각1부
1. 송달료 납부서 및 위임장	각1부

20○○년 ○월 ○일

위 채권자 ○ ○ ○ ⑪
○ ○ ○ ⑪

○○지방법원 귀중

【서식】 집행문부여 · 송달증명 · 확정증명신청서

<table>
<tr><td>

신 청 서

</td></tr>
<tr><td>

사건번호   (단독   .   .   . 선고, 기타)
원고(채권자) :
피고(채권자) :

</td></tr>
<tr><td>

1. 집행문부여신청
   위 당사자간 사건의(판결, 결정, 명령, 화해조서, 인낙조서, 조정조서)
   정본에 집행문을 부여하여 주시기 바랍니다.

</td></tr>
<tr><td>

2. 송달증명원
   위 사건의(판결, 결정, 명령, 화해조서, 인낙조서)정본이 20   .   .   .자로
   상대방에게 송달되었음을 증명하여 주시기 바랍니다.

</td></tr>
<tr><td>

3. 확정증명원
   위 사건의 (판결, 결정, 명령)이 20   .   .   .자로 확정되었음을 증명하여
   주시기 바랍니다.

</td></tr>
<tr><td>

위 (1항, 2항, 3항) 신청인 원고(채권자)
                                          (인)
                  지방법원 귀중

</td></tr>
<tr><td>

위 (송달, 확정) 사실을 증명합니다.
                  20○○년 ○월 ○일
                  지방법원 법무사무관(주사)

</td></tr>
</table>

【서식】 판결정본 재부여신청서

판결정본 재부여신청

사건번호 ○○가단○○○호

원고 ○ ○ ○
피고 ○ ○ ○

　위 당사자간 ○○가단○○○호 대여금 청구사건에 대하여 판결정본 1통을 교부받았으나 20○○. ○. ○. 지하철을 타고가다가 분실하였기에 판결정본 1통을 재부여하여 주시기 바랍니다.

첨 부 서 류

분실신고접수증　　　　　　　　1부
영수증　　　　　　　　　　　　1부
위임장　　　　　　　　　　　　1부

20○○년 ○월 ○일

위 원고 ○ ○ ○ ○ ㊞

○○지방법원 귀중

【서식】 판결정본 수통부여신청서

수 통 부 여 신 청

원고 ○ ○ ○
피고 ○ ○ ○

위 당사자간 귀원 ○○가소○○○호 대여금 청구사건에 대하여 20○○. ○. ○.에 선고된 집행력 있는 정본 1통을 이미 하부받고 있사오나 피고에 대하여 ○○지방법원에서 결정한 채권압류 및 추심명령에 의하여 이를 동시에 집행할 필요가 있으므로 다시 집행력있는 정본 1통을 부여하여 주시기 바랍니다.

첨 부 서 류

1. 채권압류 및 추시명령결정문 사본   1부
1. 위임장   1부

20○○년 ○월 ○일

위 원고 ○ ○ ○ ⑪

○○지방법원 귀중

【서식】 재산관계명시신청서

재 산 관 계 명 시 신 청

채권자 ○ ○ ○
　　　 ○○시 ○○구 ○○동 ○○번지
채무자 ○ ○ ○
　　　 ○○시 ○○구 ○○동 ○○번지

신 청 취 지

　채무자는 재산관계를 명시한 재산목록을 제출하라.
라는 명령을 구함.

신 청 이 유

1. 채권자는 채무자에 대하여 ○○지방법원 ○○가단○○○호 대여금 청구사건의 승소확정판결에 의한 금 ○○○원 및 그 중 금 ○○○원에 대한 20○○. ○. ○.부터 완제일까지 연 2할 5푼의 비율에 의한 이자금에 대하여 채무명의를 가지고 있습니다.
2. 그럼에도 불구하고 채무자는 위 채무를 이행하지 아니하고 있습니다.
3. 따라서, 채권자는 강제집행을 실행하기 위하여 채무자의 재산을 백방으로 탐색하였으나, 이를 발견하기가 극히 어려워서 강제집행을 할 수 없는 실정이므로 이 신청에 이른 것입니다.

첨 부 서 류

1. 집행력 있는 판결정본 사본　　　　　　　　　1통
1. 동 송달, 확정증명원 사본　　　　　　　　　각1통
1. 영수증　　　　　　　　　　　　　　　　　　1통

20○○년 ○월 ○일

위 채권자 ○ ○ ○ ㊞

○○지방법원 귀중

【서식】 유체동산강제집행신청서

<table>
<tr><td colspan="2" align="center">지 방 법 원</td></tr>
<tr><td colspan="2" align="center">강 제 집 행 신 청 서
법원   집행관사무소   집행관   귀하</td></tr>
</table>

채권자	성 명	
	주 소	
	대리인	
채무자	성 명	
	주 소	
집행목적물 소재지		
채 무 명 의		
집행의 목적물 및 집 행 방 법		
청 구 금 액		원(내역은 이면과 같음)

위 채무명의에 기한 집행을 하여 주시기 바랍니다.

20○○년 ○월 ○일

채권자 ○ ○ ○ ㉑
대리인 ○ ○ ○ ㉑

첨 부 서 류

1. 집행력 있는 채무명의 정본	1통
1. 송달증명서	1통
1. 위임장	1통
1. 목적물 소재지 약도	1통

(표면)

<table>
<tr><td colspan="2" align="center">청 구 금 액 계 산 서</td></tr>
</table>

내　용	금　액
합　계	원

(이면)

【서식】 공정증서에 의한 채권압류 및 전부명령신청서

채 권 압 류 및 전 부 명 령 신 청

채권자   ○ ○ ○
                    ○○시 ○○구 ○○동 ○○번지
채무자   ○ ○ ○
                    ○○시 ○○구 ○○동 ○○번지
제3채무자   주식회사 ○○
                    대표이사 ○ ○ ○
                    ○○시 ○○구 ○○동 ○○번지

청 구 채 권 의 표 시

1. 금 ○○○원
  ○○법무법인 작성 20○○년 제○○○호 약속어음공정증서의 집행력있는 정본에 표시된 금원
2. 압류할 채권의 종류 및 수액 금○○○원
  단, 채무자가 제3채무자에 대하여 가지고 있는 20○○. ○. ○. 매매계약에 대한 20○○. ○. ○. 해제로 인해 반환하여야 할 금원

신 청 취 지

1. 채무자의 제3채무자에 대한 2항 압류할 채권 기재 채권을 압류한다.
2. 제3채무자는 채무자에 대하여 위의 지급을 하여서는 아니된다.
3. 채무자는 위 채권의 처분과 영수를 하여서는 아니된다.
4. 위 압류된 채권은 지급에 갈음하여 채권자에게 전부한다.
라는 재판을 구함.

신 청 원 인

  채권자는 채무자에 대한 약속어음금 채권이 있어서 수차례 지급을 독촉하였음에도 불구하고 이를 지급치 아니하여 이를 지급받고자, 채무자가 집행을 허가한 위 약속어음공정증서에 의해 채무자가 제3채무자에 대하여 가지는 채권으로 청구금액에 대한 변제에 충당하고자 본 신청에 이른 것입니다.

첨 부 서 류

1. 집행력 있는 공증증서 정본   1부

20○○년 ○월 ○일

위 채권자 ○ ○ ○ ㉑

○○지방법원 귀중

【서식】 가압류에서 본압류로 전이하는 채권압류 및 추심명령신청서

채권압류 및 추심명령신청

채권자   ○ ○ ○
             ○○시 ○○구 ○○동 ○○번지
채무자   ○ ○ ○
             ○○시 ○○구 ○○동 ○○번지
제3채무자   주식회사 ○○
             대표이사 ○ ○ ○
             ○○시 ○○구 ○○동 ○○번지

청구채권의 표시

1. 금 ○○○원
   지방법원 ○○가소○○○호 대여금 청구사건에 관하여 20○○. ○. ○. 선고
   된 판결에 의한 금액
2. 금○○○원
   20○○. ○. ○.부터 20○○. ○. ○. 까지 연 2할 5푼의 비율에 의해 산정한
   지연손해금
3. 합계 금 ○○○원
4. 압류할 채권의 종류 및 수여
   별지목록 기재와 같음

신 청 취 지

1. 채권자와 채무자간 귀원 ○○카단○○○호 채권가압류 결정에 의하여 가압
   류된 별지목록 기재의 채권은 본압류로 이전한다.
2. 제3채무자는 채무자에 대하여 위의 지급을 하여서는 아니된다.
3. 채무자는 위의 채권의 처분과 영수를 하여서는 아니된다.
4. 위의 압류된 채권은 채권자가 추심할 수 있다.
라는 재판을 구함.

신 청 원 인

(생략)

첨 부 서 류

1. 집행력 있는 판결정본   1통
2. 송달증명   1통

20○○년 ○월 ○일

위 채권자 ○ ○ ○ ⑪

○○지방법원 귀중

【서식】 부동산강제경매신청서

부동산강제경매신청

채권자   ○ ○ ○
                ○○시 ○○구 ○○동 ○○번지
채무자   ○ ○ ○
                ○○시 ○○구 ○○동 ○○번지
제3채무자   주식회사 ○○
                대표이사 ○ ○ ○
                ○○시 ○○구 ○○동 ○○번지

청구채권의 표시

금 ○○○원
  채권자가 채무자에 대하여 가지는 ○○지방법원 ○○가단○○○호 대여금
청구사건의 집행력 있는 판결정본에 의한 금 ○○○원 및 20○○. ○. ○.부터
완제일까지 연 2할 5푼의 비율에 의한 금원.

부동산의 표시

별지목록 기재와 같음

신 청 취 지

  위 청구금액의 변제에 충당하기 위하여 별지목록 기재 부동산에 대한 강제
경매절차를 개시하고 채권자를 위하여 이를 압류한다.
라는 재판을 구함.

청 구 원 인

  위 청구금액은 ○○지방법원 ○○가단○○○호 대여금 청구사건의 집행력
있는 확정판결 정본에 의하여 채무자가 채권자에게 당연히 변제하여야 할 것
임에도 불구하고 이를 변제하지 아니하므로 청구금액의 변제를 구하기 위하
여 본 신청에 이르렀습니다.

첨 부 서 류

1. 집행력 있는 판결정본   1통
1. 부동산등기부등본   1통
1. 목록   30통
1. 위임장   1통

20○○년 ○월 ○일

위 채권자 ○ ○ ○ ⑩

○○지방법원 귀중

【서식】 임대차조사신청서

임 대 차 조 사 신 청

사 건 : ○○타경○○○호
채권자 : ○ ○ ○
채무자 : ○ ○ ○

　위 당사자간 귀원 ○○타경○○○호 부동산강제(임의)경매신청 사건에 관하여 다음의 사항을 조사하여 주시기 바랍니다.

- 다 음 -

1. 임대차의 유무
1. 임대차의 목적이 된 경우 임대기한, 차임, 차임의 지급방법, 보증금액
1. 건물에 대한 공과금, 구조, 넓이
1. 주거용 건물인 경우 임차목적물의 소재지에 임차인의 주민등록 전입신고가
   있는지 여부

부동산의 표시
○○시 ○○구 ○○동 ○○번지 대 200㎡

위 지상
시멘트벽돌 기와지붕 2층주택 100㎡

20○○년 ○월 ○일

위 채권자 ○ ○ ○ ○ ㉑

○○지방법원 귀중

【서식】 경매부동산 매수신청서

매 수 신 청

사 건 : ○○타경○○○호

채권자 : ○ ○ ○
채무자 : ○ ○ ○

위 당사자간 귀원 ○○타경○○○호 부동산강제(임의)경매 사건에 관하여 채권자는 이 건 부동산에 대하여 채권자에 우선하는 채권과 경매비용을 변제하고 잉여가액을 금 ○○○원으로 정하고 이 가격에 응하는 경매인이 없을 때에는 채권자가 이 가액으로 매수할 것을 담보하기 위하여 보증으로서 금 ○○○원을 납입하고 민사소송법 제616조에 의거하여 신청합니다.

첨 부 서 류

1. 우선하는 채권목록   1부
1. 최고서 사본   1부

20○○년 ○월 ○일

위 채권자 ○ ○ ○ ㊞

○○지방법원 귀중

【서식】 부동산경매개시결정 취소신청서

<h2 style="text-align:center">부동산강제(임의)경매개시결정 취소신청</h2>

신청인　　　　　　○ ○ ○
　　　　　　　　　○○시 ○○구 ○○동 ○○번지
피신청인(채권자)　○ ○ ○
　　　　　　　　　○○시 ○○구 ○○동 ○○번지
피신청인(채무자)　○ ○ ○
　　　　　　　　　○○시 ○○구 ○○동 ○○번지

신청인은 아래와 같이 신청합니다.

<h3 style="text-align:center">신 청 취 지</h3>

1. ○○지방법원 20○○. ○. ○. 별지목록 기재 부동산에 관한 ○○타경○○
　○호 부동산강제(임의)경매개시결정은 이를 취소한다.
2. 위 경매신청을 기각한다.
라는 재판을 구함.

<h3 style="text-align:center">신 청 원 인</h3>

1. 신청인은 이 건 부동산의 양수인입니다.
2. ○○지방법원 별지목록 기재 부동산에 대하여 20○○. ○. ○. ○○타경○
　○○호 부동산강제(임의)경매개시결정이 있었고 그에 의하여 20○○. ○.
　○. 이건 부동산에 압류 및 경매개시결정의 기입등기가 경료된 바 있으나,
　신청인은 이건 피신청인인 채권자가 20○○. ○. ○. ○○지방법원 ○○카
　단○○○호 부동산가압류를 신청하여 등기가 경료되기 이전인 20○○. ○.
　○. 피신청인인 채무자와 매매계약을 체결하고 동일 계약금을 지급한 후
　소유권이전등기청구권을 보전하기 위하여 이튿날인 20○○. ○. ○. 소유권
　이전청구권가등기를 하였으며 이에 근거하여 20○○. ○. ○. 중도금 및 잔
　금을 완납하고 당일 소유권이전청구권 본 등기를 경료하였습니다.

3. 따라서 피신청인인 채권자의 위 부동산가압류 신청에 의한 가압류의 등기는 소유자를 달리하는 자에 대한 등기이며 이에 터잡은 이 사건 부동산 압류 및 강제경매개시결정 등기가 경료됨으로써 위법한 것이 되어 있으므로, 신청인은 이의 취소를 구하고자 본 건 신청에 이른 것입니다.

소 명 방 법

1. 토지, 건물 등기부등본   1부

20○○년 ○월 ○일

위 신청인 ○ ○ ○ ㉲

○○지방법원 귀중

【서식】 경락허가결정에 대한 즉시항고장

<h2 align="center">경락허가결정에 대한 즉시항고장</h2>

항고인(소유자)　　○ ○ ○

　　　　　　　　　○○시 ○○구 ○○동 ○○번지

　위 항고인은 ○○지방법원 ○○타경○○○호 부동산강제경매사건에 관한 20○○. ○. ○. 경락허가결정에 대하여 불복하므로 이에 항고합니다.

<h3 align="center">항 고 취 지</h3>

　원 결정을 취소하고 다시 상당한 재판을 구함.

<h3 align="center">항 고 이 유</h3>

　이 건 경매목적물의 낙찰기일은 20○○. ○. ○. 인데, 항고인은 이 건 경매신청인인 채권자 ○○○에게 20○○. ○. ○. 경매취소신청을 조건으로 채무액 금 ○○○원 전액을 변제완료하였습니다. 그런데 채권자는 20○○. ○. ○. 까지 이 건 경매의 취소신청을 신청하지 않아 입찰 및 낙찰절차가 진행된 것으로써 채무없는 자에 대한 강제집행으로 위법하므로 허가결정은 취소되어야 마땅할 것입니다.

<h3 align="center">소 명 자 료</h3>

1. 변제증서 및 영수증　　　　　　　1부

20○○년 ○월 ○일

위 항고인(소유자) ○ ○ ○ ㊞　　

　　○○지방법원 귀중

【서식】 채권계산서

채 권 계 산 서

사 건 ○○타경○○○호 부동산강제경매
채권자 ○ ○ ○ 외 ○명
채무자 ○ ○ ○
소유자 ○ ○ ○

채권자는 다음과 같이 채권계산서를 제출합니다.

- 다 음 -

1. 판결액 : 금 ○○○원   원금 ○○○원
                           이자 ○○○원

2. 20○○. ○. ○. 현재 금 ○○○원 판결액 ○○○원
                         이 자 ○○○원(위 금원 중 원금 ○○
○원에 대한 20○○. ○. ○.부터 20○○. ○. ○.까지의 총 ○○일동안 연
○할 ○푼의 비율에 의한 금원)
3. 비용 금○○○원

합계 금 ○○○원

20○○년 ○월 ○일

위 채권자 ○○주식회사
대표이사 ○ ○ ○ ⑪

○○지방법원 경매 ○○계 귀중

【서식】 권리신고서

권 리 신 고 서

사　건　○○타경○○○호

채권자　○ ○ ○
채무자　○ ○ ○
신고인　○ ○ ○
　　　　○○시 ○○구 ○○동 ○○번지

　위 당사자간 귀원 ○○타경○○○호 부동산강제(임의)경매사건에 관하여 신고인은 이 건 부동산에 대하여 주택임대차보호법 제8조 소정의 권리가 있음을 소명서류를 첨부하여 신고합니다.

소 명 서 류

1. 주민등록등본　　　　　　　　　　1부
1. 임대차계약서　　　　　　　　　　1부

20○○년 ○월 ○일

위 신고인　　○ ○ ○ ㊞

○○지방법원 경매 ○○계 귀중

【서식】 배당요구신청서

배당요구신청서

사 건　　　　　　○○타경○○○호

압류채권자　　　　○ ○ ○
채무자　　　　　　○ ○ ○
배당요구채권자　　○ ○ ○
　　　　　　　　　○○시 ○○구 ○○동 ○○번지 ○○아파트 ○동 ○호

　위 당사자간 귀원 ○○타경○○호 부동산강제경매사건에 관하여 배당요구채권자는 다음과 같이 배당요구를 합니다.

- 다 음 -
배당요구채권의 표시

　금 ○○○원
　원금 ○○○원
　(20○○. ○. ○. ○○지방법원 선고 ○○가단 ○○○호 대여금 청구사건 판결액)
　이자 ○○원
　(원금에 대하여 20○○. ○. ○.부터 20○○. ○. ○. 까지 총 ○일간 연 ○할 ○푼의 비율에 의한 금원)

배당요구원인

1. 배당요구권자는 채무자에 대하여 대여금채권을 가지고 있는 바, 20○○. ○. ○. ○○지방법원 선고 ○○가단○○○호 판결이 20○○. ○. ○. 확정되었습니다.
2. 그런데 이 건 채권자 ○○○에 의해 채무자의 소유 부동산의 강제경매절차가 개시된 바, 배당요구권자는 채무자로부터 위 판결액을 변제받지 못하였으므로 경락대금으로부터 변제를 받고자 이 신청에 이른 것입니다.

소 명 서 류

1. 집행력 있는 판결정본   1부

20○○년 ○월 ○일

위 배당요구채권자 ○ ○ ○ ㉑

○○지방법원 경매 ○○계 귀중

【서식】 배당표

<table>
<tr><td colspan="8" align="center">○○ 법원
배 당 표</td></tr>
<tr><td colspan="8">○○타경○○○호 부동산강제(임의)경매</td></tr>
<tr><td colspan="2">① 배당할 금액</td><td colspan="6" align="center">금　　　　　　　　　　　원</td></tr>
<tr><td rowspan="5">명

세</td><td>매각대금</td><td colspan="6">금　　　　　　　　　　　원</td></tr>
<tr><td>이　　자</td><td colspan="6">금　　　　　　　　　　　원</td></tr>
<tr><td>전경락인의
경매보증금</td><td colspan="6">금　　　　　　　　　　　원</td></tr>
<tr><td>항고보증금</td><td colspan="6">금　　　　　　　　　　　원</td></tr>
<tr><td>② 집행비용</td><td colspan="6">금　　　　　　　　　　　원</td></tr>
<tr><td colspan="2">① - ② 배당할 금액</td><td colspan="6">금　　　　　　　　　　　원</td></tr>
<tr><td colspan="2">매각부동산</td><td colspan="6">서울 ○○구 ○○동 ○○번지 대 150㎡, 건물 건평 100㎡</td></tr>
<tr><td rowspan="4">채
권
금
액</td><td>언금 (원)</td><td></td><td></td><td></td><td></td><td></td><td></td></tr>
<tr><td>이자 (원)</td><td></td><td></td><td></td><td></td><td></td><td></td></tr>
<tr><td>비용 (원)</td><td></td><td></td><td></td><td></td><td></td><td></td></tr>
<tr><td>계 (원)</td><td></td><td></td><td></td><td></td><td></td><td></td></tr>
<tr><td colspan="2">배당순위</td><td></td><td></td><td></td><td></td><td></td><td></td></tr>
<tr><td colspan="2">이　유</td><td></td><td></td><td></td><td></td><td></td><td></td></tr>
<tr><td colspan="2">배당비율%</td><td></td><td></td><td></td><td></td><td></td><td></td></tr>
<tr><td colspan="2">배당액(원)</td><td></td><td></td><td></td><td></td><td></td><td></td></tr>
<tr><td colspan="2">잔 여 액</td><td></td><td></td><td></td><td></td><td></td><td></td></tr>
<tr><td colspan="2">비용비례액(원)</td><td></td><td></td><td></td><td></td><td></td><td></td></tr>
<tr><td colspan="2">채 권 자</td><td></td><td></td><td></td><td></td><td></td><td></td></tr>
<tr><td colspan="8" align="center">20○○. ○. ○.

판사 ○ ○ ○ ㊞</td></tr>
</table>

【서식】 재건축동의서

재 건 축 동 의 서

사 업 지	토 지		건 축 물			사 업 방 식	
	면적 (㎡)	소유자	면적 (㎡)	소유자	허가 유무	아파트	연립 주택
○○구 ○○동 ○○번지 ○호							

위 토지, 건축물에 대하여 재건축사업시행에 동의합니다.

※ 첨부 :　　　　1. 인감증명서(재건축동의용)　　　　1부
　　　　　　　　2. 토지ㆍ건물등기부등본　　　　　　각 1부

　　　　　　　　　○○년 ○월 ○일

　　　　　동의자 주소 :
　　　　　성명 :　　　　　　　　　　　(인감날인)
　　　　　주민등록번호 :

【서식】 재건축조합원각서

재건축조합원각서

주소 :
성명 :
주민등록번호 :

부동산의 위치
　　　서울 ○○구 ○○동 ○○번지 ○○호

　상기 본인은 재건축조합원으로서 재건축을 하기 위하여 조합에서 필요로 하는 제반서류를 제출함과 아울러 위 부동산을 타인에게 매매, 양도하는 등 조합정관을 위배하거나 재건축사업추진에 저해되는 행위를 하지 않겠으며, 본인으로 인하여 여타 조합원이 피해를 입지 않도록 하고 만일 이로 인하여 조합의 사업계획에 차질이 생길 경우 이를 책임지겠으며, 조합 및 다른 조합원으로부터 민·형사상의 법적 제재를 받아도 이의없음을 확약함.

　　　　　　　　　○○년 ○월 ○일

　　　　　　　　　　위 각서인　○　○　○　㊞

○○동 재건축조합장　귀하

【서식】 의사표시 공시송달신청서

의사표시의 공시송달신청서

신청인 ○○아파트 재건축조합
　　　　○○시 ○○구 ○○동 ○○번지
　　　　대표자 조합장 ○　○　○
　　　　위 대리인 법무법인 ○○
　　　　○○시 ○○구 ○○동 ○○번지 ○○빌딩 ○층
　　　　담당변호사 ○　○　○
상대방 ○　○　○
　　　　최후주소 ○○시 ○○구 ○○동 ○○번지
　　　　(현재 행방불명)

신 청 취 지

　○○년 ○월 ○일자 ○○아파트에 대한 재건축결의의 내용에 관하여, 신청인이 상대방에게 할 재건축에 참가할 것인지의 여부를 회답하라는 의사표시를 기재한 별지 최고서를 공시송달할 것을 명한다.
라는 재판을 바랍니다.

신 청 이 유

1. 신청인은 ○○시 ○○구 ○○동 ○○번지 외 48필지 위에 건립되어 있는 ○○아파트의 구분소유자 610세대 중 607세대가 각 동의 아파트를 철거하고 그 대지위에 새로운 아파트를 건축할 목적으로 설립된 재건축조합이며, 상대방은 위 아파트의 재건축 추진을 위한 ○○년 ○월 ○일자 재건축결의에 불참한 자입니다.
2. 신청인은 재건축결의에 불참한 위 상대방에게 집합건물의소유및관리에관한법률 제48조 제1항에 의거 재건축에 참가할 것인지 여부를 회답하여 달라는 최고서를 ○○년 ○월 ○일과 ○○년 ○월 ○일에 내용증명 및 배달증명으로 각 우송하였으나, 위 주소지에는 상대방의 주민등록만 되어 있을 뿐 실제로 거주하지 않아 위 최고서가 반송되어 왔습니다.

3. 따라서 신청인은 과실없이 상대방의 소재를 알 수 없으므로 별지의 최고서를 민사소송법 제179조에 의한 공시송달절차로 송달하여 주시기를 민법 제113조에 의하여 신청합니다.

첨 부 서 류

1. 최고서 사본   2통
1. 반송된 봉투 사본   2통
1. 주민등록등본   1통
1. 불거주확인서   1통
1. 재건축결의서 사본   1통
1. 최고서 원본 및 부본   각 1통
1. 위임장   1통

○○년 ○월 ○일

위 신청인 대리인
법무법인 ○ ○
담당변호사 ○ ○ ○

○○지방법원 귀중

【서식】 공시송달명령 및 보고서

○○지방법원
공 시 송 달 명 령

사   건 ○○카기 ○○ 공시송달
신 청 인 ○○아파트 재건축조합
피신청인 ○ ○ ○
       최후주소지 ○○시 ○○구 ○○동 ○○번지

  피신청인 ○○○에 대한 최고서 원본 및 기타 서류의 송달은 공시송달
로 할 것을 명한다.

○○년 ○월 ○일

판 사 ○ ○ ○

공 시 송 달 보 고 서

사   건 ○○카기 ○○ 공시송달
송달할 서류 최고서 원본

  피신청인 ○○○에게 송달할 위 서류를 공시송달하기 위하여 ○○년 ○
월 ○일 이 법원 게시장에 게시하였음.

○○년 ○월 ○일

법원주사보 ○ ○ ○

【서식】 명도단행가처분신청서

부동산명도단행가처분신청

신 청 인   ○○아파트 재건축조합
　　　　　　○○시 ○○구 ○○동 ○○번지
　　　　　　대표자 조합장 ○ ○ ○
　　　　　　소송대리인 변호사 ○ ○ ○
　　　　　　○○시 ○○구 ○○동 ○○번지
피신청인   ○ ○ ○
　　　　　　○○시 ○○구 ○○동 ○○번지 ○○아파트 ○동 ○○호

목적물의 가액
　금 ○천만원정

목적물의 표시
　별지목록 기재와 같습니다.

신 청 취 지

1. 피신청인은 신청인에게 별지목록 기재 부동산을 명도하라.
　(사업계획승인 후에는 "신청인이 위 부동산을 ○○년 ○월 ○일자 서울
　○○구청장의 민영주택건설사업계획승인에 따른 주택건설사업에 제공,
　사용하는 것을 방해하여서는 아니된다"라는 신청취지를 추가할 수 있다)
2. 소송비용은 피신청인의 부담으로 한다.
라는 재판을 구합니다.

신 청 이 유

1. 당사자들의 관계
　신청인 조합은 서울 ○○구 ○○동 ○○번지 외 48필지 위에 건립되어
　있는 ○○아파트의 구분소유자 610명 중 607명이 각 동의 아파트를 철
　거하고 그 대지위에 새로운 아파트를 건설할 목적으로 설립된 재건축
　조합이고, 피신청인은 위 ○○아파트 중의 1세대분인 별지목록 기재 부
　동산(이하 "이 사건 부동산"이라 한다)의 소유자로서 현재 이를 점유하

고 있으며(소갑제1호증 참조), ○○년 ○월경 신청인 조합에 조합원으로 가입한 자입니다(소갑제4호증의 1, 2 참조).

2. 재건축사업 시행경위

　가. 위 ○○아파트는 1차 분양분이 1동 내지 9동(4동은 없음) 8개동으로 각 동당 20 내지 30세대씩으로 구성되어 있고, 2차 분양분이 11동 내지 15동 및 21동 내지 27동 12개동으로 각 동당 30 내지 40세대씩으로 구성되어 있어서 총합계 610세대입니다.

　나. 위 ○○아파트 구분소유자들은 위 아파트의 각 동이 건축 후 13년 이상 경과되어 노후화되었고, 위 아파트 각 동이 ○○년 ○월 및 ○○년 ○월경 2차례의 수해로 침수가 되어 건물이 훼손 또는 일부 멸실되었으므로 이를 철거하고 그 대지 위에 새로운 아파트를 건설한다는 내용의 재건축결의를 하고 이에 따라 정관을 작성하고 신청인 조합을 설립하고 ○○년 ○월 ○일 서울특별시 ○○구청장으로부터 주택조합설립인가를 받았습니다(소갑제5호증의 1 참조).

　다. 그 후 신청인조합은 ○○년 ○월 ○일경 신청인 조합의 조합장을 2대 조합장인 신청외 ○○○에서 '○○○'으로, 그 명칭도 '○○아파트 재건축주택조합'에서 '○○아파트 재건축조합'으로 각 변경하고(소갑제5호증의 2, 3 각 참조), ○○년 ○월 ○일경 재건축 시공회사로 소외 ○○건설(주)를 선정하고 이에 기하여 ○○년 ○월경 위 회사와의 사이에 이 사건 재건축에 관한 공사도급계약을 체결하였으며(소갑제6호증 참조), ○○년 ○월 ○일부터 ○○년 ○월 ○일까지 이주기간을 정하고 조합원들에게 이주비를 신청할 것을 공고하였습니다.

　라. 이에 신청인조합의 조합원 총 610세대 중 589세대는 그 기간동안 신청인에게 그 소유의 부동산에 관하여 신탁을 원인으로 한 소유권이전등기를 하고 이주비 명목으로 금 ○천만원을 무이자로, 금 ○천만원을 이자 연 13%로 합계 금 ○천만원을 대여받고 이주하였습니다(소갑제6호증 참조).

3. 피신청인의 의무

　가. 신청인조합은 ○○년 ○월 ○일자로 ○○년 ○월 ○일부터 ○○년 ○월 ○일까지를 이주기간으로 정하고 이주비 신청에 필요한 서류를 제출해 줄 것을 조합원들에게 공고하고(소갑제7호증 참조), 피신청인에게 ○○년 ○월경 "○○년 초에 시행되는 공사착공을 위하여 ○○년 ○월 ○일까지 이주를 완료해 줄 것 및 이주가 늦어지는 사유, 이주예정일 등을 ○○년 ○월 ○일까지 신청인조합 사무

실에 알려 줄 것"을 통고하였고, ○○년 ○월 ○일 및 ○○년 ○월 ○일 같은 해 ○월 ○일 등 수차례에 걸쳐 피신청인에게 ○○년 ○월 ○일까지 이주해 줄 것을 요청하고 만일 그 때까지 이주하지 않을 경우에는 재건축불참자로 간주되어 매수청구 대상이 됨을 통고한 바도 있습니다(소갑제8호증의 1 내지 3 각 참조).

나. 그런데 피신청인은 현재까지 이주를 거부하여 이 사건 재건축사업에 막대한 지장을 초래하고 있습니다.

다. 한편, 신청인조합의 정관 제25조 제1항은 "사업시행으로 건물철거 예정일이 결정되면 조합원은 시공업자가 대여하는 비용으로 입주시까지 이주하여야 할" 의무를, 제26조 제1항은 "조합원은 사업시행 구역내에 있는 자기소유 물품 등 지장물을 자진 철거하여야 할" 의무를 각 규정하고 있습니다.

라. 따라서 신청인조합에 조합원으로 가입한 피신청인은 신청인조합에게 피신청인 소유의 별지목록 기재 부동산을 명도하여야 할 의무가 있다고 할 것입니다.

4. 보전의 필요성

현재 위 ○○아파트 610세대 중 피신청인 외 20명이 신청인조합에 조합원으로 가입하였으면서도 이 사건 재건축 추진에 반대를 하며 이주를 하지 않고 있으며, 이들을 제외한 나머지 조합원들은 대부분 ○○년 ○월경부터 이주비를 지급받고 그 구분소유 부동산을 신청인조합에 명도하고 이주하였습니다.

한편, 신청인조합은 ○○년 ○월경 서울특별시 ○○구청에 주택건설사업계획승인신청서를 제출하여 곧 주택건설사업계획승인을 받아 ○○아파트를 철거할 수 있게 되었으나, 피신청인 등이 위 부동산을 점유하면서 신청인조합에 대한 명도를 거부함으로써 기존 건물의 철거를 전제로 하여 추진되는 이 사건 재건축사업이 더 이상 진척되지 않고 있는 실정입니다.

더구나 신청인조합은 시공사인 소외 ○○건설(주)와 ○○년 ○월 ○일경 이사건 재건축에 대한 재건축사업 및 계약을 체결하면서 이주가 완료되지 않아 착공을 하지 못한 채 ○○년 ○월 ○일이 경과되게 되면 위 시공사가 신청인조합에 지불한 이주비 등의 금원에 대하여 연 13%의 이자를 지불하기로 약정하였는 바(소갑제6호증 재건축사업본계약서 제10조 참조), 현재 위 ○○건설(주)로부터 수령한 이주비 합계금이 금 360억여원에 달하고 있어 ○○년 ○월 ○일부터는 조합원 모두에 대한 이주가 늦어지는 기간만큼 위 금 360억여원에 대하여 이자조로 연 13%

씩 부담할 형편이고, 이는 곧 피신청인 등이 그렇게도 문제를 삼고 있는 부담금 인상의 가장 큰 항목이 된다고 할 것입니다.

5. 결 론

이상과 같이 피신청인은 신청인조합에 조합원으로 가입하였음에도 불구하고 현재까지 이주를 하지 아니하여 이 사건 재건축사업 진행을 방해하고 있고, 피신청인이 이주하지 않는 바람에 신청인조합 조합원 610세대가 모두 피신청인의 이주가 늦어지는 기간만큼 대여금 360억여원에 대하여 연 13%의 이자를 지급하여야 할 형편이므로 신청인조합이 피신청인에게 이 사건 부동산의 명도를 구할 긴급할 필요가 있다고 할 것입니다.

아울러 이 사건 신청에 대한 담보제공에 관하여는 ○○보증보험주식회사의 지급보증위탁계약을 체결한 문서로 제출코저 하오니 허가하여 주시기 바랍니다.

소 명 방 법

1. 소갑제1호증	등기부등본
1. 소갑제2호증의 1 내지 16	각 토지대장
1. 소갑제3호증	건축물관리대장
1. 소갑제4호증의 1	재건축조합가입동의서
1. 소갑제4호증의 2	인감증명서 사본
1. 소갑제5호증의 1	주택조합설립인가필증
1. 소갑제5호증의 2	재건축주택조합설립변경인가
1. 소갑제5호증의 3	주택조합설립인가필증명칭정정신청회시
1. 소갑제6호증	공사도급계약서
1. 소갑제7호증	이주개시공고
1. 소갑제8호증의 1 내지 3	각 통고서
1. 소갑제9호증	정관
1. 소갑제10호증	기타단체등록증명서
1. 소갑제11호증	소제기증명원

첨 부 서 류

1. 위 각 소명방법	각 1통
1. 소송위임장	1통

1. 부동산 목록　　　　　　　　　　　통

　　　　　　　　○○년 ○월 ○일

　　　　　　　　　　위 신청인 대리인 변호사　○　○　○

○○지방법원 귀중

【서식】 강제집행신청서

○○지방법원

강 제 집 행 신 청 서

○○지방법원 ○○지원 집행관사무소 집행관　　　　　　　　귀하

채권자	성　명	
	주　소	○○재건축조합 대표자 조합장 ○○○ 서울 ○○구 ○○동 ○○아파트 ○○동 ○○호
	대 리 인	
채무자	성　명	○○○외 3 서울 ○○구 ○○동 ○○아파트 ○○동 ○○호
	주　소	
집행목적물 소재지	상　동	
채 무 명 의	○○지방법원 ○○지원 20○○카합○○호, 판결정본	
집행의 목적물 및 집행방법	동산압류, 동산가압류, 동산가처분, 부동산점유이전금지가 처분, 건물명도철거, 부동산인도, 자동차인도, 기타(　　)	
청 구 금 액	원 (내역은 이면과 같음)	

위 채무명의에 집행을 하여 주시기 바랍니다.

○○년 ○월 ○일

　　　　　　　　　　　채권자　○○재건축조합
　　　　　　　　　　　대표자 조합장 ○○○ ㉙
　　　　　　　　　　　대리인　변호사 ○○○　　㉙

<table>
<tr><td rowspan="4" style="vertical-align:top">첨 부 서 류

1. 집행력 있는 채무명의 정본 1통
2. 송달증명서 1통
3. 위임장 1통
4. 목적물 소재지 약도 1통</td><td colspan="2">집행예납금 등 잔액계좌입금신청서</td></tr>
<tr><td>개설은행</td><td>은행지점(우체국)</td></tr>
<tr><td>예 금 주</td><td>채권자본인 가족 또는
대리인의 성명</td></tr>
<tr><td>계좌번호</td><td></td></tr>
</table>

※ **특약사항** : "본건 신청은 집행관이 계산한 수수료 기타비용의 예납통지, 또는 강제집행 속행의사 유무확인 촉구를 2회 이상 받고도 채권자가 상당한 기간 내에 그 예납 또는 속행의 의사표시를 하지 아니한 때에는 강제집행신청을 취하한 것으로 보고, 완결처분해도 이의 없음."　　　　㊞

【서식】 검증 및 시가감정신청서

검증 및 시가감정신청

사　　　건　○○가합○○호　소유권이전등기
원　　　고　○○동 ○○아파트 재건축주택조합
피　　　고　○　○　○ 외 ○인

　위 사건에 관하여 원고 소송대리인은 그 주장사실을 입증하기 위하여 다음과 같이 검증 및 감정 (시가) 신청을 합니다.

다　　　음

1. 검증감정의 목적
　　피고들이 소유하고 있는 이 사건 각 토지와 건물의 시가를 명백히 하고자 함에 있음.
2. 검증감정의 목적물
　　○　○　○
　　　　　서울 ○○구 ○○동 ○○번지
　　　　　철근콘크리트조 슬래브지붕 4층 아파트
　　　　　전유부분의 건물의 표시
　　　　　　콘크리트조 내 제106호　49.32㎡
　　　　　대지권의 표시
　　　　　소유권 732.6분지 20.79
　　　　　중 2분의 1지분
3. 검증감정시 입증하려는 사항
　　피고들이 소유하고 있는 이건 토지와 건물(아파트)의 매매계약성립시점인 ○○년 ○월 ○일경의 시가를 명백히 하고자 함에 있습니다.
4. 감정인 선임의견
　　법률에 의하여 등록하여 개업하고 있는 공인감정사를 선임하여 주시기 바랍니다.

첨 부 서 류

1. 등기부등본　　　　　　　　　　　　　　　　　　　　　1통

○○년 ○월 ○일

위 원고 소송대리인 변호사   ○   ○   ○

○○지방법원 민사 제○부   귀중

【서식】 시설물의 안전점검·정밀안전진단의뢰서

시설물의 안전점검·정밀안전진단 의뢰서

　　시설물의 안전관리에 관한 특별법 제6조(7조, 8조, 15조) 및 같은법 시행령 제6조(9조, 10조, 15조)의 규정에 의하여 아래와 같이 시설물의 안전점검·정밀안전진단을 의뢰합니다.

시설물명		종 별	1종, 2종
시설물의 제원		안전점검(정밀안전진단) 범위	
• 시설물의 크기 또는 규모 • 시설물의 구조형식 • 완공년도(시공자) • 기타 참고사항			
관리주체			
점검 또는 진단실시시기	○○년 ○월 ○일 ~ ○○년 ○월 ○일(○○일간)		
보관서류목록	• 준공도면 • 준공내역서 및 시방서(특별시방서 포함) • 구조계산서(수리계산서등) • 시공 또는 유지관리상 특기사항 보고서 • 최근 안전점검(정밀안전진단)결과 보고서등		

○○년 ○월 ○일

의뢰인 기관명(상호)

주 소

대표자 ○ ○ ○ ㉑

【서식】 시설물의 안전점검 및 정밀안전진단 표준계약서

<table>
<tr><td colspan="3" align="center">시설물의 안전점검 · 정밀안전진단 표준계약서</td></tr>
<tr><td rowspan="2">계약자</td><td>관리주체</td><td></td></tr>
<tr><td>계약상대자</td><td>• 상호 또는 법인명칭   • 법인등록번호
• 주　　소   • 전화번호
• 대 표 자</td></tr>
<tr><td rowspan="7">계약내용</td><td>계약건명</td><td></td></tr>
<tr><td>계약금액</td><td>금 ○○○○○ 원정(₩ ○○○○○)</td></tr>
<tr><td>계약보증금</td><td>금 ○○○○○ 원정(₩ ○○○○○)</td></tr>
<tr><td>지체상금율</td><td>○○○ %</td></tr>
<tr><td>계약기간</td><td>○○년 ○월 ○일 ~ ○○년 ○월 ○일</td></tr>
<tr><td>위 치</td><td></td></tr>
<tr><td>기타사항</td><td></td></tr>
</table>

　　관리주체와 계약상대자는 상호 대등한 입장에서 붙임의 계약문서에 의하여 위와 같이 계약을 체결하고 신의에 따라 성실히 계약상의 의무를 이행할 것을 확약하며, 이 계약의 증거로서 계약서를 작성하여 당사자가 기명날인한 후 각각 1통씩 보관한다.

붙임서류 : 1. 시설물의 안전점검 · 정밀안전진단 계약조건 　　　　1부
　　　　　　 2. 시설물의 안전점검 · 정밀안전진단 과업내용 　　　　1부
　　　　　　 3. 시설물의 안전점검 · 정밀안전진단 대가산출 내역서 　　1부

(관 리 주 체) ○ ○ ○ ㉑
(계 약 상대자) ○ ○ ○ ㉑

【서식】 주택재건축사업 도급계약서(도급제)

주택재건축사업 도급계약서(도급제)

1. 시행자인 ○○아파트 재건축조합(이하 "갑"이라 칭한다)과 시공자인 ○○건설주식회사(이하 "을"이라 칭한다)는 재건축사업에 필요한 사항을 정하기 위하여 별첨과 같이 약정하고 이를 증명하기 위하여 계약서 2부를 작성한 후 각각 1부씩 보관한다.

　가. 사업의 명칭과 위치
　　- 명 칭 : ○○아파트 재건축사업
　　- 위 치 : 서울특별시 ○○구 ○○동 ○○번지 ○○아파트
　나. 시공회사의 상호와 주소
　　- 상 호 : ○○건설주식회사
　　- 주 소 : 서울특별시 ○○구 ○○동 ○○번지
　　- 대표자 성명 : ○　○　○
　다. 공사계약내용
　　사업시행에 필요한 자금의 대여와 노후·불량 건축물 철거 및 사업
　　승인권자가 인가한 건축시설(공동주택 및 부대, 복리, 간선시설을
　　포함한다)의 신축공사

2. "갑"과 "을"은 주택건설촉진법 및 동시행령, 시행규칙과 주택건설기준등에관한규칙, 주택공급에관한규칙, 집합건물소유및관리에관한법률 등과 조합의 정관을 준수하여 양질의 주택을 건립하여야 하며 계약조건에 따라 신의성실의 원칙에 입각하여 성실하게 이행하여야 한다.

년　　월　　일

시 행 자(갑)　　주소 : 서울특별시 ○○구 ○○동 ○○번지
　　　　　　　　명칭 : ○○아파트 재건축조합
　　　　　　　　조합장 : ○　○　○
시 공 자(을)　　주소 : 서울특별시 ○○구 ○○동 ○○번지
　　　　　　　　회사명 : ○○건설주식회사
　　　　　　　　대표자 : 대표이사 ○　○　○

(갑)의 연대보증인. (을)의 연대보증인 서명날인 첨부.

공사도급계약조건

제1장 총 칙

제1조 【자격과 명칭】 ① 서울특별시 ○○구 ○○동 소재 ○○아파트 재건축조합장을 "갑"이라 칭하고, ○○건설(주)를 "을"이라 칭한다.

② 주택건설업체인 ○○건설(주)는 서울특별시 ○○구 ○○동 ○○아파트 재건축조합 정관과 총회의 결의에 따라 시공회사로 참여하며, 사업시행에 필요한 제반 비용을 조합 또는 조합원에게 대여하거나 무상지원하여 건축시설의 공사를 시공한다.

제2조 【공사목적물】 공사목적물은 구청장이 인가한 사업계획승인 내용으로 하며, 설계변경 등 건축계획에 변경이 있는 경우는 그 변경인가 내용에 따른다.

제3조 【업무의 한계】 "갑"과 "을"은 공동사업 시행자 및 시공자로서 주택건설촉진법과 관계법규에 따라 그 책임과 의무를 지며 본 사업이 성공리에 완료되도록 상호 신의성실의 원칙에 따라 계약을 이행하도록 한다.

① "갑"의 한계 : "갑"은 조합원 전체를 대표하며, 정관이 정하는 바에 따라 행한 "갑"의 행위는 조합 전체의 권한 및 의무 행위가 성립된 것으로 간주한다. 동시에 각 조합원은 "을"에게 일체의 권리행사를 직접 요구할 수 없으며, "갑"을 통해서만 할 수 있다. "갑"은 조합원이나 "을"에게 정관에 명시된 이외의 이면계약이나 약속을 단독으로 할 수 없으며, 이 경우 이면계약이나 약속은 총회의 의결을 거치지 않는 한 무효이다.

② "을"의 한계 : "을"은 사업시행에 필요한 제반 비용을 제13조에 준하여 대여 또는 무상 지원하고 건축시설(공동주택 및 부대·복리시설 포함) 등의 공사를 시공한다.

제4조 【공사금액】 ① 공사금액은 평당 아파트 ○○만원, 상가 및 복리시설 ○○만원으로 하고, 공사비에는 순공사비 외에 설계비와 철거비용이 포함된 것으로 하며, 부가가치세는 별도로 한다.

② 공사도급금액은 관할 관청으로부터 사업승인된 건축연면적에 위 단가를 곱한 금액으로 하고, 건축계획연면적에 변경이 있는 경우 변경된 건축연면적에 따른다.

③ 제1항의 평당공사비는 9% 선택사양이 포함된 금액으로 한다.

제5조 【공사기간】 ① 공사기간은 "갑"이 사업승인을 득하고 사업부지를 인도한 날로부터 ○개월로 한다.

② 공사완공일은 사용검사필증 교부일로 한다. 다만, "갑"과 "을"이 납득할 수 있는 부득이한 경우에는 예외로 한다.

③ "을"은 1항의 기간 내에 공사를 완공하지 못할시에는 1일당 총 도급액의 1/1000에 해당하는 지체상금을 "갑"에게 지급하여야 한다.

제6조【공사의 하도급】"을"이 건축시설공사 일부를 제3자에게 하도급하고자 할 때에는 미리 "갑"의 승인을 받아야 한다.

제7조【인허가 업무의 주관】○○아파트 재건축사업과 관련한 모든 인허가업무는 "갑" 또는 "갑"이 지정하는 대행회사가 주관하되 "을"은 이에 적극 협조하여야 한다.

제8조【계약보증】① "갑"과 "을"이 체결한 계약의무 이행을 보증하기 위하여 "갑"·"을" 공히 연대보증인을 세워야 한다.

② "갑"의 연대보증인은 "갑"의 임원 및 운영위원으로 하며, "을"의 연대보증인은 건설교통부등록 주택건설지정업자 2인으로 한다.

제 2 장   이주와 지장물 철거

제9조【주민의 이주】① "갑"은 사업계획승인일로부터 6개월 이내에 사업구역 내 주민을 이주시켜 "을"의 공사착공에 지장이 없도록 하여야 한다.

② "갑"은 주민이 이주한 건축물에 부착된 상수도, 전기 등 시설물의 사용정지에 필요한 조치 및 건축물의 거주가 불가능하게 하고, "을"이 철거작업을 원만히 할 수 있도록 필요한 모든 조치를 취하여야 하며, 이에 소요되는 제비용은 "갑"이 부담하고 "갑"의 비용의 대여요청이 있을 경우 "을"은 제13조 제1항 제2호를 준용하여 대여한다.

③ 공사착공시까지 미납된 전기, 상수도, 전화 등 제세공과금은 "갑"의 책임 아래 정리한다.

제10조【지장물 철거비용】① 주민들이 이주한 건축물 등의 지장물은 "을"의 비용으로 "을"이 철거한다. 다만, "갑"이 주민을 이주시키지 못하여 법적절차(행정대집행, 소송제기, 강제철거 등)을 하여야 할 경우 제비용은 "갑"이 부담한다.

② 철거 건축물의 폐자재 등 부산물은 "을"이 임의처분하며, "갑"과 거주자는 이에 대한 보상을 청구할 수 없다.

제11조【이주지연 책임】① 제9조 제1항의 기간 안에 주민의 이주 및 철거를 하지 아니하여 "을"의 공사착공이 지연되는 경우 "을"이 갑에게 지급하기로 한 모든 대여금의 지급을 중지하며 이미 지급한 대여금에 대하여는 이주지연 기간동안 은행 대출이자(연리 ○%)를 "갑"이 배상한다.

② "을"은 이주촉진을 위한 모든 조치와 지원을 한다.

③ 제1항의 단서에도 불구하고 이주지연으로 공사착공이 지연되었을 경우 제4조에 의한 공사금액을 조정하여 갈음할 수 있다.

제12조 【공부정리 등】 재건축 부동의자 처리, 조합원 대지에 대한 권리지분정리, 제 측량에 의한 지적정리, 소유권 이외의 권리(전세권, 가등기, 근저당 등), 건축물의 완공 후 보존등기 및 기타 공부정리는 "갑"의 책임 및 비용으로 처리한다.

제3장 자금의 대여와 상환

제13조 【자금의 대여】 ① "을"은 사업시행에 필요한 다음 각호의 자금을 "갑"에게 대여한다.

1. 이주조합원의 이주비용
2. 조합운영비
3. 안전진단비
4. 감리비, 측량비 및 감정평가 비용
5. 광고선전비(실비의 범위 내에서 "갑"과 "을"이 합의하는 횟수 및 금액)
6. 집합건물소유및관리에관한법률 제48조에 의한 재건축부동의자 구분소유권 및 대지사용권 매입, 편입도로의 매입금액
7. 전기, 가스, 수도 인입비 및 제세공과금
8. 기타 모델하우스 건립비 및 부지임차료를 비롯 "갑"의 비용에 속하는 제반 비용

② 제1항 제3호에서 제8호에 이르는 대여금에 대하여 "갑"은 대여일로부터 변제일 전일까지의 기간동안 이자를 지급하여야 한다. 이자율은 ○○은행에서 적용하는 일반대출자금 대출이자로 한다.

③ 대여금은 정관 및 계약으로 정한 기일에 "갑"이 원금과 이자를 상환하여야 하며, 이를 연체하는 경우에는 "갑"은 ○○은행에서 적용하는 상환일 현재 연체이자를 부담하여야 한다.

제14조 【이주비의 대여】 ① "을"이 대여하는 이주비는 조합원에 한하여 1가구당 ○○만원 한도로 지급할 수 있으며, 이 경우 ○○만원은 무이자, ○○만원은 제13조 제2항에서 정한 유이자로 한다.

② "갑"이 이주비를 조합원에게 지급하고자 할 때에는 건축물의 소유관계 및 이주여부를 확인한 후, 조합원과 "을"이 이주비차용금증서 등 이주비약정서를 체결토록 해야 하며, "갑"은 이주비를 수령한 조합원이 상환이행을 보증하여야 한다.

③ 이주비 대여금에 대해 "갑"의 조합원은 "을"에게 대여금의 130%를 채권최고금액으로 하는 제1순위 근저당권을 해당 조합원 소유 토지지분에 설정하여야 하며, 이에 소요되는 비용은 "갑"의 책임 아래 해당 조합원이 부담토록 한다.

④ 근저당권을 설정할 수 없거나 관계법령에 의하여 근저당권을 해지하여야 할 경우, 대여금에 상응하는 금액의 약속어음 발행 및 공증 등 "을"이 요구하는 여타의 채권확보 방법에 "갑"은 이의없이 협조하여야 한다.

제15조 【조합운영비의 대여】 ① "을"은 조합운영에 필요한 경비를 "갑"에게 매월 ○○만원 한도로 대여하며, 대여기간은 그 금액은 신축건물 완공일까지로 한다.

② 조합운영비에 대한 이자는 제13조 제2항에서 정한 유이자로 한다.

제16조 【기타 경비의 대여】 "을"이 제13조 제1항 제3호 내지 제8호의 비용을 대여하는 비용의 지급 시기와 방법은 "갑"과 "을"이 협의하여 정한다.

제17조 【대여금의 상환】 ① 이주비는 건축시설의 준공 후 "을"이 지정하는 입주개시일까지 전액 "갑" 또는 "갑"의 조합원이 상환하여야 한다.

② "갑"은 전항의 대여원리금을 상환하지 아니하는 조합원에 대하여는 상환일 현재 ○○은행 연체이율을 적용한 연체이자를 조합원으로부터 징수하여 대여원금과 이자를 "을"에게 상환하여야 한다.

③ 조합원이 제1항에서 정한 기일 이후 1개월까지 대여금을 상환하지 아니할 경우 "을"은 분양받은 건축시설에 대해 제14조 제4항의 근저당권을 행사, 이를 강제 집행한다.

④ "갑"은 조합원이 제1항에서 정한 기일까지 대여금을 상환하지 아니하는 경우에는 건축시설에의 소유권이전등기 및 입주를 허용해서는 안된다.

⑤ "갑"이 수령한 제13조 제1항 제2호 내지 제8호의 대여금은 건축시설의 준공 후 제1항에서 정한 기일까지 전액 "갑"이 상환하여야 한다.

제 4 장   설계와 공사시공

제18조 【설계도서의 작성】 "을"이 시공할 건축시설의 설계도서는 "갑"과 "을"이 협의하여 지정하는 설계사무소에서 작성하거나 "을"이 직접 작성할 수 있다.

제19조 【시공기준】 ① "을"이 시공하는 건축시설은 관할시장이 인가한 설계도서에 의한다.

② 건축시설 중 아파트는 "을"이 건설한 ○○아파트 9%옵션 품목 수준의 모델하우스를 건립하여 이를 시공의 기준으로 한다.

③ 전항의 견본주택은 사업계획승인일 이후 일반분양 전까지 "갑"이 확보한 부지에 "갑"의 비용으로 "을"이 건축하며, 건축시설은 일반분양 완료후 "갑"과 "을"이 협의하여 철거할 수 있다.

제20조 【건축자재】 "을"이 사용하는 건축자재는 한국공업표준규격(K · S)으로 하며, 규격표시가 제정되지 아니한 자재는 설계도서 및 견본주택에 사용된 자재를 사용하거나, "갑"과 "을"이 합의한 자재를 사용한다.

제21조 【공사의 감리】 공사의 감리에 대하여는 주택건설촉진법 제33조의6의 규정 등 관계법령과 주택건설공사 감리업무지침에 따른다.

제22조 【공사현장 대리인】 ① "을"은 참여공사에 해당하는 기술면허 소지자를 공사현장 대리인으로 지명하여 "갑"에게 통지하여야 한다.

② 공사현장 대리인은 공사현장에 상주하여 현장의 관리 및 공사에 관한 모든 사항에 대하여 "을"을 대리하여 처리한다.

제23조 【공사의 변경】 ① "갑"이 총회의 결의에 따라 건축시설의 공사규모를 변경 또는 추가하고자 할 때에는 미리 "을"과 협의하여야 한다.

② "을"이 건축시설을 시공함에 있어 관할시장으로부터 승인받은 사업계획이 관계법규에 저촉되거나 토지여건 등으로 그 변경이 불가피한 경우, "갑"과 "을"은 협의하여 변경한다.

③ 본조의 규정에 의한 공사의 변경, 설계변경으로 인하여 건축시설 연면적의 증감으로 현저한 공사비의 증감이 있는 경우 "갑"과 "을"은 제4조의 도급공사비를 조정할 수 있다.

제24조 【공사시정 명령】 "을"이 관계법규와 승인된 설계도서 및 계약조건을 위반하여 건축시설을 시공하는 경우 "갑"은 이의 시정을 요구할 수 있으며 "을"은 정당한 이유없이 이를 거절할 수 없다.

제25조 【계약의 해지】 ① "갑"은 다음 각호의 1에 해당하는 경우에는 "을"에게 공사시공을 중지하도록 하고 계약을 해지할 수 있으며 이로 인하여 발생한 "갑"의 손해는 "을"이 배상한다.

1. "을"이 정당한 사유없이 공사기간 안에 건축시설을 완공할 가망이 없을 때

2. 기타 계약조건을 위반하여 계약목적의 달성이 불가능한 때

② "을"은 다음 각호의 1에 해당하는 경우에는 공사를 중지하거나 계약을 해지할 수 있으며, 이로 인하여 발생한 "을"의 손해는 "갑"이 배상한다.

1. "갑"이 제9조 제1항에 따른 철거 및 이주를 완료하지 못하는 경우
2. "갑"의 귀책사유로 인하여 공사가 지연되어 그 기간이 전체 공사기간의 3분의 1 이상이 된 때
3. "갑"이 정당한 사유없이 계약조건을 이행하지 아니하여 건축시설의 완공이 불가능한 때
③ 전항 각호에 의하여 계약을 해지할 경우 "갑"은 계약해지 당시까지 지급한 이주비, 조합운영비 및 공사비 등과 그에 대한 이자와 손해배상금을 합한 금액을 "을"에게 즉시 상환하여야 하며, 이를 상환하기 전까지는 계약의 해지시까지 시공된 건축물 등의 소유권은 "을"이 유보한다.
제26조【재해방지 책임】"을"은 공사현장에 안전표지판을 설치하는 등 재해방지에 필요한 조치를 취해야 하며, 공사로 인한 모든 안전사고에 대하여는 "을"의 책임으로 한다.

제 5 장   건축시설의 분양과 공사비의 변제

제27조【조합원에 대한 분양】① 조합원에게 분양하는 건축시설은 조합규약에 의하여 별도의 분양계약서를 작성하며, 아파트의 분양계약 및 동 호수 추첨방법과 시기는 "갑"과 "을"이 협의하여 실시한다.
② 조합원별 분양금 차액의 납부는 계약금, 중도금 및 잔금으로 하며, 분할 금액의 회수는 일반분양의 방법과 동일하게 하고, 구분 회수별 납부일자는 "갑"과 "을"이 협의하여 결정한다.
③ 조합원이 청산금의 납부를 지체하는 경우에는 ○○은행에서 적용하는 연체이자를 징수하며, 청산잔금을 입주개시일 이후 1개월까지 납부하지 아니하는 경우 "갑"은 본조 제7항의 후단에 의거 처리한다.
④ 건축시설을 분양받은 조합원이 입주개시일 이전에 종전 토지 등의 권리를 양도한 경우 "갑"은 체납된 청산금 및 기타 연체료를 징수하여 "을"에게 즉시 상환하여야 한다.
⑤ 청산금을 납부할 조합원이 입주개시일 이전에 국민주택자금을 융자받은 경우 "갑"은 이를 청산금의 연체료, 이주비, 청산금 순으로 "을"에게 상환하여야 한다.
⑥ "갑"은 주택공급에관한규칙을 준용하며, 아파트를 분양받은 조합원이 분양대금의 중도금을 2회 이상 연체시에는 분양계약을 해약할 수 있다. 이 때 해당조합원의 권리에 대하여는 금전 청산하고 해당아파트는 일반분양한다.

⑦ "갑"은 아파트 분양 해당조합원이 분양 후 일정기간 내에 분양계약을 체결하지 않는 경우에는 분양받을 의사가 없는 것으로 간주하고 일반분양 후 조합원 분담금을 공제하고 잔여금은 제6항 후단에 의거 처리한다.

⑧ 금전 청산이라 함은 재건축조합이 관리처분계획 확정안에 따른 금액으로 현금 청산함을 말한다.

제28조 【일반분양】 ① 조합규약에 의거 조합원에게 공급하고 남은 초과분 주택에 대하여 분양방법, 절차, 분양금징수 등은 주택공급에관한규칙에 따라 처리하며, 그 업무는 "을"이 대행한다.

② 전항의 결과 미분양이 발생시에는 "을"은 공사대금의 적기회수를 위하여 미분양분에 대한 처분권을 갖게 되며, "갑"은 이에 대하여 이의를 제기할 수 없다.

③ 일반분양시의 분양공고비용과 조합원 및 일반분양의 분양계약서 제작비는 "을"의 부담으로 한다.

제29조 【보류건축시설 및 상가 등의 분양】 ① 관리처분계획에 의한 보류건축시설의 분양방법, 절차 등은 "갑"의 규약 및 관계법령에 따른다.

② 상가 등의 분양시기 및 공사비 상환

1. 상가 등의 분양은 일반분양과 동시 또는 "갑"과 "을"이 협의하여 그 시기를 정한다.

2. "을"은 "갑"이 아파트 등의 분양대금으로 도급공사비를 상환하고 그 부족액이 발생할 경우에는 제28조 제2항에 준하여 처리한다.

제30조 【대여금 및 공사비의 상환】 ① "을"이 시공한 건축시설의 공사대금은 제27조 제2항의 청산금과 제28조, 제29조의 분양금으로 상환한다.

② "갑"은 전항의 청산금과 분양금 또는 연체이자 수입이 있을시 이를 대여금, 공사비 순으로 즉시 "을"에게 상환하여야 한다.

③ 공사비의 지급 및 대여금의 상환이 완료될 때까지는 청산금, 분양금 등 모든 금전은 "갑"과 "을"이 공동구좌를 개설하여 관리한다.

④ 대여금 및 공사비 상환시기 및 금액은 주택공급에관한규칙 제9조, 제18조, 제19조의 규정에 의거 전체 금액중 일반분양분은 일반분양의 모집공고시에 공고된 비율, 구분회수 및 일자, 조합원 분양은 제27조 제2항에서 정한 구분회수 및 일자에 의한 기간 및 금액으로 한다.

⑤ 전항의 구분회수별 일자는 계약금 중도금 잔금으로 하되, 계약금 중도금은 공고시 지정 익일자로, 최종공사비 상환일자는 입주지정기간 개시일부터 1개월 이내로 한다.

⑥ "갑"이 전항의 지정일자에 공사대금을 상환하지 못할 경우에는 그 경과일수에 대하여 지연납부액에 ○○은행의 연체이율을 곱하여 산출한 금액을 지연손해금으로 "을"에게 추가로 지급하여야 한다. 단, 제29조 제2항의 상가의 미분양으로 발생되는 미상환금은 이를 적용하지 아니한다.

⑦ "갑"은 "을"의 공사비 및 대여금의 상환요청이 있을시 제3항의 구좌에 입금액이 있는 경우에는 이를 거절할 수 없다.

제6장 건축시설의 준공과 입주

제31조 【사용검사】 ① 건축시설에 대한 공사가 완료된 때에는 "을"은 시공감리자의 확인을 받아 "갑"에게 이를 통지하여야 하며, "갑"은 즉시, 관할시장에게 사용검사를 신청하여야 한다. 사용검사라 함은 임시사용승인을 포함한다.

② 관할시장이 건축시설에 대한 사용검사의 확인이 있는 경우 "을"은 즉시 입주일을 지정하여 "갑"에게 통지하여야 한다.

③ 계약으로 인한 건축시설 전부에 대한 관할시장의 사용검사와 동시에 "을"은 "갑"에 대한 공사시공상의 모든 채무는 말소한다.

제32조 【입주】 ① "갑"과 "을"은 건축시설을 분양받은 조합원이 입주하는 경우 청산금, 대여금의 완납여부를 미리 확인하여야 하며, 이를 완납하지 아니한 자에게는 입주를 허용하여서는 아니된다.

② "을"은 공사비 및 대여금 상환이 완료되기 전까지는 완성건물에 대하여 유치권을 행사할 수 있으며, 대지 및 건물에 대한 보전등기 및 이전등기를 보류할 수 있다.

제33조 【건축시설의 관리와 하자】 ① 건축시설의 준공 이후 관리와 하자에 관한 사항(범위, 기간, 보증금)은 정부가 정한 "공동주택관리령"이 정하는 바에 따른다.

② 준공이후 건축시설에 대해 위탁관리를 할 경우에 위탁관리회사의 선정은 "갑"과 "을"이 협의하여 결정한다.

③ 건축시설에 대한 관리비용은 준공 후 입주개시일 1개월 후까지는 "을"이, 이후에는 "갑"의 부담으로 한다.

단, "갑"의 귀책사유로 준공이 지연될 경우에는 실질적인 공사완료일을 기준으로 한다.

제34조 【건축시설의 기성부분에 대한 손해책임】 ① 건축시설의 기성분에 대하여 "을"은 선량한 관리자의 주의의무를 다하여 관리하여야 한다.

② 건축시설의 준공검사 전에 천재지변으로 인하여 건축시설의 기성부분에 손해가 발생한 경우 그 손해는 "갑"과 "을"이 공동으로 부담한다.

제35조【분쟁 및 소송관할】 ① 계약과 관련한 "갑"과 "을"의 이견에 대하여는 당사자가 협의하며, 협의가 성립하지 아니할 때에는 관할시장에게 중재를 요청하며 그에 따른다.

② 계약과 관련한 쟁송에 대한 법원관할은 조합소재지 관할법원으로 한다.

제36조【계약 외의 사항】 계약서에 명시되지 아니한 사항에 대하여는 주택건설촉진법, 집합건물의소유및관리에관한법률, 주택공급에관한규칙과 민법 등의 관계법률과 사회통념에 따라 처리하되, 기타 세부실무 내용에 관하여는 "갑"과 "을"의 협의에 따른다.

제37조【이권개입의 금지】 "을"이 시공하는 건축시설의 공사와 관련하여 "갑"의 임원 또는 조합원은 어떠한 이권도 청탁하거나 개입할 수 없다.

제38조【계약의 갱신】 조합은 전조합원의 책임과 권한을 대표하며, 주택건설촉진법 및 관련법규의 개정 또는 정부시책의 변경, 사업계획 변경 결정 등으로 본 계약조건으로는 사업시행이 불가능할 경우 "갑"과 "을"은 본 계약을 갱신할 수 있다.

제39조【계약의 효력발생】 ① 본 계약의 효력은 계약체결일로부터 발생한다.

② 본 공사도급 계약은 "갑"의 임원변경 등의 사유로 본 계약의 효력에 영향을 미치지 아니한다.

【서식】 재건축공사계약서(지분제)

재건축공사계약서 (지분제)

1. 시행자인 ○○동 ○○재건축주택조합(이하 "갑"이라 칭한다)과 시공자인 주식회사 ○○건설주식회사(이하 "을"이라 칭한다)는 재건축사업에 필요한 사항을 정하기 위하여 본계약을 체결하고 이를 증명하기 위하여 계약서 2통을 작성한 후 각각 1통씩 보관한다.

  가. 사업의 명칭과 위치

    - 명 칭 : ○○동 ○○재건축주택조합 아파트 신축공사

    - 위 치 : 서울특별시 ○○구 ○○동 ○○번지

  나. 시공회사의 상호와 주소

    - 주 소 : 서울특별시 ○○구 ○○동 ○○번지

    - 상 호 : ○○건설주식회사

    - 성 명 : 대표이사 ○ ○ ○

  다. 계약내용

    사업시행에 필요한 자금의 대여와 상환, 비용 부담, 노후 건축물의 철거 및 관할관청이 인가한 건축시설(부대, 복리, 간선시설 포함)의 신축공사

2. 계약방식

  본 공사 계약방법은 조합원별 지분에 대한 대물분양 방식으로 한다.

3. 시행자인 ○○재건축주택조합과 시공자인 ○○건설주식회사는 도시및주거환경정비법 등의 관계법령과 정관을 준수하며 계약조건을 신의에 따라 성실하게 이행하여야 한다.

년 월 일

시행자(갑) : 서울특별시 ○○구 ○○동 ○○번지

          ○○동 ○○재건축주택조합

          조합장 ○ ○ ○

시공자(을) : 서울특별시 ○○구 ○○동 ○○번지

          ○○건설주식회사

          대표이사 ○ ○ ○

제1장 총 칙

제1조 【자격과 명칭】 ① ○○구 ○○동 ○○재건축주택조합을 "갑"이라 칭하고 ○○건설(주)를 "을"이라 칭한다.

② 주택건설업체인 ○○건설(주)는 ○○구 ○○동 ○○재건축주택조합 정관과 총회의 결의에 따라 시공자로 참여하며, 사업시행에 필요한 제반 비용을 조합 또는 조합원에게 대여하거나 무상 지원하여 건축시설 등의 공사를 시공한다.

제2조 【공사목적물】 공사목적물은 ○○시 ○○구청장이 인가한 사업계획 승인 내용으로 하며, 관계법상 부득이 설계변경 등 건축계획에 변경이 있는 경우에는 그 변경인가 내용에 따른다.

제3조 【업무의 한계】 "갑"과 "을"은 공동사업시행자 및 시공자로서 주택건설촉진법과 관계법규에 따라 그 책임과 의무를 지며 본사업이 성공리에 완료되도록 상호 신의성실의 원칙에 따라 계약을 이행하도록 한다.

① "갑"의 한계 : "갑"은 조합원 전체를 대표하며 "갑"의 행위는 조합 전체의 권한 및 의무행위가 성립된 것으로 간주한다. 동시에 각 조합원은 "을"에게 일체의 권리행사를 직접 요구할 수 없으며, "갑"을 통해서만 할 수 있다.

② "을"의 한계 : "을"은 사업시행에 필요한 제반비용을 제14조에 준하여 대여 또는 무상지원하고 건축시설 등의 공사를 시공한다.

제2장 사업의 시행조건 및 방법

제4조 【아파트 공급조건】 ① "을"은 "갑"이 사용승낙한 토지에 사업시행계획을 수립하여 "갑"과 "을"이 사전 협의하여 "을"의 책임으로 설계한 후, 허가관청이 인가한 면적의 아파트(부대, 복리시설 포함)를 건축하여 "갑"에게 우선 공급하고 잔여분을 일반분양한다.

② "을"은 본조 제1항 토지상에 아파트를 건설하여 기존 가구 조합원 ○○세대에 한하여 ○○평형 아파트(전용면적 ○○평 이하) ○○세대, ○○평형(전용면적 ○○평 이하) ○○세대 아파트와 그에 따른 지하 주차장을 무상 공급하기로 한다. 단, "갑"에게 공급되는 기본형으로 한다.

③ 제2항의 무상공급 면적을 제외한 잔여공급 면적 및 잔여세대, 상가, 지하 주차장 등은 "을"의 지분으로서 "을"의 건설사업비(건축비 및 제비용)

등에 일부 충당키로 하고, 분양시기, 방법, 가격은 "갑"과 합의하여 "을"이 결정한다.

제5조 【아파트 유상공급】 ① 본조의 아파트 유상공급이라 함은 "갑" 신청한 평형의 공급면적 중에서 제4조 제2항의 무상공급면적을 제외한 잔여면적을 말한다.

② 제1항의 유상공급 면적에 대한 분양대금은 제4조 제2항에 의거 "을"의 분양당시 분양승인가격을 적용하고 분양대금의 납입은 일반분양 계약자의 납부방법에 의하여 "을"에게 지급하여야 한다. 단, 연체가 있을시에는 대금납부 당시의 시중은행 일반대출 금리 연체이율을 적용하여 일수 계산한 금액을 가산하여 "을"에게 납부하여야 한다.

제6조 【조합부담금】 "갑"이 "을"에게 지급할 조합자체 부담금은 ○○원으로 한다.

제7조 【공사기간】 ① 공사기간은 착공계 처리일로부터 ○개월로 하되, "을"의 시공상 귀책사유가 아닌 제반 주변민원으로 인하여 공사가 지연되는 기간에 대하여는 "을"이 책임지지 아니한다. 또한, 인허가 사항의 변경이나 천재지변 등 불가항력으로 공사기간을 연장할 필요가 있을 경우 "갑"과 "을"은 상호 협의하여 공사기간을 연장할 수 있다.

② 공사완공일은 최초의 사용검사필증 교부일로 한다. 단, "갑"의 귀책사유 및 "을"의 시공상 귀책사유가 아닌 제반 주변민원으로 인하여 사용검사 및 임시사용검사 지연시에는 실질적인 공사완료일을 공사완공일로 본다.

③ "을"은 제1항의 기간 내에 공사를 완공하지 못할시는 지체 1일당 공사금액의 1000분의 1에 해당하는 지체상금을 "갑"에게 배상한다, 단, "갑"의 귀책사유 및 "갑"의 책임이 있는 제반주변민원으로 인한 사용검사 및 임시사용검사 미필일 경우는 "갑"에게 지체상금의 배상의무를 지지 아니한다.

제8조 【인허가 업무의 주관】 본 사업과 관련한 모든 인허가 업무는 "을"이 주관하는 것을 원칙으로 하되, "갑"은 이에 적극 협조하여야 한다.

제9조 【민원】 착공 이후 공사와 관련한 민원은 "을"의 책임으로 처리하고 공사 착공전 또는 민원의 내용자 사생활의 침해 민원 등 사업자체에 원인이 있는 경우의 민원처리의 책임은 "갑"에게 있다.

제10조 【계약보증】 ① "갑"과 "을"이 체결한 계약의무 이행을 보증하기 위하여 "갑"·"을"은 공히 연대보증인을 세워야 한다.

② "갑"의 연대보증인은 "갑"의 임원 및 운영위원으로 하며, "을"의 연대 보증인은 건설부등록 주택사업지정업자 2인으로 한다. 단, "을"의 계열사 는 제외한다.

③ 각 보증인은 "갑"과 "을"의 계약의무 불이행에 따른 금전적 채무 및 공사에 대하여 "갑"·"을"과 연대하여 책임진다.

제3장 이주와 지장물 철거

제11조 【조합원의 이주 및 세입자의 처리】 ① "갑"은 제3조의 공사기간 안에 공사를 할 수 있도록 사업구역 내 거주자 등 조합원의 이주를 조합 인가일로부터 3개월 이내에 완료시켜 "을"의 공사 착공에 지장이 없도록 하여야 한다.

② 세입자의 구역외 이주 및 사후처리는 "갑"의 책임으로 한다.

③ "갑"은 거주자들이 이주한 건축물에 부착된 상수도, 전기, 전화 등 시설물의 사용정지에 필요한 조치를 취하여야 하며 철거가옥의 체납 제세공과금 등은 "갑"이 부담한다.

④ 이주를 불응하는 가구로 인한 이주관련비용이 발생시는 조합의 귀책사항으로 "갑"의 부담으로 처리하여야 하며 공사진행이 지연되어 발생한 공사비의 추가부담은 제13조에 준한다.

제12조 【지장물 철거비용】 ① "갑"이 주민을 이주시키고 제11조에 의한 조치를 취한 건축물 등의 지장물은 "을"의 비용으로 "을"이 철거하여야 한다.

② 지장물의 철거시 "갑"의 조합원은 종전 건축물멸실신고 신청을 "갑"에게 일괄 위임하여 처리하여야 한다.

③ 철거 건축물의 폐자재 등 부산물은 "을"이 임의처분하며, "갑"과 거주자는 이에 대한 보상을 청구할 수 없다.

제13조 【이주지연 책임】 사업구역 내 거주자가 이주하지 아니하여 "을"의 공사진행이 지연됨으로써 발생하는 모든 손해 및 결과는 "갑"이 책임지며, 계약조건 제11조 제1항에 의한 기간 내에 이주하지 아니하여 "을"의 공사 착공이 지연되는 경우 모든 대여금의 지급을 중지하며, 기지급된 대여금에 대하여 이주완료일까지 연체된 기간동안의 이자를 "갑"은 "을"에게 배상하도록 한다. 이 때 적용되는 연체이자율은 시중 은행 일반 대출금 연체이자율(년 ○○%)로 한다.

제4장 자금의 대여와 상환

제14조【자금의 대여 및 종류】① "을"은 사업시행에 따른 필요한 다음 각호의 자금을 "갑" 또는 "갑"의 조합원에게 대여한다.

1. 조합사무실 임차료
2. 기본이주비 및 추가이주비
3. 업무대행비의 50%
4. 기타 조합측 대여 요청금

② "을"은 사업시행에 필요한 다음 각호의 자금을 "갑"의 사업비용으로 무상지원한다.

1. 조합운영비
2. 사업추진 제반경비(철거 용역비, 광고 홍보비 등 사업제반 비용)
3. 안전진단 관련비용
4. 설계 및 감리비용
5. 업무대행비의 50%
6. 집합건물소유및관리에관한법률 제48조에 의한 재건축 부동의자의 구분소유권 및 대지사용권 매입, 편입도로의 매입금액
7. 등기비용(보존등기, 신탁설정, 해지 등)

③ 본조 제1항은 무이자 대여로 하되 제2호중 추가이주비에 대하여는 연 13%의 이자율을 적용하여 유이자 대여하며, 유이자 조건부 대여금의 이자계산 기간은 "을"이 "갑" 또는 "갑"의 조합원에게 대여한 일자부터 상환일까지로 한다.

제15조【이주비의 대여】① "을"이 "갑"의 조합원에게 대여하는 기본 이주비(무이자)는 ○○원으로 하고, 추가이주비는 차용일로부터 상환일까지 13%의 이자율을 적용하여 대여한다.

② 본 계약의 체결 후 7일 이내에 기본이주비 및 추가이주비로 ○○원 이하를 차용한 조합원에 대하여 ○○원까지 추가 지급하고, 이미 기본이주비 및 추가이주비로 ○○원 이상을 차용한 조합원에 대하여는 차용일 기준으로 총액중 ○○원에 대하여 무이자로 전환한다.

③ "갑" 또는 "갑"의 조합원은 이주비를 수령한 조합원의 기본이주비 및 추가이주비의 상환이행을 보증하며, "갑"의 조합원은 "을"에게 대여금의 120%를 채권최고금액으로 하는 순위 제1번의 근저당권을 해당조합원 소유 토지지분에 설정하기로 한다.

제16조【부동산에 관련된 제한물권의 말소】 "갑"의 조합원은 사업부지 내의 대지 및 건물에 대한 소유권 이외의 권리(저당권, 임차권, 지상권 등)의 부지사용을 제한하는 제한물권이 있는 것은 사업승인 전까지 모두 말소한다.

제17조【조합운영비】 "을"은 조합운영비로 월 ○○원을 "갑"에게 무상지원하며, 그 지급기한을 준공검사필증 교부일로부터 6개월까지로 한다.

제18조【조합사무실의 임차료】 "을"은 "갑"의 조합사무실 임차보증금을 대여하며, "갑"은 대여받은 조합사무실 임차보증금에 대하여 아파트 준공검사필증 교부일 후 6개월 이내에 "을"에게 상환한다.

제19조【대여금의 지급 및 환수】 ① "을"은 제14조 제1항에 대여금을 "갑" 또는 "갑"의 조합원에게 대여하고 그 지급시기와 방법은 "갑"과 "을"이 합의하여 결정한다.

② 전항의 대여금으로 지급되는 대여원금 및 이자의 환수 방법은 제20조 및 제32조에 의한다.

제20조【대여금 상환】 ① "갑"의 조합원에게 대여한 이주비 원리금은 건축시설의 준공 후 "을"이 지정하는 입주개시일로부터 30일 이내에 각 조합원은 입주일에 전액 "을"에게 상환하여야 한다. 다만, 이주비를 수령한 "갑"의 조합원이 종전토지 등의 권리를 양도하는 경우 "갑"은 그 양도자 또는 양수자로부터 대여 원리금 전액을 반환받아 "을"에게 상환하여야 한다.

② 조합원이 입주개시일 이후 3개월 이내 기본이주비 및 추가이주비 대여원리금을 상환하지 않을 경우에는 "을"은 분양받은 건축시설에 제15조 제3항의 근저당권을 행사, 해당 조합원에 대하여 제29조 제6항을 준용하여 처리한다.

③ "갑"은 입주개시일부터 30일 이내 기본이주비 및 추가이주비 대여원리금을 상환하지 아니하는 경우에는 건축시설에의 소유권이전등기 및 입주를 허용하여서는 아니된다.

④ "갑"이 수령한 제14조 제1항 제3, 4호에 의한 대여금은 입주개시일로부터 3개월 이내에 진액 "을"에게 상환하여야 한다.

⑤ "을"이 제14조의 대여금에 대하여 기일 내에 상환하지 아니하는 경우 "갑"은 상환일 현재 연 17%의 연체이율을 적용한 연체이자와 대여원리금을 조합원으로부터 징수하여 "을"에게 상환하여야 한다.

제5장 설계와 공사시공

제21조【설계도서의 작성 및 시공기준】① "을"이 시공할 건축시설의 설계도서는 "갑"·"을"이 협의·지정하는 설계사무소에서 작성하되 "갑"과의 사전협의를 거친 후 "을"의 책임하에 확정한다.

② 설계도서는 "갑"·"을"이 협의 작성하여 이를 시공기준으로 한다.

③ "을"이 시공하는 건축시설은 전항의 설계도서에 의거 관할관청의 승인권자가 승인한 설계도서에 의하되 "을"이 사업추진과정에서 건축계획변경이 불가피할 경우에는 "갑"과 "을"은 별도 협의하여 변경할 수 있다.

④ 제3항의 공사변경에 의하여 연면적이 증감할 경우 공사비 및 설계비 기타 관련비용은 "을"의 비용으로 처리하고 이에 대한 분양금 증감 부분도 "을"의 책임으로 한다.

제22조【건축자재】"을"이 사용하는 건축자재는 한국공업규격표시제품(K.S)으로 하며, 규격표시가 제정되지 아니한 자재는 설계도서 및 견본주택에 있는 자재를 사용하거나 "갑"·"을"이 협의한 자재를 사용한다.

제23조【공사의 감리】"갑"과 "을"이 협의하여 관계법령이 지정하는 공사감리자를 선정 공사진행이 차질이 없도록 하며, 그 비용은 "을"이 부담한다.

제24조【공사현장 대리인】① "을"은 참여공사에 해당하는 기술면허 소지자를 공사현장 대리인으로 지명하여 "갑"에게 통지하여야 한다.

② 공사현장 대리인은 공사현장에 상주하여 현장의 관리 및 공사에 관한 모든 사항에 대하여 "을"을 대리하여 처리한다.

제25조【공사시정 명령】"을"이 관계법규와 승인된 설계도서 및 계약조건을 위반하여 건축시설을 시공하는 경우 "갑"은 이의 시정을 요구할 수 있으며 "을"은 정당한 사유없이 이를 거절할 수 없다.

제26조【공사의 변경】① "갑"이 총회결과에 따라 건축시설의 공사규모를 변경 또는 추가하고자 할 때에는 미리 "을"과 협의하여야 하며 이로 인하여 발생된 "을"의 손해에 대하여 "갑"이 배상하여야 한다.

② "을"이 건축시설을 시공함에 있어 관할관청의 승인권자로부터 승인받은 사업계획이 관계법규에 저촉되거나 토지여건 등으로 그 변경이 불가피한 경우 "갑"과 "을"이 협의하여 변경할 수 있다.

제27조【계약의 해지】① "갑"은 다음 각호의 1에 해당하는 경우에는 "을"에게 공사를 중지하도록 하고 본 계약을 해지할 수 있으며 이로 인하여 발생한 "갑"의 손해는 "을"이 배상한다.

1. "을"이 정당한 사유없이 공사기간 안에 건축시설을 완공할 가망이 없을 때
2. 기타 계약조건을 위반하여 계약목적의 달성이 불가능한 때
② "을"은 다음 각호의 1에 해당하는 경우에는 공사를 중지하거나 계약을 해지할 수 있으며, 이로 인하여 발생한 "을"의 손해는 "갑"이 배상한다.
1. "갑"이 제11조 제1항의 기간 내에 이주를 완료하지 못할 경우와 "갑"의 귀책사유로 철거를 할 수 없을 경우
2. "갑"의 귀책사유로 인하여 공사가 지연되어 그 기간이 전체공사기간의 1/3 이상이 된 때
3. "갑"이 정당한 사유없이 계약조건을 이행하지 아니하여 건축시설의 완공이 불가능한 때
③ 전항 각호에 의하여 계약을 해지할 경우 "갑"은 본계약 당시까지 지급한 이주비, 조합운영비 및 공사비 등과 그에 대한 이자와 손해배상금을 합한 금액을 "을"에게 즉시 상환하여야 하며 이를 상환하기 전까지는 본 계약의 해지시까지 시공된 건축물 등의 소유권은 "을"이 보유한다.
제28조 【재해방지 책임】 "을"은 공사현장에 안전표지판을 설치하는 등 재해방지에 필요한 조치를 취하여야 하며 공사로 인한 모든 안전사고에 대하여는 "을"의 책임으로 한다.

제 6 장 건축시설의 분양과 공사비의 변제

제29조 【조합원에 대한 분양】 ① 조합원이 공급받는 세대당 평수는 분양면적(전용면적 ○○평 이하)평 ○○세대, 분양면적(전용면적 ○○평 이하)평 ○○세대와 그에 따른 지하주차장을 포함한 면적으로 하며, 아파트 형식은 개별난방 및 계단식으로 한다.
② 조합원이 본조 제1항의 분양평수를 초과한 규모의 아파트를 분양받고자 하는 경우 조합규약이 정하는 바에 의하여 우선공급하는 것을 원칙으로 하며 그 분양금 차액에 대하여는 제5조에 준용하여 처리한다.
③ 제1, 2항에 의거 조합원공급 아파트는 별도의 아파트분양계약서를 작성하며, 공급계약서에 제14조 제1항에 준용하여 "을"에 대여한 금액에 대한 제20조 대여금상환조건 및 명의변경 금지사항 등을 명기한다.
④ 조합원에게 분양하는 아파트의 동·호수는 "갑"이 희망하는 층으로 우선 공급하고 동·호수 추첨에 관한 세부사항은 "갑"·"을" 협의하여 결정한다.

⑤ 일반분양자 및 조합원이 분양금(조합분담금)의 납부를 지체하는 경우에는 지체일수에 연 17%의 연체이자를 징수하며, 조합원이 분양금의 체납액을 입주개시일로부터 3개월 이내에 납부하여야 하며, 입주개시일로부터 3개월 이내에 체납된 분양금을 납부하지 아니하는 경우 "을"은 본조 제6항을 준용하여 처리한다.

⑥ 금전청산이라 함은 "갑"의 조합원이 조합원별 분양금(조합원 분담금)과 기본이주비 및 추가이주비 대여원리금을 "을"에게 상환하지 아니할 경우 "갑"이 해당조합원의 아파트를 일반분양가에 준한 가격으로 분양하여 해당 조합원이 "을"에게 상환해야 할 총 이주비 대여원리금 및 분양금(분담금)과 조합 청산금(조합해산시까지 필요한 제반 비용)을 공제하고 그 잔여금액을 해당 조합원에게 현금 지급함을 말한다.

제30조【일반분양】 ① 조합원에게 공급하고 남은 아파트에 대하여는 주택공급에관한규칙에 의하여 일반분양하며 분양대상, 방법, 절차, 분양가격 결정, 분양대금의 징수 등은 관할관청 승인권자의 승인을 받아 "갑"의 명의로 분양하되 그 업무는 "을"이 수행한다.

② 전항의 일반 분양아파트 및 "을"이 시공하는 건축시설 중 상가부분의 분양수입금은 "을"의 공사비 등 사업비로 충당하며, 분양 및 처분은 "갑"의 명의로 그 업무는 "을"이 수행한다.

③ 일반분양시의 분양광고홍보와 조합원 및 일반분양의 분양계약서 제작은 "을"의 책임으로 한다.

제31조【분양수입금의 관리】 ① 일반분양대금 및 상가 분양대금의 납부는 "갑"이 지정하는 은행에 "갑" "을" 공동구좌로 납부한다.

② 분양대금 중 일반분양자가 납부하는 연체이자는 "을"의 수입으로 한다.

③ 분양대금의 은행예치로 인하여 발생하는 이자는 "을"의 수입으로 한다.

제32조【공사비의 상환】 ① "을"이 시공한 건축시설의 공사대금은 제6조의 조합원분담금 제29조 제2항, 제30조의 일반분양금으로 충당한다.

② 전항의 전체금액중 일반분양아파트와 제29조 제2항에 의한 조합원 유상공급면적에 대한 상환시기 및 금액은 주택공급에관한규칙 제9조, 제18조, 제19조 규정에 의거 일반분양의 모집공고시에 공고된 비율, 구분회수 및 일자로 하고, 제6조의 조합자체부담금은 "갑"·"을"이 별도 합의 후 결정하여 공사비로 상환한다.

③ 제3항의 구분회수 및 일자는 계약금, 중도금, 잔금으로 하되 계약금, 중도금은 모집 공고시 지정익일자로, 잔금상환일자는 입주개시일로부터 1개월로 한다.

제7장 건축시설의 준공과 입주

제33조 【사용검사】 ① 건축시설에 대한 공사가 완료된 때에는 "을"은 시공감리자의 확인을 받아 "갑"에게 이를 통지하여야 하며, "갑"은 즉시 관할관청에 사용검사를 신청하여야 하고, "을"은 사용검사필에 대한 책임을 진다.

② 건축시설에 대하여 관할시장으로부터 사용검사를 필한 경우 "을"은 즉시 입주일을 지정하여 "갑"에게 통지하여야 한다. 단, 임시사용승인의 경우를 포함한다.

③ 본계약으로 정한 건축시설 전부에 대한 관할시장의 사용검사필과 동시에 "을"의 "갑"에 대한 공사시공상의 모든 의무를 소멸한다.

제34조 【입주】 ① "갑"은 건축시설을 분양받은 조합원이 입주하는 경우 조합분양금(조합지체분담금), 이주비 대여 원리금의 완납여부를 미리 확인하여야 하며, 이를 완납하지 아니한 자에게 입주를 허용하여서는 아니된다.

② "갑"과 "을"은 조합원 분양금 및 공사비의 상환이 완료되기까지는 미납 조합원의 완성건물에 대하여 대지 및 건물에 대한 이전등기를 보류할 수 있다.

제35조 【건축시설의 관리와 하자】 ① 건축시설의 준공이후 관리와 하자에 관한 사항(범위, 기간, 보증금 등)은 정부가 정한 "공동주택관리령"이 정하는 바에 따른다.

② 준공이후 건축시설에 대해 위탁관리를 할 경우에 위탁관리 회사의 선정은 "갑"과 "을"이 협의하여 결정한다.

③ 건축시설에 대한 관리비용은 입주개시일 1개월까지는 "을"이, 그 이후에는 입주자 관리 주체(위탁회사)의 책임으로 처리한다.

제8장 기 타

제36조 【건축시설의 기성부분에 대한 손해책임】 ① 건축시설의 기성분에 대하여 "을"은 선량한 관리자의 주의의무를 다하여 관리하여야 한다.

② 건축시설의 사용검사 전에 천재지변으로 인하여 건축시설의 기성부분에 손해가 발생한 경우 그 손해는 "갑" "을"의 지분비율로 부담한다.

제37조 【분쟁 및 소송관할】 ① 본 계약과 관련한 "갑"과 "을"의 이견에 대하여는 당사자가 합의하여 처리하며, 합의가 성립하지 아니할 때에는 관할관청에 중재를 요청하며 그에 따른다.

② 본 계약과 관련한 쟁송에 대한 관할법원은 사업지의 관할법원으로 한다.

제38조【계약외의 사항】본 계약시에 명시되지 아니한 사항에 대하여는 주택건설촉진법, 집합건물의소유및관리에관한법률, 주택공급에관한규칙과 민법 등의 관계법령과 사회통념에 따라 처리하되, 기타 세부 실무내용에 관하여는 "갑"과 "을"의 협의에 따른다.

제39조【이권개입의 금지】"을"이 시공하는 건축시설의 공사와 관련하여 "갑"의 임원 또는 조합원은 어떠한 이권도 청탁하거나 개입할 수 없다.

제40조【등기업무와 세금의 부과】① "갑"의 조합원의 신탁등기 누락 등으로 보존등기와 이전등기가 지연될 경우 "갑"의 책임으로 처리한다.

② ○○재건축 사업시행상 발생하는 모든 제세공과금은 "갑"·"을" 지분면적 비례에 따라 부담한다.

제41조【계약의 갱신】① 조합장은 조합의 책임과 권한을 대표하며, 본 계약으로 종전의 가계약을 대체한다.

② 주택건설촉진법 및 관련법규의 개정 또는 정부시책의 변경, 사업계획 변경 결정 등으로 본 계약 조건으로는 도저히 사업시행이 불가능할 경우 "갑"과 "을" 협의하여 본 계약을 갱신할 수 있다.

제42조【계약의 효력 발생】① 본 계약의 효력은 계약체결일로부터 발생한다.

② 본 계약은 "갑"의 임원변경 등의 사유로 본 계약의 효력에 영향을 미치지 아니한다.

【서식】 안전진단신청서

<table>
<tr><td colspan="4" rowspan="2" align="center">안 전 진 단 신 청 서</td><td>처리기한</td></tr>
<tr><td>30일</td></tr>
<tr><td rowspan="4">신
청
인</td><td colspan="2">추진위원회의 명칭</td><td colspan="2">○○ 조합설립추진위원회</td></tr>
<tr><td rowspan="2">대 표 자</td><td>성 명</td><td>주민등록번호</td><td></td></tr>
<tr><td>주 소</td><td colspan="2">(전화)   -</td></tr>
<tr><td colspan="2">주된 사무소의 소재지</td><td colspan="2">(전화)   -</td></tr>
<tr><td rowspan="13">기
존
건
축
물</td><td colspan="2">대 지 위 치</td><td colspan="2"></td></tr>
<tr><td colspan="2">사 업 계 획 승 인 일</td><td>사용검사일</td><td></td></tr>
<tr><td colspan="2">착 공 일</td><td>준 공 일</td><td></td></tr>
<tr><td colspan="2">설 계 자</td><td>시 공 자</td><td></td></tr>
<tr><td colspan="2">대 지 면 적</td><td>㎡</td><td>건축 면적</td><td>㎡</td></tr>
<tr><td colspan="2">연 면 적</td><td>㎡</td><td>용 적 률</td><td>%</td></tr>
<tr><td colspan="2">동 수</td><td>세 대 수</td><td></td></tr>
<tr><td colspan="2">구 조 방 식</td><td>난방 방식</td><td></td></tr>
<tr><td colspan="2" rowspan="2">동 고 유 번 호</td><td>동명칭
및 번호</td><td>연면적
(㎡)</td><td>동고유번호</td><td>동명칭
및 번호</td><td>연면적
(㎡)</td></tr>
<tr><td></td><td></td><td></td><td></td><td></td></tr>
<tr><td colspan="2"></td><td></td><td></td><td></td><td></td><td></td></tr>
<tr><td colspan="2"></td><td></td><td></td><td></td><td></td><td></td></tr>
<tr><td colspan="2"></td><td></td><td></td><td></td><td></td><td></td></tr>
<tr><td colspan="3">신 청 사 유</td><td colspan="2"></td></tr>
</table>

    도시및주거환경정비법 제12조 제1항 및 동법시행규칙 제5조의 규정에 의하여 위와 같이 안전진단을 신청합니다.

년 월 일

신청인 대표   (서명 또는 인)

(시장·군수·구청장) 귀하

※ 첨부서류
  1. 사업지역 및 주변지역의 여건 등에 관한 현황도
  2. 결합부위의 현황사진

210㎜X297㎜(신문용지 54g/㎡(재활용품))

【서식】 조합설립추진위원회승인신청서

조합설립추진위원회승인신청서			처리기한
			60일
사 업 구 분		☐ 주택재건축사업 ☐ 도시환경정비사업 ☐주택재개발사업	
신청인	추진위원회의 명칭	○○ 조합설립추진위원회(가칭)	
	대표자	성 명	주민등록번호	
		주 소	(전화) −	
추진위원회설립내역	설립목적	사업시행을 위한 조합설립	
	주된 사무소의 소재지	(전화) −	
	사업시행 예정구역	구역명칭	구역면적	(㎡)
		위 치		

동의사항	토 지 등 소유자수	(토지소유자:　　　　　인 인) (건축물소유자 :　　　　　인) (지상권자 :　　　　　인) (주택 및 토지소유자 :　　　　　인) (부대·복리시설 및 토지소유자인)	동의율	% (동의자수/토지등 소유자수)

　　도시및주거환경정비법 제13조 제2항 및 동법시행규칙 제6조의 규정에 의하여 위와 같이 조합설립추진위원회의 설립승인을 신청합니다.

　　　　　　　　　　　　년　월　일

　　　　　　　　　　신청인 대표　　　　　　　　(서명 또는 인)

(시장·군수·구청장)　귀하

※ 첨부서류 　1. 토지등소유자의 명부 　2. 토지등소유자의 동의서 　3. 위원장 및 위원의 주소 및 성명 　4 위원선정을 증명하는 서류	수수료
	없 음

210mmX297mm(신문용지 54g/㎥(재활용품))

【서식】 조합설립(변경)인가신청서

<table>
<tr><td colspan="3" rowspan="2">주택재개발사업

                     조합설립(변경)인가신청서)

도시환경정비사업</td><td>처리기한</td></tr>
<tr><td>60일</td></tr>
<tr><td rowspan="3">신
청
인</td><td colspan="2">조　합　명　칭</td><td colspan="3">주택재개발(도시환경정비)사업조합(가칭)</td></tr>
<tr><td rowspan="2">대　표　자</td><td>성　명</td><td></td><td>주민등록번호</td><td></td></tr>
<tr><td>주　소</td><td colspan="3">(전화)　　　　　　　　－</td></tr>
<tr><td rowspan="7">조
합
설
립
내
역</td><td colspan="2">설립목적</td><td colspan="3">주택재개발(도시환경정비)사업의 시행</td></tr>
<tr><td colspan="2">주된 사무소의 소재지</td><td colspan="3">(전화)　　　　　　　　－</td></tr>
<tr><td rowspan="2">사업시행
예정구역</td><td>구역명칭</td><td></td><td>구역면적</td><td>(㎡)</td></tr>
<tr><td>위　　치</td><td colspan="3"></td></tr>
<tr><td>조합원수　　　　　인</td><td>사업시행인가
신청예정시기</td><td colspan="3">구역지정고시일(　년 　월 　일)부터
(　　　　　　)이내</td></tr>
<tr><td rowspan="2">동
의
사
항</td><td rowspan="2">토 지 등
소유자수</td><td rowspan="2">(토지소유자:　　　　　　인)
(건축물소유자 :　　　　　인)
(지상권자 :　　　　　　　인)　　　　인</td><td rowspan="2">동의율</td><td rowspan="2">%
(동의자수/토지등
소유자수)</td></tr>
<tr></tr>
<tr><td rowspan="2">정비사업전문관리업자</td><td>명　칭</td><td></td><td>대표자</td><td></td></tr>
<tr><td>주된 사무소의
소재지</td><td colspan="3">(전화)　　　　　　　　－</td></tr>
</table>

도시및주거환경정비법 제16조 제1항 및 동법시행규칙 제7조의 규정에 의하여 위와 같이 주택재개발(도시환경)정비사업조합설립(변경)인가를 신청합니다.

년   월   일

신청인 대표   (서명 또는 인)

(시장·군수·구청장) 귀하

※ 첨부서류

	수수료
	없 음

 1. 설립인가의 경우

  가. 조합정관
  나. 조합원 명부(조합원자격을 증명하는 서류 첨부)
  다. 토지등소유자의 조합설립동의서 및 동의사항을 증명하는 서류
  라. 창립총회 회의록(총회참석자 연명부 포함)
  마. 조합장 선임동의서(인감증명서 첨부)
  바. 토지·건축물 또는 지상권이 수인의 공유에 속하는 때에는 그 대표자의 선임동의서
  사. 창립총회에서 임원·대의원을 선임한 때에는 선임된 자의 자격을 증명하는 서류
  아. 주택건설예정세대수, 주택건설예정지의 지번·지목 및 등기명의자, 도시관리계획상의 용도지역, 대지 및 주변현황을 기재한 사업계획서(주택재개발사업의 경우에 한한다)
  자. 건축계획, 주택예정지의 지번·지목 및 등기명의자, 도시관리계획상의 용도지역, 대지 및 주변현황을 기재한 사업계획서(도시환경정비사업의 경우에 한한다)
  차. 그 밖에 특별시·광역시 또는 도의 조례가 정하는 서류

 2. 변경인가의 경우 : 변경내용을 증명하는 서류

210㎜X297㎜(신문용지 54g/㎡(재활용품))

【서식】 주택재건축정비사업조합설립(변경)인가신청서

<table>
<tr><td colspan="5" rowspan="2">주택재건축정비사업조합설립(변경)인가신청서</td><td>처리기한</td></tr>
<tr><td>60일</td></tr>
<tr><td rowspan="3">신청인</td><td colspan="2">조 합 명 칭</td><td colspan="3">주택재건축정비사업조합(가칭)</td></tr>
<tr><td rowspan="2">대 표 자</td><td>성 명</td><td></td><td>주민등록번호</td><td></td></tr>
<tr><td>주 소</td><td colspan="2">(전화)</td><td>-</td></tr>
<tr><td rowspan="5">조합설립내역</td><td colspan="2">설립목적</td><td colspan="3">주택재개발(도시환경정비)사업의 시행</td></tr>
<tr><td colspan="2">주된 사무소의 소재지</td><td colspan="2">(전화)</td><td>-</td></tr>
<tr><td rowspan="2">사업시행
예정구역</td><td>구역명칭</td><td></td><td>구역면적</td><td>(㎡)</td></tr>
<tr><td>위 치</td><td colspan="3"></td></tr>
<tr><td>조합원수</td><td>인</td><td>사업시행인가
신청예정시기</td><td colspan="2">구역지정고시일(년 월 일) 또는
조합설립인가신청일(년 월 일)
부터 (   )이내</td></tr>
<tr><td rowspan="2">동의사항</td><td rowspan="2">토 지 등
소유자수</td><td colspan="2">   인
(토지소유자: 인)
(건축물소유자 :   인)
(주택 및 토지소유자 :   인)
(부대·복리시설및토지소유자 : 인)</td><td>동의율</td><td>%
(동의자수/토지등
소유자수)</td></tr>
<tr><td colspan="4"></td></tr>
<tr><td colspan="2" rowspan="2">정비사업전문관리업자</td><td>명 칭</td><td colspan="3">대표자</td></tr>
<tr><td>주된 사무소의
소재지</td><td colspan="3">(전화)   -</td></tr>
</table>

  도시및주거환경정비법 제16조 제2항 및 동법시행규칙 제7조의 규정에 의하여 위와 같이 주택재건축정비사업조합설립(변경)인가를 신청합니다.

년   월   일

신청인 대표   (서명 또는 인)

(시장·군수·구청장) 귀하

※ 첨부서류

  1. 설립인가의 경우

        가. 조합정관
        나. 조합원 명부(조합원자격을 증명하는 서류 첨부)
        다. 토지등소유자의 조합설립동의서 및 동의사항을 증명하는 서류
        라. 창립총회 회의록(총회참석자 연명부 포함)
        마. 조합장 선임동의서(인감증명서 첨부)
        바. 토지·건축물 또는 지상권이 수인의 공유에 속하는 때에는 그 대
             표자의 선임동의서
        사. 창립총회에서 임원·대의원을 선임한 때에는 선임된 자의 자격을
             증명하는 서류
        아. 주택건설예정세대수, 주택건설예정지의 지번·지목 및 등기명의
             자, 도시관리계획상의 용도지역, 대지 및 주변현황을 기재한 사업
             계획서
        자. 그 밖에 특별시·광역시 또는 도의 조례가 정하는 서류

  2. 변경인가의 경우 : 변경내용을 증명하는 서류

수수료
없 음

210mmX297mm(신문용지 54g/㎡(재활용품))

【서식】 주민대표회의구성통지서

<table>
<tr><td colspan="4" align="center">주민대표회의구성통지서</td><td>처리기한</td></tr>
<tr><td colspan="4"></td><td>30일</td></tr>
<tr><td rowspan="9">주민대표회의구성내역</td><td colspan="2">조 합 명 칭</td><td colspan="2"></td></tr>
<tr><td rowspan="2">위 원 장</td><td>성 명</td><td></td><td>주민등록번호</td></tr>
<tr><td>주 소</td><td colspan="2">(전화)　　　　　-</td></tr>
<tr><td colspan="2">위 원 수</td><td colspan="2"></td></tr>
<tr><td colspan="2">설 립 목 적</td><td colspan="2"></td></tr>
<tr><td colspan="2">주된 사무소의 소재지</td><td colspan="2">(전화)　　　　-</td></tr>
<tr><td colspan="2">정비사업의 종류</td><td colspan="2"></td></tr>
<tr><td>사업시행</td><td>구역명칭</td><td colspan="2"></td></tr>
<tr><td>예정구역</td><td>위 치</td><td colspan="2"></td></tr>
<tr><td rowspan="4">동의사항</td><td rowspan="4">토 지 등
소유자수</td><td colspan="2">인</td><td rowspan="4">%
(동의자수/토지등
소유자수)</td></tr>
<tr><td colspan="2">(토지소유자:　　　　　인)</td></tr>
<tr><td colspan="2">(건축물소유자 :　　　　인)　동의율</td></tr>
<tr><td colspan="2">(지상권자 :　　　　　　인)
(토지 및 건축물송자 :　　　인)</td></tr>
</table>

　　도시및주거환경정비법 제26조 제3항 및 동법시행규칙 제8조의 규정에 의하여 위와 같이 주민대표회의를 구성하였음을 통지합니다.

　　　　　　　　　　　년 월 일

　　　　　　　　　통지인 대표　　　　　(서명 또는 인)

(시장·군수·구청장) 귀하

<table>
<tr><td rowspan="2">

※ 첨부서류

1. 도시및주거환경정비법시행령 제37조 제5항의 규정에 의하여
　　주민대표회의가 정하는 운영규정

2. 토지등소유자의 동의서
3. 주민대표회의 위원의 주소 및 성명
4. 위원장 선임동의서

</td><td>수수료</td></tr>
<tr><td>없 음</td></tr>
</table>

210㎜X297㎜(신문용지 54g/㎡(재활용품))

【서식】 사업(시행·변경·중지·폐지) 인가신청서

(제1쪽)

<table>
<tr><td colspan="4" rowspan="2" align="center">사업(시행·변경·중지·폐지) 인가신청서</td><td>처리기한</td></tr>
<tr><td>60일</td></tr>
<tr><td rowspan="1">사 업 구 분</td><td colspan="4">□ 주택재건축사업　　　□ 주택재개발사업
□ 도시환경정비사업　　□ 주거환경개선사업</td></tr>
<tr><td rowspan="4">신
청
인</td><td colspan="2">사업시행자
명　　　칭</td><td>사업시행자지정
근거 및 일자</td><td></td></tr>
<tr><td rowspan="2">대 표 자</td><td>성　　명</td><td>주민등록번호</td><td></td></tr>
<tr><td>주　　소</td><td colspan="2">(전화)　　　－</td></tr>
<tr><td colspan="2">주된 사무소의
소재지</td><td colspan="2">(전화)　　　－</td></tr>
<tr><td rowspan="6">신
청
인</td><td colspan="2">구역명칭</td><td>위　　　치</td><td></td></tr>
<tr><td colspan="2">시행면적　　　　　(㎡)</td><td>건 축 물</td><td>동
(무허가　　동)</td></tr>
<tr><td colspan="2">거주가구 및
인구</td><td>가구(　　　인)　도 시 계 획</td><td>지역　　　지구</td></tr>
<tr><td rowspan="2">지
목
별</td><td>지　　목</td><td rowspan="2">국공유지
관리청별</td><td>관 리 청</td></tr>
<tr><td>면적(㎡)</td><td>면적(㎡)
(필지수)</td></tr>
<tr><td colspan="4"></td></tr>
<tr><td rowspan="3">신
청
인</td><td colspan="1" align="center">토지면적</td><td align="center">토지소유자수</td><td colspan="2" align="center">건축물소유자수</td></tr>
<tr><td>대상면적　　㎡</td><td>대상소유자
수　　　　인</td><td colspan="2">대상소유자수　　　　인</td></tr>
<tr><td>동의면적
(동의율)　(　　%)</td><td>동의자수
(동의율)　(　%)</td><td colspan="2">동의자수
(동의율)　(　%)</td></tr>
<tr><td rowspan="2">정비사업전문관리업자</td><td colspan="2">명　　　칭</td><td>대 표 자</td><td></td></tr>
<tr><td colspan="2">주된 사무소의
소재지</td><td colspan="2">(전화)　　　－</td></tr>
</table>

210㎜X297㎜(신문용지 54g/㎡(재활용품))

(제2쪽)

<table>
<tr><td rowspan="22">사
업
시
행
계
획</td><td colspan="2">시행기간</td><td colspan="4">사업시행인가일~</td><td colspan="2">사업비</td><td colspan="2">원</td></tr>
<tr><td rowspan="4">건
축
시
설</td><td colspan="2">부지의 명칭</td><td colspan="2">대지면적(㎡)</td><td></td><td colspan="2">주 용 도</td><td></td></tr>
<tr><td colspan="2">건축면적(㎡)</td><td colspan="2">건축연면적(㎡)</td><td></td><td colspan="2">지하면적(㎡)</td><td></td></tr>
<tr><td colspan="2">건폐율(%)</td><td colspan="2">용적률(%)</td><td></td><td colspan="2">최 고 높 이</td><td></td></tr>
<tr><td colspan="2">층   수
(지상·지하)</td><td colspan="2">주 차 장
(대, ㎡)</td><td></td><td colspan="2"></td><td></td></tr>
<tr><td rowspan="4">주
택</td><td>공급
구분</td><td>주택의
형태</td><td>동 수</td><td>세대수</td><td colspan="4">주택규모별세대수(전용면적기준)</td></tr>
<tr><td colspan="2">계</td><td></td><td></td><td></td><td></td><td></td><td></td></tr>
<tr><td colspan="2">분양</td><td></td><td></td><td></td><td></td><td></td><td></td></tr>
<tr><td colspan="2">임대</td><td></td><td></td><td></td><td></td><td></td><td></td></tr>
<tr><td rowspan="5">정
비
기
반
시
설</td><td colspan="2">용도폐지
정비기반시설</td><td colspan="6">새로이 설치할 정비기반시설</td></tr>
<tr><td>종류</td><td>규모</td><td>종 류</td><td>규 모</td><td colspan="2">시 행 자</td><td colspan="2">비용부담자 및
부담내용</td></tr>
<tr><td></td><td></td><td></td><td></td><td colspan="2"></td><td colspan="2"></td></tr>
<tr><td></td><td></td><td></td><td></td><td colspan="2"></td><td colspan="2"></td></tr>
<tr><td></td><td></td><td></td><td></td><td colspan="2"></td><td colspan="2"></td></tr>
<tr><td colspan="2">철거 또는
이전
요구대상</td><td>건축물
(동)</td><td>철 거</td><td>이 전</td><td colspan="2">공 작 물
(개소)</td><td>철 거</td><td>이 전</td></tr>
<tr><td colspan="2">개수대상 건축물</td><td colspan="3">동</td><td colspan="4">임시수용계획</td></tr>
<tr><td colspan="2" rowspan="2">수용 또는
사용대상</td><td rowspan="2">토 지</td><td>필지수</td><td>면적
(㎡)</td><td>권리
자수</td><td rowspan="2">건 축 물</td><td>동수</td><td>연면적
(㎡)</td><td>권리
자수</td></tr>
<tr><td></td><td></td><td></td><td></td><td></td><td></td></tr>
<tr><td colspan="2" rowspan="2">세 입 자
대 책</td><td>대 상
세대수</td><td colspan="2">임대주택공급세대</td><td colspan="2">주거대책비 지급세대</td><td colspan="2">비대책세대</td></tr>
<tr><td></td><td colspan="2"></td><td colspan="2"></td><td colspan="2"></td></tr>
</table>

(제3쪽)

일 괄 처 리 사 항	주택건설사업자등록 ( )	주택건설사업계획승인 ( )	건축허가 ( )
	가설건축물건축허가 ( )	가설건축물축조신고 ( )	도로공사시행허가 ( )
	도로점용허가 ( )	사방지 지정해제 ( )	농지전용허가 · 협의 · 신 고( )
	농지전용신고 ( )	보전임지전용허가 · 협의 ( )	보안림 안에서 행위허가 ( )
	입목벌채 등의 허가 · 신 고( )	하천공사시행허가 ( )	하천공사실시계획인가 ( )
	하천점용허가 ( )	일반수도사업인가 ( )	전용상수도 · 전용공업수 도설치인가( )
	공공하수도사업허가 ( )	측량성과 사용의 심사 ( )	대규모 점포의 등록 ( )
	국유지사용수익허가 ( )	공유지대부 · 사용허가 ( )	사업착수 · 변경 또는 완 료신고( )
	공장설립 승인 · 신고 ( )	자가용전기설비공사계획 의 인가 · 신고( )	폐기물처리시설 설치(변 경)승인 · 신고( )
	오수처리시설 · 단독정화 조설치 신고( )	소방동의 · 제조소등의 설치허가( )	대기 · 수질 · 소음진동배 출시설 허가 · 신고( )
	화약류저장소 설치의 허 가( )		

    이 신청서 및 첨부서류에 기재한 내용과 같이 도시및주거환경정비법 제28조 제1항 및 동법시행규칙 제9조의 규정에 의한 사업(시행 · 변경 · 중지 · 폐지)인가를 신청합니다.

년   월   일
신청인 대표   (서명 또는 인)

(시장 · 군수 · 구청장) 귀하

※ 첨부서류
  1. 사업시행인가의 경우
    가. 도시및주거환경정비법(이하"법"이라 한다) 제2조 제11호
      의 규정에 의한 정관등
	수수료
	
	없 음

　　나. 법 제28조제4항의 규정에 의한 토지등소유자의 동의서 및 토지등소유
자의명부(주택재건축사업의 경우를 제외한다)
　　다. 법 제30조의 규정에 의한 사업시행계획서
　　라. 법 제38조의 규정에 의한 수용 또는 사용할 토지 또는 건축물의 명제
및 소유권외의 권리의 명세서(주택재건축사업의 경우에는 동법 제8조제3항제1
호의 규정에 해당하는 사업에 한한다.
　　마. 법 제32조 제3항의 규정에 의하여 제출하여야 하는 서류
　2. 변경·중지·폐지인가의 경우
　　가. 정관등
　　나. 변경·중지 또는 폐지의 사유 및 내용을 설명하는 서류
　　다. 법 제32조 제3항의 규정에 의하여 제출하여야 하는 서류

【서식】 관리처분계획인가(변경·중지·폐지인가)신청서

(제1쪽)

관리처분계획인가(변경·중지·폐지인가)신청서			처리기한
			30일

사 업 구 분	☐ 주택재건축사업　　　☐ 주택재개발사업 ☐ 도시환경정비사업

<table>
<tr><td rowspan="4">신청인</td><td colspan="2">시행자명칭</td><td colspan="4"></td></tr>
<tr><td rowspan="2">대 표 자</td><td>성 명</td><td></td><td>주민등록번호</td><td></td></tr>
<tr><td>주 소</td><td colspan="3">(전화)　　　-</td></tr>
<tr><td colspan="2">주된 사무소소재지</td><td colspan="3">(전화)　　　-</td></tr>
</table>

<table>
<tr><td rowspan="4">계획대상</td><td>사업의 명칭</td><td colspan="4"></td></tr>
<tr><td>위 치</td><td colspan="4"></td></tr>
<tr><td>계 획 면 적</td><td></td><td>m²</td><td>정비건축물</td><td>동</td></tr>
<tr><td>사업시행인가
고시일</td><td colspan="2"></td><td>시행기간</td><td></td></tr>
</table>

토지소유권변환	총 면 적	시행전	사유토지		국공유지		그밖의토지	

<table>
<tr><td rowspan="3">토지소유권변환</td><td rowspan="3">m²
(　필지)</td><td rowspan="3">시행후</td><td colspan="3">환지대상</td><td colspan="4">시행자 보유</td><td rowspan="2">시행자
보유토지배분면적</td><td rowspan="2">그밖의토지</td></tr>
<tr><td>기존사유지</td><td>점유자매수</td><td>존치국공유지</td><td>청산</td><td>수용</td><td>협의매수</td><td>국공유지불하</td><td>국공유지부상양수</td></tr>
<tr><td></td><td></td><td></td><td></td><td></td><td></td><td></td><td></td><td></td><td></td></tr>
</table>

<table>
<tr><td rowspan="3">토지용도변환</td><td rowspan="2">용 도</td><td colspan="3">택 지</td><td colspan="2">공 공 시 설</td><td colspan="2">그 밖의 용도</td></tr>
<tr><td>공동소계</td><td>단독주택</td><td>그밖의주택</td><td>소계</td><td></td><td>소계</td><td></td></tr>
<tr><td>시행전
(m²)</td><td></td><td></td><td></td><td></td><td></td><td></td><td></td></tr>
<tr><td></td><td>시행후
(m²)</td><td></td><td></td><td></td><td></td><td></td><td></td><td></td></tr>
</table>

210mmX297mm(신문용지 54g/m³(재활용품))

(제2쪽)

<table>
<tr><td rowspan="16">건
축
물

및

건
축
시
설</td><td>시행전
건축물</td><td>허 가
건축물</td><td colspan="3" align="center">동</td><td>무허가
건축물</td><td colspan="3" align="center">동(신발생　　동)</td></tr>
<tr><td rowspan="5">시행후
건 축
시 설</td><td colspan="2">용 도</td><td>대지면적</td><td>동 수</td><td>층 수</td><td>세대수</td><td>건축연면적</td><td>비 고</td></tr>
<tr><td rowspan="3">주
택</td><td>소계</td><td></td><td></td><td></td><td></td><td></td><td></td></tr>
<tr><td>분양</td><td></td><td></td><td></td><td></td><td></td><td></td></tr>
<tr><td>임대</td><td></td><td></td><td></td><td></td><td></td><td></td></tr>
<tr><td colspan="2">상 가</td><td></td><td></td><td></td><td></td><td></td><td></td></tr>
<tr><td rowspan="10">공 급

계 획</td><td colspan="2" rowspan="2">공급대상</td><td colspan="5" align="center">주택 규모별(전용면적기준)
공급세대수</td><td>상가
면적
(㎡)</td><td>그 밖의
건축시설면적(㎡)</td></tr>
<tr><td>계</td><td>㎡</td><td>㎡</td><td>㎡</td><td>㎡</td><td></td><td></td></tr>
<tr><td colspan="2">계</td><td></td><td></td><td></td><td></td><td></td><td></td><td></td></tr>
<tr><td colspan="2">토지등
소유자</td><td></td><td></td><td></td><td></td><td></td><td></td><td></td></tr>
<tr><td colspan="2">보류시설</td><td></td><td></td><td></td><td></td><td></td><td></td><td></td></tr>
<tr><td colspan="2">일반분양</td><td></td><td></td><td></td><td></td><td></td><td></td><td></td></tr>
<tr><td colspan="2">임 대</td><td></td><td></td><td></td><td></td><td></td><td></td><td></td></tr>
<tr><td rowspan="3">분
양
신
청
및
권
리
신
고</td><td rowspan="2">구 분</td><td colspan="4" align="center">분 양 신 청</td><td rowspan="2">수인이
1인의
분양대
상자로
신청</td><td colspan="3" align="center">권리신고(권리종류별)</td></tr>
<tr><td>소계</td><td>토지및
건축물
소유자</td><td>토 지
소유자</td><td>건축물
소유자</td><td>소 계</td><td></td><td></td></tr>
<tr><td>신청인
수</td><td></td><td></td><td></td><td></td><td>건
(인)</td><td></td><td></td><td></td></tr>
</table>

(제3쪽)

권리자별 관리처분 (단위:인)	권리자별	대상	분양				청산	수용	협의매수	그밖의 처분
			소계	주택	상가	그밖의 용도				
	계									
	토지및 건축물 소유자									
	토 지 소유자									
	건축물 소유자									

소유권외의 권리	대 상	건 설	이 전 설 정		건	해 지 또는 소 멸		건

세입자 대 책	대 상	임대주택 공 급		주 거 대 책 비 지 급		비대상	

공공시설	신 설					용 도 폐 지				
	종류	명칭	규모	설치비용	관리청	종류	명칭	규모	국공 유지 (㎡)	무상 양여 (㎡)

평가액 또는 추산액	시 행 전			시 행 후		
	계	토 지	건축물	계	대 지	건축물

자금운용	총소요사업비		수입추산액	

도시및주거환경정비법 제48조 및 동법시행규칙 제11조의 규정에 의하여 위
와 같이 관리처분계획인가(변경·중지·폐지인가)를 신청합니다.

년 월 일

신청인 대표   (서명 또는 인)

(시장·군수·구청장)   귀하

	수수료

※ 첨부서류
 1. 관리처분계획인가의 경우
  가. 관리처분계획서
  나. 총회의결서 사본
 2. 관리처분계획 변경·중지·폐지인가의 경우 : 변경·중지·폐지의 사유
  와 그 내용을 설명하는 서류
 ※ 유의사항: 이 서식은 사업유형별 여건에 따라 일부 항목을 추가 또는 삭
  제하여 작성할 수 있음.
	없 음

【서식】 준공인가신청서

(앞 쪽)

<table>
<tr><td colspan="5" align="center">준 공 인 가 신 청 서</td><td>처리기간</td></tr>
<tr><td colspan="5"></td><td>15일</td></tr>
<tr><td rowspan="2">사업 구분</td><td colspan="2">☐ 주택재건축사업　☐ 주택재개발사업</td><td colspan="2">인가번호(년-월-일)</td><td></td></tr>
<tr><td colspan="2">☐ 도시환경정비사업　☐ 주거환경개선사업</td><td colspan="2"></td><td></td></tr>
<tr><td rowspan="2">사업시행자</td><td>명　칭</td><td></td><td colspan="2">등록번호</td><td></td></tr>
<tr><td>대 표 자</td><td></td><td colspan="2">주　　소</td><td></td></tr>
<tr><td rowspan="2">설 계 자</td><td>명　칭</td><td></td><td colspan="2">등록번호</td><td></td></tr>
<tr><td>대 표 자</td><td></td><td colspan="2">주　　소</td><td></td></tr>
<tr><td rowspan="3">공사감리자</td><td>명　칭</td><td></td><td colspan="2">등록번호</td><td></td></tr>
<tr><td>대 표 자</td><td></td><td colspan="2">주　　소</td><td></td></tr>
<tr><td>상주감리자</td><td></td><td colspan="2">보유자격</td><td></td></tr>
<tr><td rowspan="2">시 공 자</td><td>명　칭</td><td></td><td colspan="2">면허번호</td><td></td></tr>
<tr><td>대 표 자</td><td></td><td colspan="2">주　　소</td><td></td></tr>
<tr><td>사업위치</td><td colspan="5"></td></tr>
<tr><td>공사착공일</td><td colspan="2">년　　월　　일</td><td>공사완료일</td><td colspan="2">년　　월　　일</td></tr>
<tr><td rowspan="2">건축물개요</td><td>주 용 도</td><td></td><td>주요구조</td><td colspan="2"></td></tr>
<tr><td>세 대 수</td><td></td><td>총　　수</td><td colspan="2">지상(　)층/지하(　)층</td></tr>
</table>

　도시및주거환경정비법 제52조 제1항 및 동법시행규칙 제15조 제1항의 규정에 의하여 위와 같이 정비사업에 대한 준공인가를 신청합니다.

년　　월　　일

신청인　　　　　　　(서명 또는 인)

(시장·군수·구청장)　귀하

<table>
<tr><td>

※ 첨부서류
  1. 건축물·도시및주거환경정비법 제2조 제4호의 규정에 의한 정
     비기반시설(동법시행령 제3조 제8호에 해당하는 것을 제외
     한다) 및 동법 제2조제5호의 규정에 의한 공동이용시설 등의
     설치내역서
  2. 공사감리자의 의견서

</td><td>

수 수 료

없 음

</td></tr>
</table>

【서식】 준공인가증

제 호				
	준 공 인 가 증			

사업구분	☐ 주택재건축사업 ☐ 도시환경정비사업		☐ 주택재개발사업 ☐ 주거환경개선사업	
사업시행자	명 칭		등록번호	
	대 표 자		주 소	
사업위치				
공사착공일	년 월 일		공사완료일	년 월 일
건축물개요	주용도		주요구조	
	세대수		층 수	지상( )층/지하( )층

도시및주거환경정비법 제52조 제3항 및 동법시행규칙 제15조 제2항의 규정에 의
하여 위와 같이 준공인가를 필하였음을 증명합니다.

년   월   일

(시장·군수·구청장)   (인)

210mmX297mm(신문용지 54g/㎡(재활용품))

【서식】 준공인가전사용허가신청서

<table>
<tr><td colspan="4" align="center">준공인가전사용허가신청서</td><td>처리기간</td></tr>
<tr><td colspan="4"></td><td>15일</td></tr>
<tr>
<td rowspan="2">사업 구분</td>
<td colspan="4">☐ 주택재건축사업　　☐ 주택재개발사업</td>
<td>인가번호(년-월-일)</td>
</tr>
<tr>
<td colspan="4">☐ 도시환경정비사업　　☐ 주거환경개선사업</td>
<td></td>
</tr>
<tr><td rowspan="2">사업시행자</td><td>명　　칭</td><td></td><td>등록번호</td><td></td><td></td></tr>
<tr><td>대 표 자</td><td></td><td>주　　소</td><td></td><td></td></tr>
<tr><td rowspan="2">설 계 자</td><td>명　　칭</td><td></td><td>등록번호</td><td></td><td></td></tr>
<tr><td>대 표 자</td><td></td><td>주　　소</td><td></td><td></td></tr>
<tr><td rowspan="3">공사감리자</td><td>명　　칭</td><td></td><td>등록번호</td><td></td><td></td></tr>
<tr><td>대 표 자</td><td></td><td>주　　소</td><td></td><td></td></tr>
<tr><td>상주감리자</td><td></td><td>보유자격</td><td></td><td></td></tr>
<tr><td rowspan="2">시 공 자</td><td>명　　칭</td><td></td><td>면허번호</td><td></td><td></td></tr>
<tr><td>대 표 자</td><td></td><td>주　　소</td><td></td><td></td></tr>
<tr><td>사업위치</td><td colspan="5"></td></tr>
<tr><td>공사착공일</td><td colspan="2" align="center">년　월　일</td><td>공사완료일</td><td colspan="2">년　월　일</td></tr>
<tr><td rowspan="2">건축물개요</td><td>주 용 도</td><td></td><td>주요구조</td><td></td><td></td></tr>
<tr><td>세 대 수</td><td></td><td>총　　수</td><td colspan="2">지상( )층/지하( )층</td></tr>
</table>

　도시및주거환경정비법 제52조 제5항 및 동법시행규칙 제15조 제8항·제4항의 규정에 의하여 위와 같이 정비사업에 대한 준공인가전사용허가를 신청합니다.

년　　월　　일

신청인　　　　　　(서명 또는 인)

(시장·군수·구청장)　귀하

210㎜X297㎜(신문용지 54g/㎥(재활용품))

<table>
<tr><td>

※ 첨부서류
  1. 도시환경정비사업의 경우 : 건축법시행규칙 별지 제17호서식의
     (임시)사용승인신청서
  2. 도시환경정비사업외의 정비사업의 경우 : 주택건설촉진법시행
     규칙 별지 제33호서식의 사용검사(임시사용승인)신청서

</td><td>

수 수 료

없   음

</td></tr>
</table>

【서식】 주택조합(설립·변경·해산) 인가신청서

(제1쪽)

<table>
<tr>
<td colspan="2" rowspan="2">주택조합(설립·변경·해산)
인가신청서</td>
<td colspan="2">인가번호(년도-시군구구분-구분-일련번호)</td>
</tr>
<tr>
<td colspan="2">□□□□-□□□□□□□- -□□□□□</td>
</tr>
<tr>
<td rowspan="2">인가구분</td>
<td colspan="3">□ 지역조합   □ 직장조합   □ 리모델링조합
□ 설립인가   □ 변경인가   □ 해산인가</td>
</tr>
<tr>
<td colspan="3"></td>
</tr>
<tr>
<td rowspan="3">신청인</td>
<td>조 합 명</td>
<td></td>
<td>직 장 명</td>
</tr>
<tr>
<td>대 표 자</td>
<td></td>
<td>주민등록번호</td>
</tr>
<tr>
<td>조 합 주 소</td>
<td colspan="2">(전화 :   )</td>
</tr>
<tr>
<td>공동사업주체</td>
<td>업체명</td>
<td>대표자</td>
<td>소재지</td>
</tr>
<tr>
<td>건설예정지</td>
<td colspan="3"></td>
</tr>
<tr>
<td rowspan="3">조합설립
내 역</td>
<td>조합원수</td>
<td></td>
<td>대지확보</td>
<td>□확보 □미확보
□일부대지미확보</td>
</tr>
<tr>
<td>대지면적</td>
<td></td>
<td>건설예정세대</td>
<td></td>
</tr>
<tr>
<td>주택형별</td>
<td></td>
<td>주택규모</td>
<td></td>
</tr>
<tr>
<td>건설예정기간</td>
<td colspan="3"></td>
</tr>
<tr>
<td colspan="2">해산일자(해산인가인 경우에만 기재합니다)</td>
<td colspan="2"></td>
</tr>
</table>

　주택법 제32조, 동법시행령 제37조 및 동법시행규칙 제17조의 규정에 의하여 위와 같이 주택조합(설립·변경·해산)인가를 신청합니다.

년　　월　　일

신 청 인
조합원대표　　　　　　　　　　　　　(서명 또는 인)

(시장·군수·구청장)　귀하

210㎜X297㎜(신문용지 54g/㎥(재활용품))

<table>
<tr><td colspan="4">구 비 서 류</td></tr>
<tr><td colspan="4">

1. 설립인가의 경우
   가. 지역·직장주택조합의 경우
      (1) 창립총회의 회의록
      (2) 조합장선출동의서
      (3) 조합원 전원이 자필로 연명한 조합규약
      (4) 조합원 명부
      (5) 사업계획서
      (6) 고용자가 확인하는 근무확인서(직장주택조합의 경우에 한한다)
      (7) 주민등록표등본 및 조합원 자격이 있는 자임을 확인하는 서류. 다만,
          행정정보의 공동이용을 통하여 확인할 수 있는 경우에는 그 확인으로
          제출을 대신할 수 있다.
   나. 리모델링주택조합의 경우
      (1) 가목 (1) 내지 (5)의 서류
      (2) 주택법시행령 제47조 제4항 제1호 후단의 규정에 의한 결의를 증명하
          는 서류
      (3) 건축법 제5조의 규정에 의하여 건축기준의 완화적용이 결정된 경우에
          는 이를 증명할 수 있는 서류
      (4) 당해 주택이 사용검사를 받은 후 10년(증축에 해당하는 경우에는 20
          년) 이상의 기간이 경과하였음을 증명하는 서류
2. 변경인가의 경우 : 변경의 내용을 증명하는 서류
3. 해산인가의 경우 : 조합원의 동의를 얻은 정산서

</td></tr>
<tr><td colspan="4" align="center">승 인 안 내</td></tr>
<tr><td>제출하는 곳</td><td align="center">시·군·구</td><td>처 리 부 처</td><td align="center">주택담당부서</td></tr>
<tr><td>수 수 료</td><td align="center">없음</td><td>처 리 기 간</td><td align="center">20일</td></tr>
<tr><td colspan="4" align="center">근 거 법 규</td></tr>
<tr><td colspan="4">

주택법 제32조
주택법시행령 제37조
주택법시행규칙 제17조

</td></tr>
</table>

Ⅱ. 조합원 현황			해산인가의 경우는 기재하지 아니합니다.			
일련 번호	성 명	주민등록번호	주 소	전화번호	적격여부	비고
					☐ 적격 ☐부적격	
					☐ 적격 ☐부적격	
					☐ 적격 ☐부적격	
					☐ 적격 ☐부적격	
					☐ 적격 ☐부적격	

【서식】 임시사용승인서

임 시 사 용 승 인 서

주택법 제29조, 동법시행령 제36조 및 동법시행규칙 제15조의 규정에 의하여 아래와 같이 임시사용을 승인합니다.

사용승인구분	□ 주택건설사업		□ 대지조성사업
사업계획승인번호			
상 호		등 록 번 호	
대 표 자		법인(주민)등록번호	
영업소소재지			
임 시 사 용 승 인 기 간	년 월 일부터 년 월 일까지		

승 인 내 용

대 지 위 치			
동명칭 및 번호	용 도	승인면적(㎡)	세 대 수

년   월   일

시 · 도지사

(인)

시 · 군 · 구청장

210mmX297mm(신문용지 54g/㎥(재활용품))

【서식】 주택조합설립인가대장

	주택조합설립인가대장							
인가 번호	조합명	대표자	전화	사무소 소재지	주택건설 예정위치	주택건설 계획규모	조합 원수	비고

210mmX297mm(보존용지(2종) 70g/㎡)

【서식】 주택조합(설립·변경·해산) 인가필증

<table>
<tr><td colspan="4" align="center">

주택조합(설립·변경·해산)인가필증

</td></tr>
<tr><td colspan="4">

　주택법 제32조, 동법시행령 제37조 및 동법시행규칙 제17조의 규정에 의하여 다음과 같이 주택조합(설립·변경·해산)을 인가합니다.

</td></tr>
<tr><td>인 가 번 호</td><td></td><td></td><td></td></tr>
<tr><td>조 합 명</td><td></td><td>직 장 명</td><td></td></tr>
<tr><td>대 표 자</td><td></td><td>주민등록번호</td><td></td></tr>
<tr><td>사무소소재지</td><td colspan="3">　　　　　　　　　　　　　　　　　(전화 :　　　　　)</td></tr>
<tr><td>조 합 원 수</td><td></td><td>주 용 도</td><td></td></tr>
<tr><td colspan="4" align="center">

　

년　　월　　일

시·군·구청장　(인)

　
</td></tr>
</table>

210mm×297mm(보존용지(2종) 70g/㎥)

【서식】 행위허가신청서

(앞쪽)

<table>
<tr><td colspan="7" align="center">행 위 허 가 신 청 서</td></tr>
<tr>
<td rowspan="2">행위구분</td>
<td colspan="6">☐용도변경　☐개축·재축·대수선　☐비내력벽 철거　☐ 파손·철거</td>
</tr>
<tr>
<td colspan="6">☐용도폐지　☐신축·증축　☐리모델링</td>
</tr>
<tr>
<td rowspan="2">신 청 인</td>
<td colspan="2">① 성　명</td>
<td></td>
<td>주민등록번호</td>
<td colspan="2"></td>
</tr>
<tr>
<td colspan="2">주　　소</td>
<td colspan="4">(전화 :　　　　)</td>
</tr>
<tr>
<td rowspan="2">단지개요</td>
<td colspan="2">위　　치</td>
<td colspan="4">(단지명 :　　　　)</td>
</tr>
<tr>
<td colspan="2">세 대 수</td>
<td></td>
<td>동수 및 층수</td>
<td colspan="2">동　층, 동　층
동　층, 동　층</td>
</tr>
<tr>
<td rowspan="4">행위대상
시설개요</td>
<td colspan="2">시설종류</td>
<td colspan="4">☐공동주택　☐부대시설　☐복리시설</td>
</tr>
<tr>
<td colspan="2">건축면적</td>
<td>m²</td>
<td>② 연면적</td>
<td colspan="2">m²(바닥면적 :　　)</td>
</tr>
<tr>
<td colspan="2">③ 주용도</td>
<td></td>
<td>④ 부속용도</td>
<td colspan="2"></td>
</tr>
<tr>
<td colspan="2">공사면적</td>
<td>m²</td>
<td>층　　　수</td>
<td colspan="2">지하(　)층, 지상(　)층</td>
</tr>
<tr>
<td colspan="3">⑤ 총사업비</td>
<td colspan="4">천원(일반에게 분양되는 시설의 건축비·택지비 제외)</td>
</tr>
<tr>
<td colspan="3" align="center">착공예정일</td>
<td>년　월　일</td>
<td>사용검사예정일</td>
<td colspan="2">년　월　일</td>
</tr>
<tr>
<td colspan="7">
　　주택법 제42조 제2항, 동법시행령 제47조 및 동법시행규칙 제20조의 규정에 의하여 위와 같이 행위허가를 신청합니다.

년　　월　　일
신청인　　　　　(서명 또는 인)
시장·군수·구청장 귀하
</td>
</tr>
</table>

<table>
<tr><td>구비서류</td><td>

1. 용도변경의 경우에는 다음 각목의 서류
   가. 용도를 변경하고자 하는 층의 변경전과 변경후의 평면도
   나. 공동주택단지의 배치도
   다. 주택법시행령(이하 "영"이라 한다) 별표 3의 규정에 의하여
       입주자의 동의를 얻어야 하는 경우에는 그 동의서
2. 개축·재축·대수선 또는 비내력벽 철기의 경우에는 다음 각목
   의 서류
   가. 개축·재축 또는 대수선을 하고자 하는 건축물의 종별에 따
       른 건축법시행규칙 제6조 제1항 각호의 서류 및 도서(개
       축·재축 또는 대수선의 경우에 한한다)
   나. 비내력벽 철거사유서(비내력벽 철거의 경우에 한한다)
   다. 영 별표 3의 규정에 의하여 입주차의 동의를 얻어야 하는
       경우에는 그 동의서
3. 파손·철거 또는 용도폐지의 경우에는 다음 각목의 서류
   가. 파손·철거 또는 용도폐지의 사유서
   나. 공동주택단지의 배치도
   다. 영 별표 3의 규정에 의하여 입주자의 동의를 얻어야 하는
   경우에는 그 동의서
4. 신축 또는 증축의 경우에는 다음 각목의 서류
   가. 신축 또는 증축하고자 하는 건축물의 종별에 따른 건축법시
       행 규칙 제6조 제1항 각호의 서류 및 도서
   나. 영 별표 3의 규정에 의하여 입주자의 동의를 얻어야 하는
   경우에는 그 동의서
5. 리모델링의 경우에는 다음 각목의 서류
   가. 리모델링하고자 하는 건축물의 종별에 따른 건축법시행규칙
   제6조 제1항 각호의 서류 및 도서
   나. 영 별표 3의 규정에 의하여 입주자의 동의를 얻어야 하는
   경우에는 동 또는 단지 전체 소유자의 동의서
   다. 세대를 합치를 행위(내력벽 철거가 아닌 경우에 한한다)를
   하는 경우에는 그 동의 변경전과 변경후의 평면도

</td></tr>
</table>

210mmX297mm(보존용지(2종) 70g/㎡)

(뒤쪽)

※ 행위허가신청 안내

제출하는 곳	시·군·구	처 리 부 서	주택관리담당부서
수 수 료	없음	처 리 기 간	10일

유 의 사 항	
주택법 제98조 제6호	행위허가를 받지 아니하고 행위를 한 자는 1년 이하의 징역 또는 1천만원 이하의 벌금에 처하게 됩니다.

작 성 방 법

1. ①란에는 개인이 아닌 경우에는 해당 단체 또는 기관의 명칭을 기재합니다.
2. ②란에는 연면적은 건물의 면적을 기재하되 주차장·조경시설 등과 같이 연면적이 계산될 수 없는 경우에는 사용검사 당시의 면적을 바닥면적란에 기재합니다.
3. ③·④란에는 주택법 제2조 제6호 및 제7호와 주택건설기준등에관한규정 제4조·제5조에서 분류된 시설의 종류를 기재합니다.
4. ⑤란은 신축·증축·개축·재축·대수선 또는 리모델링에 한하여 기재합니다.

【서식】 행위신고서

(앞쪽)

<table>
<tr><td colspan="6" align="center">행 위 신 고 서</td></tr>
<tr><td>행위구분</td><td colspan="5">☐ 용도변경 ☐ 경미한 파손·철거 ☐ 경미한 사항의 신축·증축</td></tr>
<tr><td rowspan="2">신 고 인</td><td>성 명</td><td></td><td>주민등록번호</td><td colspan="2"></td></tr>
<tr><td>주 소</td><td colspan="4">(전화 :   )</td></tr>
<tr><td>단지개요</td><td>단 지 명</td><td></td><td>세 대 수</td><td colspan="2"></td></tr>
<tr><td rowspan="2">입 주 자
대표회의</td><td>명 칭</td><td></td><td>회장 성명</td><td colspan="2"></td></tr>
<tr><td>소 재 지</td><td colspan="4">(전화 :   )</td></tr>
<tr><td>행위대상
시설개요</td><td>시설종류</td><td colspan="4">☐공동주택
☐입주자 공유가 아닌 복리시설
☐부대시설·입주자 공유인 복리시설</td></tr>
<tr><td colspan="6" align="center">행 위 내 용</td></tr>
<tr><td rowspan="2">구분
시설별</td><td colspan="2" align="center">① 행 위 전</td><td colspan="2" align="center">② 행 위 후</td><td></td></tr>
<tr><td align="center">용 도</td><td align="center">면 적(㎡)</td><td align="center">용 도</td><td align="center" colspan="2">면 적(㎡)</td></tr>
<tr><td></td><td></td><td></td><td></td><td colspan="2"></td></tr>
<tr><td colspan="6">　
　주택법 제42조 제2항, 동법시행령 제47조 및 동법시행규칙 제20조의 규정에 의하여 위와 같이 신고합니다.

 년　　월　　일

 신고인　　　　　　　(서명 또는 인)　　
</td></tr>
<tr><td>구비서류</td><td colspan="5">1. 용도변경의 경우에는 다음 각목의 서류
　가. 용도를 변경하고자 하는 층의 변경전과 변경후의 평면도</td></tr>
</table>

<table>
<tr><td rowspan="13">구비서류</td><td>나. 공동주택단지의 배치도</td></tr>
</table>

구비서류

나. 공동주택단지의 배치도

다. 주택법시행령(이하 "영"이라 한다 별표 3의 규정에 의하여 입주자의 동의를 얻어야 하는 경우에는 그 동의서

2. 경미한 파손·철거의 경우에는 다음 각목의 서류

가. 파손·철거 또는 용도폐지의 사유서

나. 공동주택단지의 배치도

다. 영 별표 3의 규정에 의하여 입주자의 동의를 얻어야 하는 경우에는 그 동의서

3. 경미한 사항의 신축 또는 증축의 경우에는 다음 각목의 서류

가. 신축 또는 증축하고자 하는 건축물의 종별에 따른 건축법시행규칙 제6조 제1항 각호의 서류 및 도서

나. 영 별표 3의 규정에 의하여 입주자의 동의를 얻어야 하는 경우에는 그 동의서

210mmX297mm(보존용지(2종) 70g/㎥)

(뒤쪽)

※ 행위신고 안내

제출하는 곳	시·군·구	처 리 부 서	주택관리담당부서
수 수 료	없음	처 리 기 간	10일

유 의 사 항	
주택법 제101조 제1항 제5호	신고하지 아니하고 행위를 한 자는 5백만원 이하의 과태료 처분을 받게 됩니다.

작 성 방 법
1. ①·②의 행위 전·후의 용도란은 주택법 제2조 제6호 및 제7호와 주택건설기준등에관한규정 제4조·제5조에서 분류된 시설의 종류를 기재합니다. 2. ①·②의 행위 전·후의 면적은 신고된 행위로 인하여 증감되는 단지내 모든 종류의 시설에 대한 것을 기재합니다.

【서식】 행위허가증명서

<table>
<tr><td colspan="5" align="center"><h2>행 위 허 가 증 명 서</h2>

허가번호 제   호</td></tr>
<tr><td>행위구분</td><td colspan="4">☐용도변경   ☐개축·재축·대수선   ☐비내력벽 철거   ☐파손·철거
☐용도폐지   ☐신축·증축   ☐리모델링</td></tr>
<tr><td rowspan="2">신 청 인</td><td>성   명</td><td></td><td>주민등록번호</td><td></td></tr>
<tr><td>주   소</td><td colspan="3">(전화 :   )</td></tr>
<tr><td rowspan="2">단지개요</td><td>위   치</td><td colspan="3">(단지명 :   )</td></tr>
<tr><td>세 대 수</td><td></td><td>동수 및 층수</td><td>동 층, 동 층
동 층, 동 층</td></tr>
<tr><td rowspan="4">행위대상
시설개요</td><td>시설종류</td><td colspan="3">☐공동주택   ☐부대시설   ☐복리시설</td></tr>
<tr><td>건축면적</td><td>㎡</td><td>연 면 적</td><td>㎡(바닥면적 :   )</td></tr>
<tr><td>주 용 도</td><td></td><td>부속 용도</td><td></td></tr>
<tr><td>공사면적</td><td>㎡</td><td>층   수</td><td>지하( )층, 지상( )층</td></tr>
<tr><td>총 사업비</td><td colspan="4">천원(일반에게 분양되는 시설의 건축비·택지비 제외)</td></tr>
<tr><td>착공예정일</td><td colspan="2">년 월 일</td><td>사용검사예정일</td><td>년 월 일</td></tr>
<tr><td colspan="5">주택법 제42조 제2항, 동법시행령 제47조 및 동법시행규칙 제20조 제5항의 규정에 의하여 위와 같이 행위허가를 하였음을 증명합니다.

년 월 일

시장·군수·구청장   (인)</td></tr>
</table>

210mmX297mm(일반용지) 60g/㎡(재활용품))

【서식】 행위신고증명서

<table>
<tr><td colspan="6" align="center"><h3>행 위 신 고 증 명 서</h3>
신고번호 제　　　　호</td></tr>
<tr><td>행위구분</td><td colspan="5">□용도변경　□경미한 파손·철거　□경미한 사항의 신축·증축</td></tr>
<tr><td rowspan="2">신 고 인</td><td>성　　명</td><td></td><td>주민등록번호</td><td colspan="2"></td></tr>
<tr><td>주　　소</td><td colspan="2"></td><td colspan="2">(전화 :　　　　)</td></tr>
<tr><td>단지개요</td><td>단 지 명</td><td></td><td>세 대 수</td><td colspan="2"></td></tr>
<tr><td>행위대싱
시설개요</td><td>시설종류</td><td colspan="4">□공동주택
□입주자공유가 아닌 복리시설
□부대시설·입주자 공유인 복리시설</td></tr>
<tr><td colspan="6" align="center">행 위 내 용</td></tr>
<tr><td>구분</td><td colspan="2" align="center">행 위 전</td><td colspan="3" align="center">행 위 후</td></tr>
<tr><td>시설별</td><td>용 도</td><td>면 적(㎡)</td><td colspan="2">용 도</td><td>면 적(㎡)</td></tr>
<tr><td></td><td></td><td></td><td colspan="2"></td><td></td></tr>
<tr><td colspan="6">　주택법 제42조 제2항, 동법시행령 제47조 및 동법시행규칙 제20조 제5항의 규정에 의하여 위와 같이 신고를 하였음을 증명합니다.

 년　월　일
 시장·군수·구청장　(인) </td></tr>
</table>

210㎜X297㎜(일반용지) 60g/㎥(재활용품))

【서식】 사용검사신청서

(제1쪽)

<table>
<tr><td colspan="4" align="center">사용검사신청서</td></tr>
<tr>
<td rowspan="2">신청구분</td>
<td>허　가</td>
<td colspan="2">□용도변경　□개축·재축·대수선　□비내력벽 철거
□파손·철거　□용도폐지　□신축·증축　□리모델링</td>
</tr>
<tr>
<td>신　고</td>
<td colspan="2">□용도변경　□경미한 파손·철거
□경미한 사항의 신축·증축</td>
</tr>
<tr>
<td>허가(신고)
번　호</td>
<td></td>
<td>공사착공일</td>
<td>년　월　일</td>
</tr>
<tr>
<td rowspan="2">신청인
(입주자대표
회의 또는
조합)</td>
<td>성　명
(명　칭)</td>
<td>주민등록번호
(조합인가번호)</td>
<td>(　　　)</td>
</tr>
<tr>
<td>주　소</td>
<td colspan="2"></td>
</tr>
<tr>
<td rowspan="3">설　계　자</td>
<td>성　명</td>
<td>면허번호</td>
<td></td>
</tr>
<tr>
<td>사무소명</td>
<td>등록번호</td>
<td></td>
</tr>
<tr>
<td>사　무　소
소　재　지</td>
<td colspan="2">(전화 :　　　　　)</td>
</tr>
<tr>
<td rowspan="3">시　공　자</td>
<td>상　호</td>
<td>등록번호</td>
<td></td>
</tr>
<tr>
<td>대　표　자</td>
<td>법인(주민)등록번호</td>
<td></td>
</tr>
<tr>
<td>영　업　소
소　재　지</td>
<td colspan="2">(전화 :　　　　　)</td>
</tr>
<tr>
<td rowspan="3">감　리　자</td>
<td>상　호</td>
<td>등록번호</td>
<td></td>
</tr>
<tr>
<td>대　표　자</td>
<td>법인(주민)등록번
호</td>
<td></td>
</tr>
<tr>
<td>영　업　소
소　재　지</td>
<td colspan="2">(전화 :　　　　　)</td>
</tr>
<tr>
<td rowspan="2">단지　개요</td>
<td>위　치</td>
<td>(단지명)</td>
<td>지　번</td>
</tr>
<tr>
<td>세 대 수</td>
<td>동수 및 층수</td>
<td></td>
</tr>
<tr>
<td colspan="2" align="center">행 위 허 가 개 요</td>
<td colspan="2">전체 행위허가 신청에 대한 개요를 기재
합니다.</td>
</tr>
<tr>
<td colspan="2">대지면적(㎡)</td>
<td>건축면적(㎡)</td>
<td></td>
</tr>
<tr>
<td colspan="2">건폐율(%)</td>
<td>연면적(㎡)</td>
<td></td>
</tr>
<tr>
<td colspan="2">용적률산정용
연면적(㎡)</td>
<td>용적률(%)</td>
<td></td>
</tr>
</table>

210mmX297mm(일반용지) 60g/㎡(재활용품))

(제2쪽)

<table>
<tr><td colspan="6" align="center">행위허가(신고) 전체 내용</td></tr>
<tr><td rowspan="3">공동주택</td><td>구 분</td><td colspan="4">행 위 내 용</td></tr>
<tr><td>당 초</td><td colspan="4"></td></tr>
<tr><td>변 경</td><td colspan="4"></td></tr>
<tr><td rowspan="7">부대시설</td><td>시설종류</td><td>설치현황</td><td colspan="2">단지내 현황</td><td>단지외 현황</td></tr>
<tr><td>당 초</td><td></td><td colspan="2"></td><td></td></tr>
<tr><td>변 경</td><td></td><td colspan="2"></td><td></td></tr>
<tr><td>당 초</td><td></td><td colspan="2"></td><td></td></tr>
<tr><td>변 경</td><td></td><td colspan="2"></td><td></td></tr>
<tr><td>당 초</td><td></td><td colspan="2"></td><td></td></tr>
<tr><td>변 경</td><td></td><td colspan="2"></td><td></td></tr>
<tr><td rowspan="7">복리시설

분양시설</td><td>시설종류</td><td>주 용 도</td><td>면적(㎡)</td><td>개소</td><td>그 밖의 현황</td></tr>
<tr><td>당 초</td><td></td><td></td><td></td><td></td></tr>
<tr><td>변 경</td><td></td><td></td><td></td><td></td></tr>
<tr><td>당 초</td><td></td><td></td><td></td><td></td></tr>
<tr><td>변 경</td><td></td><td></td><td></td><td></td></tr>
<tr><td>당 초</td><td></td><td></td><td></td><td></td></tr>
<tr><td>변 경</td><td></td><td></td><td></td><td></td></tr>
<tr><td colspan="6">　주택법 제42조 제5항 및 동법시행규칙 제20조 제6항의 규정에 의하여 위와 같이 사용검사를 신청합니다.

 년　월　일 신청인　　　　　　(서명 또는 인) 시장·군수·구청장　귀하 </td></tr>
<tr><td>구비서류</td><td colspan="5">1. 감리자의 감리의견서(건축법상 감리대상인 경우에 한한다)
2. 시공자의 공사확인서</td></tr>
</table>

(제3쪽)

┌─ I. 일반건축물 소유자현황	일반건축물인 경우에만 기재합니다.	

주건축물의동 명칭 및 번호	소유자성명(명칭)	
	주민등록번호(부동산등기용등록번호)	
	주 소	

(제4쪽)

<table>
<tr><td rowspan="3">Ⅱ. 집합건축물 소유자현황</td><td colspan="5">집합건축물인 경우에만 기재합니다.</td></tr>
</table>

주건축물의 동명칭 및 번호	층구분	호구분	소유자성명(명칭)	소유권 지 분	구분 기호
			주민등록번호 (부동산등기용등록번호)		
			주 소		

(제5쪽)

Ⅲ. 집합건축물전용/공용면적표			집합건축물인 경우에만 기재합니다.		
구분기호					
전용/공용	주/부	층구분	구　조	용　도	면적(㎡)
구분기호					
전용/공용	주/부	층구분	구　조	용　도	면적(㎡)

구분기호					
전용/공용	주/부	층구분	구 조	용 도	면적(㎡)

(제5쪽)

신 청 안 내

제출하는 곳	시·군·구	처 리 부 서	건축 또는 주택담당부서
수 수 료	없 음	처 리 기 간	15일

근 거 법 규

주택법 제42조 제5항
주택법시행규칙 제20조 제6항

유 의 사 항

주택법 제97조 제5호	사용검사필증을 교부받지 아니하고는 그 건축물 등을 사용하거나 사용하게 할 수 없으며, 이를 위반한 경우에는 2년 이하의 징역 또는 2천만원 이하의 벌금에 처하여집니다(신고행위 중 업주자대표회의의 동의를 받는 경미한 사항의 경우는 제외합니다).

작 성 방 법

별지 제20호 서식의 작성방법에 따릅니다.

【서식】 사용검사필증

사 용 검 사 필 증

주택법 제42조 제5항 및 동법시행규칙 제20조 제7항의 규정에 의하여 아래와 같이 행위에 대한 사용검사가 되었기에 검사필증을 교부합니다.

사용검사구분	허 가	☐용도변경 ☐개축·재축·대수선 ☐비내력벽 철거 ☐파손·철거 ☐용도폐지 ☐신축·증축 ☐리모델링
	신 고	☐용도변경 ☐경미한 파손·철거 ☐경미한 사항의 신축·증축

허가(신고)번호			
성 명 (조 합 명)		주민등록번호 (조합인가번호)	
주 소			

행 위 개 요

대 지 위 치		대지면적(㎡)	
건축면적(㎡)		건폐율(%)	
연 면 적(㎡)		용적률(%)	
동수(주/부)		세 대 수	
그 밖의 사항			

년   월   일

시 장
군 수   (인)
구청장

210mmX297mm(보존용지(2종) 70g/㎡)

【서식】 국민주택채권매입신청서

<table>
<tr><td colspan="5"><h3>국민주택채권매입신청서</h3></td></tr>
<tr><td>성 명
(법인명)</td><td></td><td>주민(사업자)등록번호</td><td colspan="2"></td></tr>
<tr><td>주 소</td><td></td><td rowspan="2">등기용등록번호
관리번호(계약번호)</td><td colspan="2" rowspan="2"></td></tr>
<tr><td>연락처</td><td></td></tr>
<tr><td>채권금액</td><td colspan="4">금   원정(₩   )</td></tr>
<tr><td>매입목적</td><td></td><td>청구기관</td><td colspan="2"></td></tr>
<tr><td>대리인 성명</td><td></td><td>주민(사업자)등록번호</td><td colspan="2">연락처(   )</td></tr>
<tr><td>채권보유여부
(해당란에 ○표)</td><td colspan="2">1. 즉시 매도(   )
증권시장가격으로 대행
증권사에 매도</td><td colspan="2">2. 채권보유(   )
대행증권사에 계좌입고 또는
위탁계좌 개설후 입고</td></tr>
<tr><td colspan="5">　주택법시행규칙 제38조의2 제1항의 규정에 의하여 위와 같이 국민주택채권
매입을 신청합니다.

　　　　　　　　　　　　　　년　　월　　일

　　　　　신청인　　　　　　　　　　(서명 또는 인)</td></tr>
</table>

176㎜X116㎜(일반용지 60g/㎡(재활용품))

【서식】 국민주택채권매입내역정정신청서

<table>
<tr><td colspan="5" rowspan="2"> 국민주택채권매입내역정정신청서 </td><td>처리기간</td></tr>
<tr><td>즉　시</td></tr>
<tr><td rowspan="2">신 청 인</td><td>주 소</td><td colspan="4"></td></tr>
<tr><td>성 명(법인명)</td><td></td><td colspan="2">주민(사업자)
등록번호</td><td></td></tr>
<tr><td rowspan="2">채 권</td><td>발행번호</td><td colspan="4"></td></tr>
<tr><td>금 액</td><td colspan="4"></td></tr>
<tr><td colspan="6"> 정　정　사　항 </td></tr>
<tr><td colspan="2"> 항 목 별 </td><td colspan="2"> 당　초 </td><td colspan="2"> 정　정 </td></tr>
<tr><td rowspan="2">매입자</td><td>성명(법인명)</td><td colspan="2"></td><td colspan="2"></td></tr>
<tr><td>주민(사업자)등록
번호</td><td colspan="2"></td><td colspan="2"></td></tr>
<tr><td colspan="2"> 매 입 목 적 </td><td colspan="2"></td><td colspan="2"></td></tr>
<tr><td colspan="2"> 징 구 기 관 </td><td colspan="2"></td><td colspan="2"></td></tr>
<tr><td colspan="2"> 매 입 금 액 </td><td colspan="2"></td><td colspan="2"></td></tr>
</table>

　　주택법시행규칙 제38조의3제2항의 규정에 의하여 위와 같이 국민주택채권매
입내역을 정정하여 줄 것을 신청합니다.

년　월　일

신청인　　　　　(서명 또는 인)

귀하

<table>
<tr><td>수 수 료</td></tr>
<tr><td>없 음</td></tr>
</table>

210mmX297mm(보존용지(2종) 70g/㎥

【서식】 주택거래계약신고서

(앞 쪽)

<table>
<tr><td colspan="6" align="center">주택거래계약신고서</td></tr>
<tr><td>접수일자</td><td></td><td colspan="2">일련번호</td><td colspan="2"></td></tr>
<tr><td rowspan="2">매 수 인</td><td>성명(법인명)</td><td></td><td colspan="2">주민(법인)등록번호</td><td></td></tr>
<tr><td>주   소</td><td colspan="4">(전화 :   )</td></tr>
<tr><td rowspan="2">매 도 인</td><td>성명(법인명)</td><td></td><td colspan="2"></td><td></td></tr>
<tr><td>주   소</td><td colspan="4">(전화 :   )</td></tr>
<tr><td rowspan="13">신고사항</td><td colspan="2">계 약 일</td><td colspan="3">년   월   일</td></tr>
<tr><td colspan="2">주택의 소재지</td><td colspan="3"></td></tr>
<tr><td colspan="2">주택의 종류</td><td colspan="3">□아파트 □연립주택 (□재건축 □재개발)</td></tr>
<tr><td colspan="2">주택의 규모</td><td colspan="3">주거전용면적   m²</td></tr>
<tr><td rowspan="4">주택의
거래가액</td><td>매매대금</td><td colspan="3">원</td></tr>
<tr><td>계약금</td><td>원</td><td colspan="2">년   월   일</td></tr>
<tr><td>중도금</td><td>원</td><td colspan="2">년   월   일</td></tr>
<tr><td>잔 금</td><td>원</td><td colspan="2">년   월   일</td></tr>
<tr><td colspan="2">소유권이전예정일자</td><td colspan="3">년   월   일</td></tr>
<tr><td rowspan="2">부동산중개업자</td><td>상호</td><td></td><td>성명 및
주민등록번호</td><td></td></tr>
<tr><td>사무소소재지</td><td colspan="3"></td></tr>
<tr><td colspan="2">계약의 조건 또는
기한</td><td colspan="3"></td></tr>
</table>

「주택법」 제80조의2제1항 및 동법 시행규칙 제49조의2제1항의 규정에 의하여 위와 같이 주택거래계약내용을 신고합니다.

년   월   일

매수인   (서명 또는 인)

신고인

매도인   (서명 또는 인)

시장·군수·구청장 귀하

──────────────────────간   인──────────────────────

<h1 align="center">주택거래계약신고필증</h1>

접수일자			일련번호	
매 수 인	성명(법인명)		주민(법인)등록번호	
	주 소		(전화 :)	
매 도 인	성명(법인명)		주민(법인)등록번호	
	주 소		(전화 :)	
신고사항	계 약 일	년 월 일		
	주택의 소재지			
	주택의 종류	□아파트 □연립주택 (□재건축 □재개발)		
	주택의 규모	주거전용면적 ㎡		
	주택의 거래가액	원		

년   월   일

시장·군수·구청장 귀하   (인)

210㎜X297㎜(보존용지(2종) 70g/㎥)

(뒤 쪽)

구비서류	1. 주민등록표등본 등 선고인이 본인임을 증명할 수 있는 서류 2. 거래계약서 사본 등 당해 주택거래계약을 증명하는 서류 3. 건물등기부등본	
작성방법		수 수 료
		없 음
	1. 주택의 종류에는 아파트 또는 연립주택에 V표시를 하고, 당해 주택이 도시및주거환경정비법에 의한 주택재건축사업을 위한 정비구역(종전의 주택건설촉진법에 의하여 설립인가를 받은 재건축 포함)안의 주택 또는 주택재개발사업을 위한 정비구역안의 주택의 경우에는 재건축 또는 재개발에 각각 V표시를 합니다. 2. 부동산중개업자는 주태거래계약을 부동산중개업자가 중개한 경우에 한하여 기재하고, 계약의 조건 또는 기한은 주택거래계약내용에 계약조건이나 기한을 붙인 경우에 한하여 기재합니다.	

【서식】 부동산 신탁계약서(재건축)

신 탁 계 약 서

위탁자(이하 '조합원'이라 한다)와 수탁자(이하 '조합'이라 한다)는 위탁자의 소유인 별지기재부동산 위에 도시및주거환경정비법에 의한 재건축을 하기 위하여 아래와 같이 신탁계약을 체결한다.

제1조 (신탁의 목적)

도시및주거환경정비법과 수탁자의 정관이 정하는 바에 따라 기존의 노후주택을 철거하고, 그 대지 위에 새로운 주택을 건설하여 조합원에 공급하여 쾌적한 주거환경을 조성함을 목적으로 한다.

제2조 (신탁의 공시)

① 조합원은 별지기재 토지를 신탁하고 을은 이를 인수한다.

② 본 계약체결 후 조합원은 지체없이 신탁에 필요한 소유권이전등기서류를 조합에 이행한다.

제3조 (신탁재산의 관리방법)

조합은 선량한 관리자의 주의로써 주택건설사업을 수행하는 범위 내에서 신탁재산을 관리, 운용, 처분하여야 한다.

제4조 (신탁재산의 관리 등)

조합이 재건축사업을 위한 다음 각항의 등기를 할 경우에는 민법 제276조 제1항과 부동산등기법시행규칙 제56조 제3호의 규정에 의한 조합원 총회의 결의는 별도로 받지 아니한다.

1. 조합원 소유의 부동산을 조합명의로 신탁을 원인으로 하는 소유권이전등기
2. 사업종료 또는 조합원 자격상실, 신탁해지 등 신탁종료의 사유에 따른 소유권이전등기
3. 사업지구변경 또는 기타 토지 매입 등 사업지구승인 면적의 부동산매입에 따른 소유권이전등기
4. 사업수행상 교환, 합병, 분할, 공유물분할, 기부체납 등에 의하여 발생되는 소유권이전등기
5. 일반분양자에게 분양에 의하여 행하는 소유권이전등기
6. 시공회사에 건축비 담보를 위하여 제한물권 또는 담보가등기를 설정하는 행위

제5조 (신탁재산의 처분제한 등)

조합이 신탁재산에 다음 각항의 등기를 할 경우에는 조합원 총회에서 참석조합원의 1/2이상의 동의를 받아야 한다.

1. 신탁재산을 증여, 대물변제, 소유권 포기, 공유지분 포기, 양도담도하는 행위
2. 신탁재산에 제한물권을 설정하는 행위, 다만 시공회사에 건축비를 담보하기 위한 설정은 그러하지 아니하다.
3. 시공회사 또는 조합원 이외의 자에 대한 채무인수행위

제6조 (신탁재산에 속하는 금전운용방법)

① 신탁재산에 속하는 금전은 조합이 다른 신탁재산에 속하는 금전과 혼합하여 관리한다.

② 금융기관에 일반예금으로 예치하여 조합운영비로 사용을 하며 투자의 수단으로 예금하거나 채권 증권의 매입 등은 할 수 없다.

③ 조합은 매 정기총회에 금전사용사항을 조합원에 보고하고 적정여부를 승인을 받아야 한다.

제7조 (신탁재산)

조합은 명목여하를 불구하고 조합의 개인명의로 재산을 취득할 수 없으며 조합이 취득한 일체의 재산은 신탁재산으로 한다.

1. 재건축사업시행구역 안의 모든 토지와 건물
2. 사업의 시행상 필요하다고 인정되어 인근토지가 추가로 편입되는 토지 또는 건물
3. 조합이 매도청구권 행사에 의하여 취득한 재산
4. 조합원이 납부한 부과금 또는 부담금
5. 건축물 및 부대·복리시설의 분양수입금
6. 국민주택기금 또는 금융기관 융자금
7. 시공회사가 조달하는 차입금
8. 대여금의 이자 및 과태료 등 수입금
9. 조합재산의 사용수익 또는 처분에 의한 수익금
10. 기타 재건축 사업과 관련하여 취득한 일체의 재산

제8조 (신탁기간)

신탁기간은 도시및주거환경정비법의 규정에 의한 사용검사를 받은 날까지로 한다. 다만 사용검사일에 분양되지 아니한 건축물과 그 부속토지가 있는 경우는 그 건축물과 부속토지에 대하여는 분양을 완료한 날까지로 한다.

제9조 (수익권)

① 신탁재산에 대한 수익자는 위탁자로 한다. 다만 위탁자가 조합원 자격을 상실하는 경우는 그 조합원의 지위를 승계받은 자에게 수익권이 승계된다.

② 위탁자가 조합원 자격을 상실하는 경우로서 그 지위를 승계받는 자가 없는 경우에는 위탁자가 수익권을 갖는다.

③ 수익자는 조합의 승낙없이 수익권을 양도, 승계, 질권설정을 할 수 없다.

제10조 (수익자의 자격상실)

① 조합원이 사업시행구역 안의 소유주택 등 조합원이 될 권리를 양도하였을 때에는 수익자의 자격을 상실한다.

② 조합원이 그 권리를 양도하거나 주소를 변경하였을 경우에는 그 양수자 또는 변경당사자는 그 행위의 종료일로부터 14일 이내에 조합에 변경내용을 신고하여야 한다. 이 경우 신고하지 아니하여 발생하는 불이익 등에 대하여 조합원은 조합에 이의를 제기할 수 없다.

③ 관계법령·규정 및 규약에서 정하는 조합원의 자격에 해당되지 않게 된 자는 수익자의 자격을 자동 상실한다.

④ 조합원이 정관에서 정하는 조합원의 의무사항을 이행치 않을 경우 총회에서 출석조합원 1/2이상의 찬성으로 제명되는 경우 수익권은 상실된다.

제11조 (신탁의 해지)

① 신탁계약은 해지할 수 없다.

② 천재지변, 경제사정의 특별한 변화 등에 의하여 절대적으로 신탁의 목적을 달성할 수 없다고 판단되는 경우 양 당사자는 신탁을 해지할 수 있다.

③ 신탁을 해지하고자 하는 경우에는 상대방의 승낙을 얻어야 한다.

제12조 (신탁의 종료)

다음 각호의 경우에는 신탁은 종료한다.

① 신탁의 목적을 달성할 수 없는 경우

② 주택건설사업의 완료에 의하여 사용검사를 얻는 때 다만 사용검사일까지 분양되지 아니한 건축물과 그 부속토지가 있는 경우는 그 건축물과 부속토지에 대하여는 분양을 완료한 날까지로 한다.

③ 제10조에 의하여 신탁이 해지될 때

④ 조합원 과반수 이상의 동의로 종료한 때

⑤ 조합의 해산 또는 인가취소

제13조 (신탁재산의 귀속)

신탁이 종료되는 경우는 토지에 대하여는 집합건물소유및관리등에관한법률 제12조에 따라 건물 전용면적의 비율에 의한 토지지분이 다음 각호의 각호의 순위로 귀속된다. 다만 신탁목적을 달성하지 못하거나 조합의 인가취소로 신탁이 종료되는 경우는 당초 신탁한 위탁자에게 토지지분이 귀속된다.

건물에 대하여는 조합원총회에서 추첨 등을 통하여 배정된 1주택 또는 복리시설을 다음 각호의 순위로 귀속된다. 다만 철거하지 않는 사이에 신탁목적을 달성하지 못하거나 조합의 인가취소로 신탁이 종료되는 경우는 당초 신탁한 위탁자에 건물이 귀속된다.

부동산 이외의 금전은 조합총회에서 결산승인이 되고 남은 금전이 있는 경우 다음각호의 순위로 지급한다.

① 조합원인 위탁자

② 위탁자가 조합원의 자격을 상실한 경우는 그 지위를 승계받고 주무관청의 승인과 조합의 동의를 받은 자

③ 제2항 승계자가 없는 경우 주택건설촉진법시행령 제42조에 따라 충원되는 자

④ 위탁자가 사망한 경우는 그 법정 상속인

제14조 (신탁재산의 귀속절차)

① 조합에 대한 각종 납부금을 납부하여야 하는 경우 그 납부금을 이행한 후 소유권이전을 받을 수 있다.

② 조합이 조합원을 대신하여 부담한 비용이 있는 경우 그 비용을 납부하여야만 소유권이전등기를 요구할 수 있다.

③ 조합원이 채권자로부터 등기청구권에 대하여 압류, 가압류, 가처분 등 등기절차를 금하는 법원의 명령이 있는 경우는 조합원은 먼저 해제를 받은 후 소유권이전등기를 요구하여야 한다.

제15조 (신탁서류의 열람)

① 조합은 재건축사업을 완료하였을 때에는 신탁사무에 관한 서류를 조합원에 열람을 제공하여야 한다.

② 신탁중에 조합원이 신탁사무에 관한 서류의 열람을 요구하는 경우는 이행하여야 하며, 등사를 요구하는 경우 이에 응하여야 한다.

제16조 (신탁조항의 효력)

본 신탁조항과 주무관청으로부터 인가를 받은 조합정관과 배치되는 내용이 있을 경우 조합정관이 우선한다.

제17조 (재판관할)

조합과 조합원(수익자)간에 법률분쟁이 발생할 시는 신탁재산 소재지를 관할하는 법원으로 한다.

제18조 (다른 규정의 준용)

  이 신탁조항에서 정하고 있지 않는 사항은 조합정관을 적용하고 그 정관에도 없는 경우에는 관련법령, 관련기관의 유권해석에 따른다.

이 계약을 증명하기 위하여 본 계약서 2부를 작성하여 각 기명날인 후 각자 1부씩 보관한다.

○○년 ○월 ○일

(갑) 위 탁 자 ○ ○ ○ ㉑
       주민등록번호 :
       주   소 : ○○시 ○○구 ○○동 ○○번지

(을) 수 탁 자 ○○○○ 재건축조합 ○○○-○○○○
       ○○시 ○○구 ○○동 ○○번지
       대 표 자 ○ ○ ○ ㉑

<부동산의 표시>

○○시 ○○구 ○○동 ○○번지 대 3,039.4㎡
— 이상 이전할 지분 3,039.4분지 46.23 ○○○ 지분전부 —

【서식】 신탁원부

신 탁 원 부

신탁원부 제○○○호

위 탁 자 : ○ ○ ○
수 탁 자 : ○○○○○신탁 주식회사
신청대리인 : 법무사 ○ ○ ○ ㉑

신청서접수	○○년 ○월 ○일
	제○○○호

법 무 사 ○ ○ ○

1	위탁자의 성명과 주소	○ ○ ○ ○○시 ○○구 ○○동 ○○번지
2	수탁자의 성명과 주소	○○○○○신탁 주식회사 ○○시 ○○구 ○○동 ○○번지
3	수익자의 성명과 주소	○ ○ ○ ○○시 ○○구 ○○동 ○○번지
4	신탁관리인의 성명과 주소	없 음
5	신탁조항	아래와 같음

5. 신탁조항

○○○(이하 '위탁자'라 함)는 별지 기재의 부동산(이하 '신탁부동산'이라 함)을 ○○○신탁주식회사(이하 '수탁자'라 함)에 신탁하고 수탁자는 이를 인수함에 있어 다음과 같이 부동산 신탁(이하 '신탁계약'이라 함)사항을 정한다.

제1조 (신탁목적)

이 신탁의 목적은 수탁자가 신탁부동산에 대하여 처분 업무 등을 수행하는데 있다.

제2조 (신탁부동산의 인수)

① 위탁자는 신탁계약 체결 즉시 신탁부동산을 수탁자에게 인도하고 수탁자는 이를 인수하며, 신탁을 원인으로 한 소유권이전등기 및 신탁등기를 한다.

② 위탁자는 권리증, 인감증명, 위임장 등 신탁등기에 필요한 제반서류를 수탁자에게 제공하여야 한다.

③ 제1항의 등기에 필요한 제비용은 위탁자가 부담한다.

제3조 (신탁기간)

① 신탁계약기간은 ○○년 ○월 ○일부터 신탁재산을 처분하여 소유권이전등기가 종료된 때까지로 한다.

② 신탁부동산의 일부를 처분한 경우에는 그 부분에 대하여 소유권이전등기를 종료한 때에 그 부분에 한하여 신탁이 일부 종료된 것으로 본다.

제4조 (수익자 지정)

위탁자는 수탁자의 승낙을 얻어 수익자를 새로 지정하거나 변경할 수 있다. 이 권리는 위탁자에게 전속되며 상속되지 아니한다.

제5조 (필요자금의 차입 및 담보제공)

수탁자는 신탁사무처리에 필요한 자금을 신탁재산 및 수익자의 부담으로 재무부장관이 정하는 방법으로 차입하고, 차입금의 담보로서 신탁부동산에 근저당권을 설정할 수 있는 것으로 한다.

제6조 (신탁부동산의 처분 및 운용)

수탁자는 신탁부동산을 적정하다고 인정하는 처분가격·처분방법 및 처분조건으로 처분하고, 처분시까지의 관리사무를 약정할 경우에는 임대업무 및 임대를 위한 유지관리사무를 수탁자가 직접 하거나 수탁자가 선임하는 제3자에게 위탁할 수 있다.

제7조 (선관의무 및 하자담보책임)

① 수탁자는 신탁부동산의 임대사무, 유지관리 및 기타 신탁사무에 대하여 선량한 관리자의 주의의무를 가지며, 위탁자 및 수익자는 신탁부동산의 하자에 의한 책임을 부담한다.

② 수탁자가 선량한 관리자로서 주의의무를 다한 경우에는 위탁자 또는 수익자에게 손해가 발생되더라도 수탁자는 그 책임을 지지 아니한다.

제8조 (신탁의 원본)

신탁의 원본은 신탁부동산과 신탁부동산에 관하여 취득한 입주보증금, 신탁부동산의 대위재산 및 제5조의 차입금과 기타 이에 준하는 것으로 한다.

제9조 (신탁의 수익)

신탁의 수익은 신탁부동산의 매각대금, 신탁부동산으로부터 발생하는 임대료 및 신탁재산에 속하는 금전의 운용에 의해 발생한 이익, 기타 이에 준하는 것으로 한다.

제10조 (수익권증서)

수탁자는 수익자의 청구가 있는 경우에는 신탁수익권을 증명하기 위하여 수익권증서를 수익자에게 교부할 수 있으며, 이 경우 수익권증서는 지분비율을 표시하여 분할하여 작성할 수 있다.

제11조 (신탁재산에 속하는 금전의 운용방법)

① 신탁재산에 속하는 금전은 운용방법을 같이하는 다른 신탁재산과 합동 또는 단독으로 재정경제부장관이 정하는 방법으로 수탁자가 운용하기로 한다.

② 신탁부동산의 임대에 따라 받은 입주보증금 등은 제1항의 운용방법을 따르는 이에 차입금 및 보증금 등의 변제에 충당할 수 있다.

제12조 (비용의 부담)

① 신탁재산에 관한 재세공과금, 유지관리비 및 금융비용 등 기타 신탁사무의 처리에 필요한 제비용 및 신탁사무처리에 있어서의 수탁자의 부과성 손해는 수익자의 부담으로 한다.

② 신탁재산에 속하는 금전이 제1항의 제비용 등의 비율에 부족하고 수익자로부터 그 부족금액을 받을 수 없을 경우에는 수탁자가 상당하고 인정한 방법으로 신탁재산의 일부 또는 전부를 매각해서 그 지불에 충당할 수 있다.

③ 수익자가 제1항의 비용 등을 지급시기에 납부하지 않는 경우에는 수탁자가 대신 납부할 수 있으며, 이 경우에는 금융기관 변제이율에 의한 지체상금을 수탁자에게 지급하여야 한다.

④ 수탁자는 제3항의 대납금과 지체상금을 수익자에게 지급할 금전 또는 재산중에서 이를 공제, 수취할 수 있다.

제13조 (신탁의 계산 및 수익의 교부)

① 신탁계산에 관한 계산기일은 매년 12월 31일 및 신탁종료일로 하고, 수탁자는 당해기의 수시계산서를 작성해서 수익자에 통보하고 신탁수익은 금전으로 교부한다.

② 계산기 이전에 위탁자와 수익자가 합의하는 경우에는 신탁재산에 의하여 발생된 수익과 비용 및 신탁보수를 매분기 별로 가정산할 수 있다.

제14조 (신탁보수)

① 신탁보수는 재정경제부장관이 정하는 보수요율의 범위 내에서 수탁자가 정하는 방법 및 시기에 신탁재산으로 충당하거나 수익자에게 이를 청구할 수 있다.

② 수탁자가 입주지의 알선을 행할 때에는 별도로 부동산 임대수수료 상당액을 반송할 수 있다.

③ 일반경제정세의 심한 변동 또는 신탁사무의 현저한 기타 상당한 사유가 발생된 때에는 수탁자는 수익자와 협의로 신탁보수를 조정할 수 있다.

제15조 (신탁해지 및 책임부담)

① 수익자는 천재지변 기타 부득이한 사정이 있는 경우를 제외하고는 원칙적으로 신탁해지를 할 수 없으며, 수탁자가 신탁해지를 승낙한 경우에도 신탁해지에 의한 수탁자의 손해를 수익자가 부담하여야 한다.

② 제1항의 규정에 불구하고 경제정세의 변화 기타 상당한 사유에 의하여 신탁의 목적달성 또는 신탁사무 수행이 불가능하거나 현저히 곤란한 때에는 수탁자는 위탁자 및 수익자와 협의하여 신탁을 해지할 수 있으며, 이 경우 수탁자는 그 책임을 부담하지 아니한다.

③ 제2항의 해지에 있어 수탁자는 제비용 및 신탁보수와 손해가 발생한 경우에는 배상금을 신탁부동산으로부터 공제한다.

제16조 (신탁의 종료 및 원본 교부 등)

① 이 신탁은 신탁기간만료시 또는 신탁해지에 의하여 종료하며, 신탁종료시 수탁자는 최종계산에 관히여 수익자의 동의를 받도록 한다. 다만, 수익자에게 이미 통지한 사항은 수익자가 동의한 것으로 간주하여 최종 계산서에 이를 생략할 수 있다.

② 신탁의 원본은 제1항의 동의를 받은 후 신탁종료일의 영업익일 이후 수익자에게 수탁자가 정하는 방법으로 신탁계약서 또는 수익권증서와 상환으로 교부한다.

제17조 (인감의 대조 및 책임)

  수탁자는 수익자가 제출한 청구서류에 찍힌 인영(또는 서명)을 기히 계출된 인영(또는 서명)과 상당한 주의로써 대조하고 틀림이 없다고 인정되어 신탁원본 또는 신탁수익의 교부 기타 신탁사무를 처리한 때에는 청구서 및 인감에 관한 위조, 변조, 도용 기타 어떠한 사고로 말미암아 손해가 발행하여도 수탁자는 그 책임을지지 아니한다.

제18조 (신고사항)

  ① 위탁자, 수익자 또는 이들의 상속인은 다음 각호의 경우에는 지체없이 그 사실을 서면에 의하여 신고하여야 한다.

    1. 신탁계약서, 수익권증서 및 신고인감의 분실
    2. 위탁자, 수익자 및 이들의 대리인 기타 신탁관계인의 사망 또는 주소·성명·행위능력 등의 변경 및 신고인감의 변경
    3. 기타 신탁계약에 관하여 변경을 인정하는 사항의 발생

  ② 제1항의 신고가 지체됨으로써 발생하는 손해에 대하여는 수탁자는 그 책임을지지 아니한다.

  ③ 제1항의 신고를 게을리 하여 수탁자에게 손해가 발생한 경우에는 위탁자와 수익자는 연대하여 그 손해를 배상하기로 한다.

제19조 (소송 및 관할법원)

  ① 수탁자는 수익자로부터 소송수속신청을 승낙하여 이에 응하거나 수탁자 스스로의 판단으로 소송수속을 할 수 있다.

  ② 이 신탁계약에 관해서 다툼이 발생한 경우에는 ○○지방법원을 그 관할법원으로 한다.

제20조 (기타사항)

  이 약관에서 정하지 아니한 사항에 대하여는 위탁자와 수탁자가 따로 체결하는 계약에 의하기로 한다.

【서식】 신탁계약서(금전)

신 탁 계 약 서(금전)

위탁자 : ○ ○ ○
수탁자 : ○○ 주택조합

위탁자는 수탁자의 조합원으로서 조합원의 주택을 마련할 목적으로 조합원 각자가 금전을 수탁자에 신탁하고 신탁한 금전으로 별지기재 부동산을 매수하여 주택건설사업을 시행하고 수탁자가 사업시행에 필요한 범위 내에서 신탁재산을 관리·처분하기 위하여 다음과 같이 신탁계약을 체결한다.

제1조 (신탁의 목적)
위탁자는 위탁자들의 주택을 마련하기 위하여 금전출자금을 수탁자에 신탁하여 주택건설사업을 원활히 시행함에 있다.

제2조 (신탁재산)
위탁자가 조합정관에 의하여 부담하는 금전출자금, 조합이 취득하는 모든 재산은 신탁재산으로 하며, 수탁자 고유재산으로 취득할 수 없다.

제3조 (수익자)
수익자는 위탁자로 한다. 다만 위탁자가 조합원의 자격을 상실하는 경우는 충원되는 자에게 승계된다.

제4조(신탁재산의 관리방법)
수탁자가 선량한 관리자로서 신탁재산을 관리 및 보존하며 기부채납, 공유물분할, 사업부지 이외의 매각 등 주택건설사업의 시행상 필요한 때에는 신탁재산을 위탁자와 수익자 동의없이 수탁자 임의로 처분할 수 있다.

제5조 (보고승인)
사업 진행 중 수탁자가 수탁재산을 처리함에 있어 발생될 수 있는 손익계산에 대하여는 매년 정기총회에 보고하고 승인을 받아야 한다.

제6조 (담보제공 등)
주택건설사업을 위하여 필요한 때에는 신탁재산의 일부 또는 건축물의 일부를 분양 또는 임대할 수 있으며 금융기관으로부터 자금의 차입이 필요할 시는 이 신탁재산을 담보로 제공할 수 있다.

제7조 (부담금)

수탁자는 위탁자 또는 수익자가 이 신탁사무 및 사업시행에 필요한 각종 부담금 등을 납부치 아니하거나 지체하였을 시는 위탁자에게 신탁재산 인계를 거부할 수 있다.

제8조 (신탁기간)

신탁기간은 주택선설 사업의 완료시(사용검사일)까지로 하며 그 이전에 사업계획의 취소, 목적물의 소실 등으로 신탁목적을 달할 수 없을 때에는 신탁은 종료한다.

제9조 (신탁의 해지)

신탁의 종료사유가 발생하기 이전이라도 필요한 경우에는 위탁자와 수탁자의 합의에 의하여 신탁을 해지할 수 있다.

제10조 (재산의 귀속)

신탁의 종료로 인하여 남은 신탁재산은 수익자에게 귀속된다. 수탁자는 각 수익자의 건물 전용면적 평수에 따라 분배되는 지분대로 신탁재산을 수익자에 이전한다.

제11조 (정관적용)

본 계약에 명시되지 않는 사항은 조합정관을 따르고 정관에 명시규정이 없는 경우에는 조합원총회의 결의로 결정하며 조합원총회로 결의할 수 없을 경우에는 관련법규를 따른다.

○○년 ○월 ○일

위 탁 자 : ○ ○ ○ ㉑
　　　　　○○시 ○○구 ○○동 ○○번지

수 탁 자 : ○○주택조합
　　　　　○○시 ○○구 ○○동 ○○번지
　　　　　조합장 ○ ○ ○ ㉑

<부동산의 표시>

○○시 ○○구 ○○동 ○○번지 대 1,234.5㎡
― 이 상 ―

부록1. 재건축 투자의 성공가이드

Ⅰ. 재건축 구역의 투자가이드

1. 건물면적 보다는 토지면적(대지지분)이 넓은 곳에 투자하라.

- 대지지분은 재건축이후 조합원 1인이 확보할 수 있는 평형에 영향
  을 미치므로 같은 평형의 아파트라도 대지지분이 높으면 더 큰 평
  수를 배정받을 수 있습니다.

2. 진입도로를 내는데 장애가 없는지를 확인하라.

- 진입도로를 확보하지 못해 몇해를 두고 사업의 진척을 보지 못하는
  경우가 종종 있다. 여러 필지거나 많은 면적일수록 사업에 큰 부담
  이 되므로 유의해야 합니다.

3. 큰 평형의 구성비율이 낮은 단지내에서는 가급적 큰 평형을 구입하라.

- 아파트를 배정할 때 큰 평형을 소유한 조합원(정확히 말하자면 재산
  가액이 큰 조합원)에게 큰 평형 아파트가 우선 배정되므로 재건축이
  유망한 아파트에서는 큰 평형 값이 먼저 상승하는 이유이다.

4. 조합이 얼마나 부채를 지고 있는지 확인하라.

- 사업이 지지부진할수록 조합은 조합운영비 등의 지출로 많은 집을
  지게 되어서, 부실화할 우려가 있습니다.

5. 주변에 단독주택 단지가 형성되어 있는 곳은 가급적 피하라.

- 용적율을 300%(일반주거지역)까지 활용할 수 있는지 확인하는 것
  이 좋습니다. 인근에 단독주택이 밀집해 있거나 군부대가 있을 경우

에는 고도제한을 받아 아파트를 충분히 올릴 수가 없는 경우가 종
종 있습니다.

6. 기존 아파트(주택)의 로얄층 프리미엄은 생각하지 말라.

- 아파트 시세는 1~2층이나 최상층 보다 중간층이 1,000~2,000만
  원 정도 높은 것이 일반적입니다. 그러나 재건축 아파트의 평형을
  배정할 때 로얄층 소유자에게 우선권을 준 사례는 거의 없습니다.

7. 조합이 사유지나 공유지등 토지를 매입해야 하는 것이 없는지 확인하라.

- 공공용지가 있으면 아파트가 차지하는 토지를 모두 매입해야 함으로
  토지구입으로 조합원의 부담이 추가로 그 만큼 늘어나기 때문입니다.

8. 시세가 급등하지 않았는지 확인하라.

- 시세는 재건축 시공회사를 선정하거나 재건축 판정이 나는 등 일반
  적으로 주요 과정을 거칠 때마다 상승되므로 시세가 너무나 많이
  올라있는 단지는 수익성이 떨어져 투자 매력이 그만큼 떨어집니다.

9. 세입자의 자발적인 협조가 있는 지를 확인하라.

- 재건축사업의 경우에는 세입자에 대한 보상이 원칙적으로는 없다.
  그레서 세입자와의 분쟁이 왕왕 있어왔었고, 그로 인하여 사업이
  지연되었습니다. 그러나 요즘은 대부분 이주를 원활하게 진행하기
  위하여 이주비를 지급하고 있으나 그렇지 않을 경우 이주기간이 길
  어질수 있습니다.

10. 조합설립인가의 취소 가능성에 유의하라.

- 설립인가후 2년이내에 사업승인신청이 없는 경우 조합설립인가가

취소될 수 있는 데 만일 조합설립인가가 취소된다면 조합원의 피해가 클 수 있습니다. 그러므로 조합설립인가후 상당 기간이 경과하였음에도 사업승인절차에 착수하지 아니한 재건축아파트는 투자에 유의하여야 합니다.

11. 시공사와의 분쟁발생 여부를 확인하라.

- 지분제로 시공계약이 된 재건축사업의 경우에도 완전한 지분제 계약은 드물며 일부 도급제적 요소가 있게 마련이므로, 공사진행에 따른 추가부담문제가 불거져 나올 수 있습니다. 따라서 시공회사측에서 경기변동, 민원발생 등의 이유로 계약변경을 요구하여 공사진행이 불투명한 것은 아닌지 확인하는 자세가 바람직합니다.

12. 조합원지분 여부 및 기타의 고려사항들

- 조합원지분의 경우에는 추가부담금 확정여부 및 그 금액과 납입시기를 고려해야 합니다.
- 입주시기가 많이 남아 있다면 시공사의 신뢰도를 살피고(대형건설사가 좋다), 입주시점이 가깝다면 기반시설 및 주변환경 여건이 잘 갖추어져 있는 지를 따져보는 것이 좋습니다.
- 분양권이 싸다고 해서 좋은 것은 아닙니다. 분양가 이하로 거래되는 것은 처음부터 분양가가 높았음을 의미합니다. 상당한 프리미엄을 주더라도 입지가 좋은 곳을 선택해야합니다. 프리미엄이 높은 것은 다 이유가 있습니다. 그러나 과대광고 등으로 실제가치 이상으로 프리 미엄이 형성된 곳도 있으므로 직접 현장을 방문하여 입지와 전망을 조사한 다음 투자의사를 결정하는 것이 현명합니다.
- 다른 조건이 같다면 단지규모가 큰 곳을 선택하는 것이 유리합니다.
- 지가가 높은 지역에 위치한 아파트가 일반분양가를 높일 수 있어 유

리합니다.

- 조합 내부분쟁이 없는 곳을 선택해야 합니다.
- 이주비가 많은(초기 투자비가 낮은) 단지를 택해야 합니다.
- 대지면적에 비하여 가구수가 많은 곳은 피하는 것이 좋습니다.
- 기존 건축물의 용적율(=건물연면적/대지면적)이 낮을수록 좋습니다.

II. 재건축 아파트 투자가이드

(1) 재건축을 하면서 조합이 얼마나 부채를 지고 있는지 확인해 보아야 합니다. 사업이 지지부진할수록 조합은 조합운영비 등의 지출로 많은 빚을 지게 되어서, 부실화할 우려가 있습니다.

(2) 조합이 시유지나 공유지 등 토지를 매입해야 하는 경우는 없는지 확인해야 합니다. 이런 경우에는 조합원 부담이 그만큼 늘어나기 때문입니다.

(3) 재건축 판정을 얼마나 빨리 받을 수 있는지 확인하십시오.
재건축은 골조가 낡은 경우 외에 연탄 난방으로 도시 미관을 해치는 경우에도 가능하다는 점에 유의해야합니다..

(4) 저밀도지구는 아닌지 알아보셔야 합니다.
저밀도지구는 해제되더라도 다른 일반주거지역처럼 고층으로 올리기 힘들게 되어가는 추세이므로 주의하셔야 합니다.

(5) 아파트 층수를 충분히 올릴 수 있는지 확인하십시오.
용적률을 400%까지 활용할 수 있는지 확인하십시오. 인근에 단독주택이 밀집해 있거나 군부대가 있을 경우에는 고도제한을 받아 아파트를 충분히 올릴 수 없는 경우가 종종 있습니다.

(6) 시세가 급등하지 않았는지 확인하십시오.
시세는 재건축 시공회사를 선정하거나 재건축판정이 나는 등 일반적으로 주요과정을 거칠 때마다 상승합니다.

(7) 로열층 프리미엄은 염두에 두지 마십시오.

아파트 시세는 로열층이 1층이나 꼭대기층보다 1,000만원~2,000만원 높은 것이 보통이지만, 재건축아파트 평형 배정시 로열층 소유자에게 우선권을 준 사례는 없습니다.

(8) 진입도로를 내는데 장애는 없는지 확인하십시오.

진입도로를 확보하지 못해 몇해를 두고 사업의 진척을 보지 못하는 경우가 종종 있습니다. 여러 필지이거나, 많은 면적일수록 사업에 큰 부담이 됩니다.

(9) 같은 단지 내에서는 가급적 큰 평형을 구입하는 것이 유리합니다.

아파트 배정시 큰 평형을 소지한 조합원에게 큰 평형 아파트가 우선 배정됩니다. 재건축이 유망한 아파트에서 큰 평형값이 먼저 오른 것은 바로 이같은 이유에서입니다.

(10) 건물면적보다 토지 면적에 관심을 두십시오.

토지면적이 넓다는 것은 용적률이 그만큼 낮다는 의미이므로 그만큼 많은 가구의 아파트를 새로 재건축할 수 있어 유리 합니다. 서울시내 재건축아파트 용적률은 보통 100~120% 정도입니다. 그러므로 100% 이하라면 사업성이 좋은 편에 속합니다.

III. 재건축 투자포인트 베스트 10

(1) 사업진행속도가 빠른 곳을 고르십시오.

재개발 투자는 시간이 돈이며, 특히 금융비용을 계산해 보아야 합니다. 얻을 수 있는 것이 같다면 비용을 줄여야 하고, 얻을 수 있는 것이 큰 것을 고르는 것은 경제생활의 효율성에 관한 기본경제원칙입니다. 재개발아파트는 지분구입후 입주시점에서 이주비,추가부담금,불하대금을 정산하므로 적은 돈으로 투자하는 지혜가 필요합니다.

(2) 투자는 타이밍입니다.

특히 재개발은 빠르면 10년, 늦으면 20~30년 걸리는 장기적인 사업입니다. 다만, 서울 등 수도권의 대규모 택지가 고갈되면서 재개발사업의 추진속도가 빨라지고 있는 추세입니다. 구체적인 투자시점은 사업시행 인가 후 이주비 지급 전후 또는 착공 직전입니다. 재개발 과정에서 지분 가격이 가장 많이 상승하는 시점은 이주비 지급 전후와 착공 전후이니, 그 직전이 투자포인트입니다.

(3) 공유지분 매입을 삼가야 합니다.

한 필지에 여러 사람 소유로 되어 있어도 조합원 번호가 하나면 아파트는 1가구만 배정되는 점에 유의하십시오.

(4) 사유지는 안전하고, 국공유지는 유동성이 좋고, 녹지공간이 접해 있으면 더높게 가격이 형성될 것입니다. 내집마련 입장에서 안전한 투자를 원하면 사유지 지분매입쪽을 택하고, 팔기 쉬운 곳을 원하면 국공유지 지분을 매입하십시오. 반면, 나대지와 사도는 위치가 좋고 공시지가가 높아도 평가액이 낮을 때가 있습니다.

(5) 용적률이 높고 편의시설(상가등)이 많은 곳을 고르십시오.

용적률이 높고 편익시설이 많아야 높은 개발이익이 조합원에게 배분될 수 있습니다. 한편, 지구면적에 비해 조합원 및 세입자가 적은 곳도 적은 지분으로 큰 평형을 배정받을 수 있습니다.

(6) 교통여건이 좋고 주위 환경이 좋은 곳을 고르십시오.

아파트는 접근성 문제가 중요한 체크포인트입니다. 지하철과 가까운 역세권을 고르십시오. 따라서 걸어서 지하철역을 이용할 수 있는 단지는 그렇지 않은 곳보다 32평형의 시세가 1천만원~3천만원의 차이가 날 것입니다.

(7) 출입구가 4차선 이상에 접한 지역을 고르십시오.

아파트 주출입구가 소방도로 (8m)정도에 접한 것과 4차선 도로에 접한 것은 같은 평형이라도 3천만~4천만의 가격 차이가 납니다.

(8) 상업지역이나 공시지가가 높은 땅을 고르십시오.

재개발지구에서 성공하려면 가능한한 상업지역의 땅을 구입하거나, 공시지가가 높고 건물구조가 튼튼한 물건을 골라야 합니다.

(9) 투자는 여유있는 돈으로 하십시오.

재개발사업은 최소한 5~6년, 길게는 20~30년 걸리는 경우도 있으니, 투자수익이 예상된다고 돈을 빌려서까지 투자를 하는 것은 금물입니다.

(10) 초기 투자금액이 적은 물건을 고르십시오.

재개발은 장기 사업인만큼 초기 투자금액이 크면 큰 부담이 됩니다.

재개발은 초기투자 후 입주 시점에서 이주비, 추가부담금을 정산하므로
처음 매입할 때 적은 돈으로 투자하는 것이 유리합니다.

단독주택지 재건축 업무처리기준

도시및주거환경정비법시행령 제10조제1항 별표 1 제3호의 규정에 의한 단독주택지 재건축에 대한 업무처리기준을 다음과 같이 통보합니다(2005.5.19. 개정시행).

*** 도시및주거환경정비법시행령 제10조제1항 별표 1 제3호**

3. 주택재건축사업을 위한 정비계획은 제1호·제2호 및 제4호에 해당하지 아니하는 지역으로서 다음 각목의 1에 해당하는 지역에 대하여 수립한다.

　가. 기존의 공동주택을 재건축하고자 하는 경우에는 다음의 1에 해당하는 지역

　　(1) 건축물의 일부가 멸실되어 붕괴 그 밖의 안전사고의 우려가 있는 지역

　　(2) 재해 등이 발생할 경우 위해의 우려가 있어 신속히 정비사업을 추진할 필요가 있는 지역

　　(3) 노후·불량건축물로서 기존 세대수 또는 재건축사업후의 예정 세대수가 200세대 이상이거나 그 부지면적이 1만제곱미터 이상인 지역

　나. 기존의 단독주택을 재건축하고자 하는 경우에는 기존의 단독주택이 200호 이상 또는 그 부지면적이 1만제곱미터 이상인 지역으로서 다음에 해당하는 지역. 다만, 당해 지역안의 건축물의 상당수가 붕괴 그 밖의 안전사고의 우려가 있거나 재해 등으로 신속히 정비사업을 추진할 필요가 있는 지역은 다음에 해당하지 아니하더라도 정비계획을 수립할 수 있다.

　　(1) 당해 지역의 주변에 도로 등 정비기반시설이 충분히 갖추어져 있어 당해 지역을 개발하더라도 인근지역에 정비기반시설을 추가로 설치할 필요가 없을것. 다만, 추가로 설치할 필요가 있는 정비기반시설을 정비사업시행자가 부담하여 설치하는 경우에는 그러하지 아니하다.

　　(2) 노후·불량건축물이 당해 지역안에 있는 건축물수의 3분의 2 이상일 것

　　(3) 당해 지역안의 도로율을 20퍼센트 이상으로 확보할 수 있을 것

1. 단독주택지 재건축사업 도입취지

☐ 단독주택지 재건축사업은 노후화된 단독주택 등이 밀집한 지역으로
집단개량이 필요하나, 주변 기반시설이 양호하여 주택재개발사업을
시행할 수 없는 지역의 주거환경을 개선하기 위해 도입된 것임

☐ 따라서, 주택재개발사업의 임대주택건설의무 등을 회피하기 위한
목적으로 단독주택지 재건축사업을 추진할 수 없으며, 기존 공동
주택에 인접한 나대지를 확보하기 위한 수단이 되지 않도록 운용
하여야 함

2. 주요업무 처리기준

2-1. 일반원칙

2-1-1. 단독주택 재건축사업이 가능한 곳은 다음과 같음

① 과거 토지구획정리사업, 택지개발사업, 일단의 주택지조성사업,
시가지 조성사업, 재개발사업 등에 의해 계획적으로 조성된 지역

② 당해 대상지역의 중심으로부터 반경 600m(±100m 가능) 이내
의 도로율이 20% 이상인 지역. 이 경우 도로율의 산정은 2-3의
기준을 준용하여 산정할 수 있음

③ 그 밖에 시·도지사가 기반시설이 양호하다고 인정한 일단의
지역

2-1-2. 단독주택지 재건축사업을 위한 정비구역은 2-1-1의 기준에
해당하는 곳으로서 2-2, 2-3, 2-4의 기준을 고려하여 지정함. 다만, 도
시및주거환경정비법 시행령 별표1(이하 "별표1"이라 한다)제6호의 규정
에 의하여 건축법 제54조의 규정에 의한 재해관리구역으로 지정된 지역
은 2-1-1, 2-2, 2-3 및 2-4의 기준에 미달되더라도 시·도지사가 판단

하여 주택재건축구역으로 지정할 수 있음

2-2. 정비구역 지정방법

2-2-1. 대상지역이 전부 단독주택만 있는 경우뿐 아니라 당해 대상지역안에 상가나 다세대 주택 등이 일부 있는 경우도 정비구역 지정기준을 만족하면 가능함

2-2-2. 정비구역은 특별한 사정이 없는 한 일단의 街區 전체로 지정하여야 함. 즉, 가구중 일부지역만으로 정비구역 지정기준을 충족하더라도 그 일부 지역만으로 정비구역을 지정하는 것은 바람직하지 아니함

　　　예) 아래의 경우 단독주택지 A만으로 정비구역 지정하지 말고
　　　　 A+B로 지정하는 것이 타당

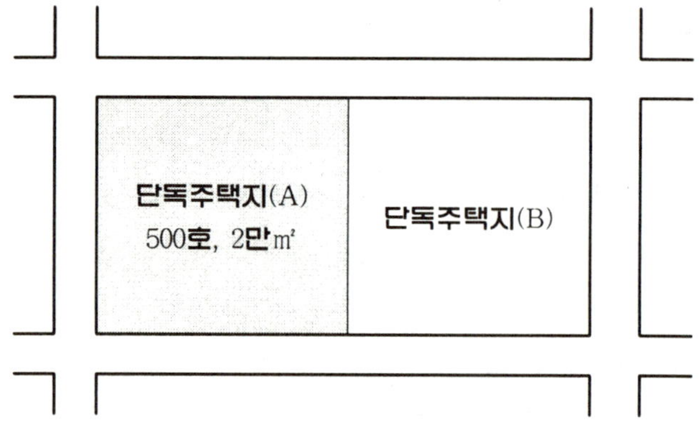

2-2-3. 정비구역은 가구내 일단의 대지의 외곽선으로 지정하는 것을 원칙으로 하되(예1), 지역여건 및 계획의 특성에 따라 도로중심선 및 도로 건너편 인접지 경계선으로 지정이 가능함.

　　※ 예를 들어 도로 건너편 인접대지 경계선 밖에 공공공지 등이 위치하고 당해 공공공지로의 통행에 문제가 없다면 인접지 경계선을 정비구역의 범위로 결정할 수 있으며(예2), 도로로 계획되어 있으나 미개설된 도로, 정비사업시행을 통하여 정비할 수 있

는 도로는 구역의 범위에 포함할 수 있음

예1)

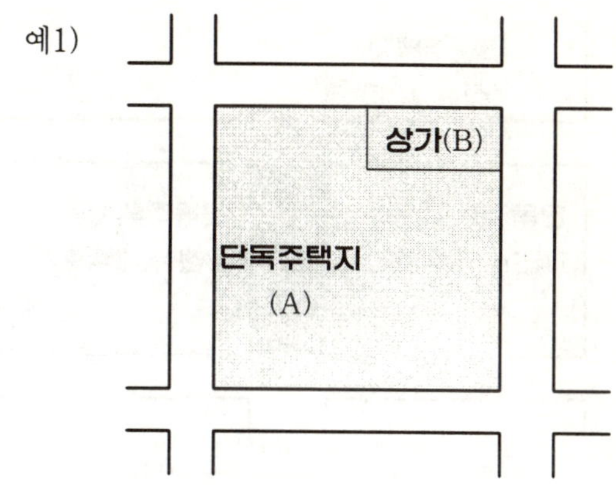

정비구역 범위 : A+B

예2)

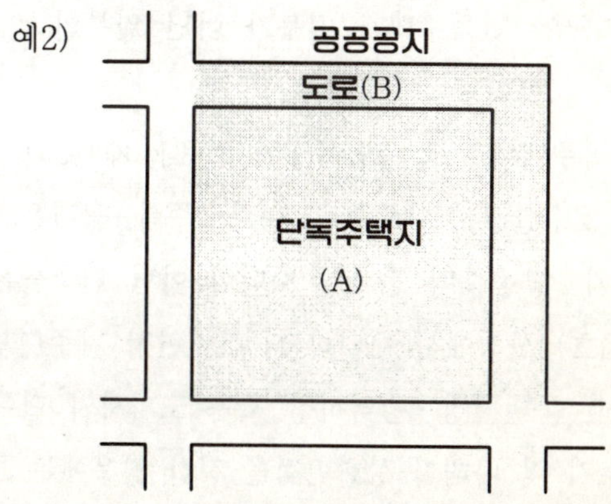

정비구역 범위 : A+B

2-2-4. 단독주택지가 도로로 분리되어 있는 경우 재건축 사업후 하나의 단지로 개발되면 하나의 정비구역으로 지정 가능하나 두개의 단지로

개발된다면 별도로 기준을 산정함

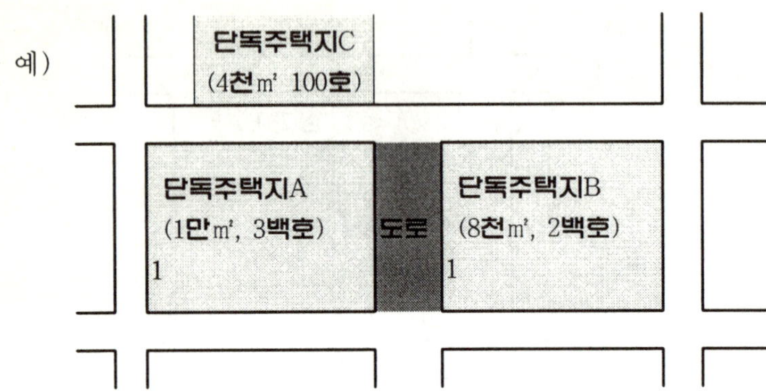

- A와 B가 하나의 단지로 개발되는 경우 A+B 정비구역 지정가능
- A와 B가 별도 단지로 개발되는 경우 A+B로 정비구역 지정이 불가하며 A만 정비구역 지정 가능
- 가구안 단독주택지 전부가 아닌 일부인 C 지역은 A+C로 지정 불가

2-2-5. 단독주택이란 건축법시행령 별표1 제1호의 규정에 해당하는 것을 말하며, 호수산정시 다중주택, 다가구주택, 공관은 각 1호로 산정함

2-2-6. 상가, 공동주택 등 단독주택이 아닌 건축물은 정비구역 지정 호수기준(300호) 산정에서 제외하되, 부지면적 기준(1만㎡)에는 포함할 수 있음. 다만, 특별시장·광역시장 또는 도지사가 단독주택이 아닌 건축물의 부속토지 및 나대지 상한면적을 정한 경우에는 그 상한면적을 초과하는 면적은 부지면적에 포함하지 아니함

　　예1) 단독주택 295호, 공동주택 4동, 상가 3동인 경우 호수는 295임

예2)

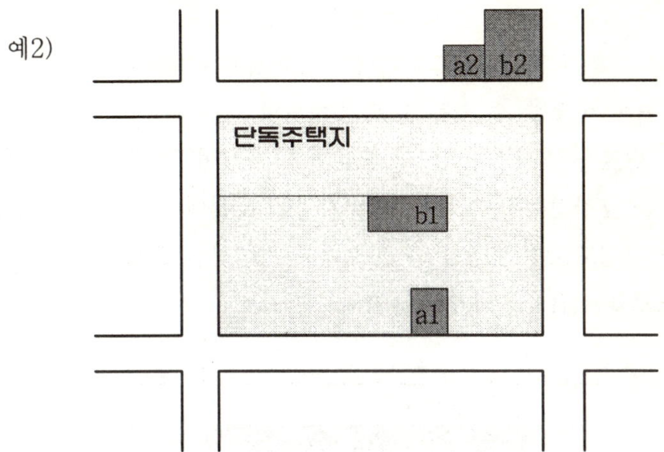

* a : 공동주택, b : 상가 등
* a1, b1은 부지면적에 포함가능
* a2, b2는 부지면적에 포함불가

예3) "단독주택이 아닌 건축물의 부속토지 및 나대지의 상한면적"을 3,000㎡로 정한 경우 대상지역안의 단독주택이 아닌 건축물의 부속토지, 나대지의 면적이 4천㎡인 경우 3천㎡로 계산함

2-3. 노후불량지 판단기준(2/3이상)

2-3-1. 노후불량건축물의 판단은 도시및주거환경정비법 제2조제3호의 규정에 따르며, 주택이 아닌 건축물의 경우도 동호의 규정을 준용하여 판단함. 노후불량건축물에 해당하는 지 여부가 불확실한 때에는 안전진단을 실시할 수 있으며, 안전진단 기준이 없거나 적용하기 곤란한 건축물에 대하여는 건축구조기술사 등 전문가의 조사 등으로 판단함

2-3-2. 별표1제3호나목(2)중 "건축물수의 3분의 2 이상일 것"에서 건축물수의 산정은 단독주택뿐 아니라 구역안의 단독주택이 아닌 건축물을 포함하되, 공동주택의 경우 구분소유권의 수와 관계없이 1동으로 산정함

2-4. 도로율의 산정(20%이상)

2-4-1. 도로율 산정에 포함되는 도로는 도시계획도로 및 폭 4m 이상 현황도로를 말하며, 이에 해당하더라도 고속국도·자동차전용도로 등 당해 정비구역이 이용할 수 없는 도로는 제외함

2-4-2. 도로율은 정비구역안의 도로면적과 정비구역을 둘러싼 가구도로의 면적을 포함하여 산정하며, 정비사업을 통하여 확장예정인 도로 또는 개설할 진입도로를 포함할 수 있으며 폐지예정인 도로면적은 제외함.

예1) 도로율＝(B＋C)/(A＋B＋C)

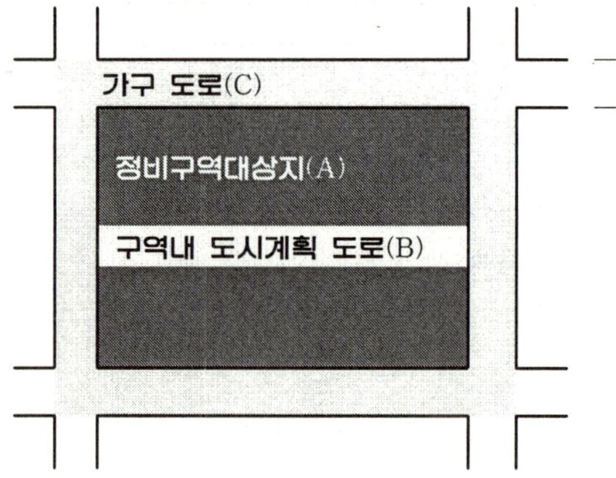

예2) 도로율＝(B＋C＋D)/(A＋B＋C＋D)

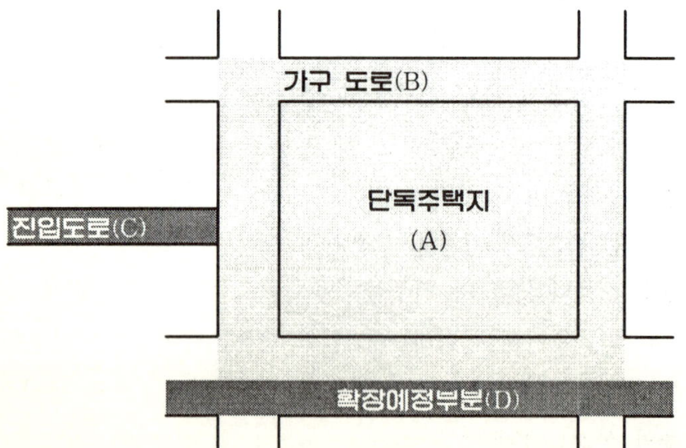

예3) 도로율 = (C+D)/(A+B+C+D)

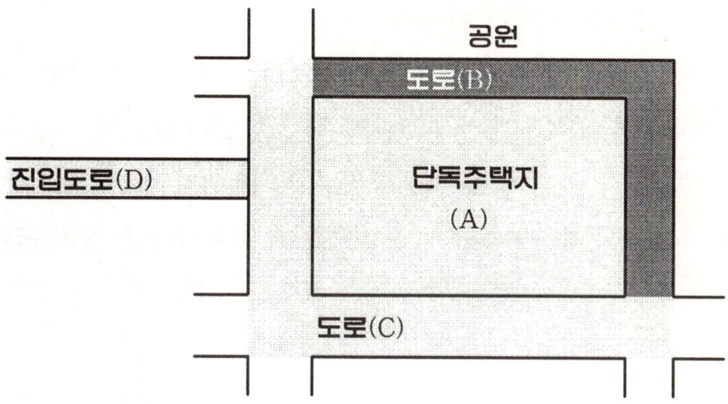

* B : 폐지예정도로

* 가구도로 B+C

2-4-3. 산정한 도로율이 20%에 미달하더라도 사업시행자가 재건축 사업후 정비구역 대상부지의 일부를 가감속도로 용도 등으로 기부채납하여 도로율을 20% 이상 확보가능하면 정비구역을 지정할 수 있음

예) 도로율 = (B+C)/(A+B+C)

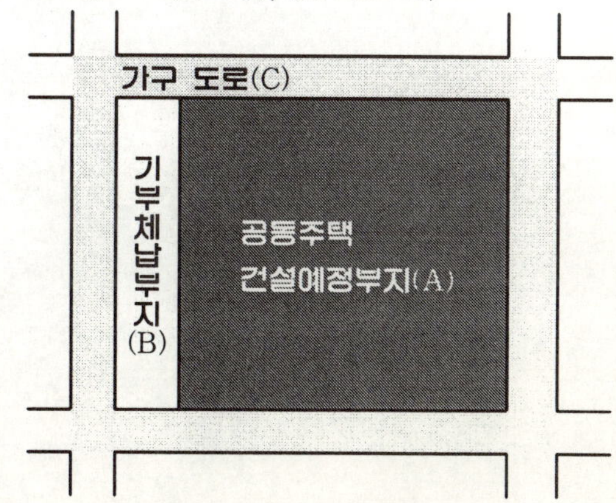

3. 행정사항

3-1. 이 기준은 통보된 날부터 시행함

3-2. 정비구역 지정권자는 지역실정을 감안하여 세부지침을 정할 수 있으며, 개별 정비구역에 대하여 정비계획의 특성을 고려하여 이 기준의 일부를 수정할 수 있음. 다만 별표 1의 내용에 위배되어서는 아니됨

3-3. 동기준 시행이전에 민원 또는 관원으로 회신한 내용중 동기준과 합치되지 않는 사항은 효력이 없는 것으로 간주함

부록2. 조합규약(정관)의 작성

1. 조합규약의 의의와 기재사항

(1) 재건축 조합은 조합원이 될 자 전원이 연명으로 서명날인한 조합규약을 제정해야 합니다.

이 조합규약이 재건축조합의 정관으로서, 재건축조합이 그 설립인가를 받기 위하여 반드시 제정하여 시장·군수 등에게 제출하여야 할 것 중의 하나입니다.

조합규약은 서면에 기재된 재건축조합 내부의 규범으로서 조합원을 구속하며, 일반적인 사단법인 또는 비법인 사단의 정관이 갖는 의미와 같기 때문에 이에 관해서는 일반적인 비법인 사단의 법리를 그대로 적용할 수 있습니다.

(2) 조합규약에는 반드시 포함하여야할 사항이 정해져 있는데, 이를 필요적 기재사항이라고 합니다. 필요적 기재사항 중 하나라도 결여하면 규약은 무효가 되고, 설립이 인가되지 않습니다.

필요적 기재사항으로는 주택조합의 명칭 및 주소, 조합원의 자격에 관한 사항 및 무자격조합원의 제명에 관한 사항, 사업시행지역의 위치 및 면적, 조합의 비용부담과 조합회계에 관한 사항, 조합임원의 권리·의무 및 그 선임방법, 사업년도 및 사업시행방법, 조합원 전원의 합의를 요하는 중요한 사항과 그에 관한 합의의 방법 및 절차, 사업이 종결된 때의 청산절차 및 방법, 조합규약의 변경절차 및 기타 필요한 사항등이 있습니다.

이상의 필요적 기재사항 외에 임의적 기재사항은 도시및주거환경정비법 및 재건축조합의 본질에 위배되지 않는 한 원칙적으로 자유이고 사법상의 효력 및 일정한 절차에 의한 변경은 필요적 기재사항과 같습니다.

2. 표준규약

서울시는 조합규약에 관하여 "재건축조합 표준규약"이라는 것을 만들어 새로 설립되는 재건축조합에 대해 이를 참고로 조합규약을 제정하도록 하고 있고, 실제로 대다수의 재건축 조합이 표준규약을 기초로 조합규약을 제정하고 있습니다.

표준규약은 도시및주거환경정비법이나 시행령·시행규칙 등이 규정하고 있는 사실을 확인 또는 보충하거나 업무집행절차, 조합재산의 관리 또는 조합원의 권리·의무관계를 자세하게 규정하고 있는 것이 대부분으로 재건축에 있어 많은 영향을 미치고 있습니다.

대표적인 예가 조합임원의 자격요건에 관한 것, 조합원재산의 신탁등기에 관한 것 및 관리처분계획에 관한 것으로 조합규약의 필요적 기재사항이 아니라 임의적 기재사항에 지나지 않는 것들입니다.

3. 서울특별시 재건축조합표준규약

재건축조합표준규약

제1장 총칙

제1조[명칭] 본 조합은 ○○아파트(주택)단지재건축조합(이하 "조합"이라 한다)이라 칭한다.

제2조[목적] 조합은 도시및주거환경정비법과 이 규약이 정하는 바에 따라 기존의 주택을 철거하고, 그 대지 위에 새로운 주택을 건설하여 도시의 건전한 발전과 쾌적한 주거환경을 조성함

으로써 조합원의 주거안정을 도모함을 목적으로 한다.

제3조[사무소] 조합의 주된 사무소는 서울특별시 ○○구 ○○동 ○○번지 ○○호에 둔다.

제4조[시행구역] 조합의 재건축사업시행구역은 서울특별시 ○○구 ○○동 ○○번지 외 ○○필지상의 ○○아파트(주택) 단지로서, 대지의 총면적은 ○○㎡(○○평)으로 한다.

제5조[시행방법] ① 사업시행구역 내의 조합원이 소유한 토지를 현물로 출자하고, 도시및주거환경정비법에 의한 주택건설업자를 시공자로 하여 공동주택(아파트 등)과 상가 등 부대·복리시설을 건립한다. 이 경우 재건축조합과 주택건설업자를 공동사업주체로 한다. ② 사업시행을 위하여 필요한 공사비 및 부대비용 등은 별도의 약정에 으하여 조합 또는 시공자가 조달한다.

제6조[시행기간] 사업시행기간은 재건축조합 설립인가일로부터 관련 규정에 의한 사용검사를 받고, 관리처분계획에 따른 처분 및 청산업무가 종료되는 날까지로 한다.

제7조[공고방법] 조합은 조합원의 권리·의무에 관한 사항을 공고하고자 하는 때에는 이 규약에서 따로 정하는 것을 제외하고는 그 내용을 조합사무소의 게시판에 게시하고, 관련조합원에게 등기우편으로 통지하여야 한다.

제2장 조합원

제8조[조합원의 자격 등] ① 조합원의 자격은 그 조합이 시행하는 사업구역(또는 주택단지) 안의 주택(당해 주택에 부속되는 대지를 포함한다)의 소유자로 하고, 조합원은 재건축에 동의한 자로 한다. 다만, 건축물이 무허가인 경우에는 "서울특별시 자치구무허가건물정비사업에대한보상금지급조례"에 규정한 보상대상건물(이하 "우허가건물"이라 한다)에 한하고, "서울특별시 신발생무허가건물 단속규정"에 의거 단속

대상인 "신발생 무허가건물"은 제외한다. ②주택에 부속되는 대지가 타인의 사유토지이거나, 국·공유지인 경우 당해 주택소유자가 매입하여야 조합원의 자격을 취득한다. 다만, 당해 토지를 조합이 일괄 매수할 경우 그 매수대상 토지상의 주택소유자가 위 매수금액·중 해당지분 상당금액을 재건축주택 분양시에 정산함에 동의하고, 이에 대하여 조합총회에서 그들을 조합원으로 참여시킨다는 결의가 있는 경우에는 조합원의 자격을 인정할 수 있다. (주) 기존 무허가 건물이 없고, 국·공유지를 점유하지 않는 기존 공동주택을 재건축하는 경우(기존 단독주택을 일부 추가 편입시킬 경우에는 제외)에는 제1항 단서규정과 제2항을 삭제할 수 있다. ③ 동일인이 수개의 주택을 소유하였을 경우에는 그 소유건물의 수에 관계없이 1인의 조합원으로 본다. 다만, 법인이 임대주택용이나 사택을 소유하고 있는 경우에는 그러하지 아니하다. ④하나의 주택을 수인이 공동으로 소유하였을 경우에는 1인의 조합원으로 한다. 이 경우 그 수인은 대표자 1인을 지정하여 조합에 신고하여야 하며, 조합원으로서의 모든 법률행위는 그 대표자가 한다. ⑤ 주택을 건물분 및 토지분으로 나누어 소유하였을 경우에는 1인의 조합원으로 한다. 이 경우 제4항 후단의 규정을 준용한다. ⑥ 사업시행구역 안의 상가 등 부대·복리시설의 소유자는 제1항 본문의 규정에 불구하고 조합원이 될 수 있다. 이 경우 당해 조합원이 분양신청할 수 있는 권리는 새로이 건설하는 상가 등 부대·복리시설에 한한다. ⑦ 본 사업을 시행함에 있어서 필요하다고 인정되는 지역의 건축물과 토지의 소유자에 대하여는 조합원 총회의 결의를 거쳐 구청장이 조합원 유자격자로 인정하는 경우에 한하여 조합원으로 참여시킬 수 있다. ⑧ 주택건설사업계획승인 이전에 매매·상속·증여 등으로 조합원이 될 권리를 양수 받은 자는 조합원의 권리와 의무 및 종전의 권리자가 행하였거나 조합이 종전의 권리자에게 행한 처분·절차 등에 대하여 종전 권리자의 제반지위

(권리·의무)를 포함 승계한다.

제9조[국·공유지 매수 등] ① 국·공유지 중 조합원이 점유한 토지는 그 점유자가 그 외에 조합원이 종전에 점유하지 아니한 토지는 조합이 매수한다. ② 국·공뉴지의 매수 및 사용에 관하여는 국유재산법·지방재정법 등 관련법령이 정하는 바에 의한다. ③ 국·공유지의 점유면적은 담장 등으로 경계 구분되어 실제 사용하고 있는 면적으로 하며, 경계가 불분명한 경우에는 처마끝 수직선으로 한다. 이때 토지필지별로 점유면적이 불확실한 때에는 지적측량성과품에 의한다. ④ 국·공유지의 점유연고권을 인정하는 면적은 165㎡를 초과하지 못한다. 또한 사유토지와 국·공유지 점유면적 합계는 165㎡ 이내이어야 한다. ⑤ 제3항의 규정에 따라 조합원별 점유연고권을 인정하는 이외의 비점유 국·공유지는 조합원에게 균등 배분한다. (주) 국·공유지를 점유하지 않은 공동주택을 재건축할 경우에는 본조를 삭제한다.

제10조[조합원의 권리·의무] ① 조합원은 다음 각호의 권리와 의무를 갖는다.

1. 관리처분계획으로 정한 건축물 등의 분양청구권
2. 총회의 출석권·발언권 및 의결권
3. 임원과 대의원의 선출권 및 피선출권. 다만, 피선출권은 조합설립인가 신청일 현재 사업구역안의 주택을 2년 이상 소유한 조합원에 한한다.
4. 손실보상청구권
5. 부과금 및 청산금의 납부의무
6. 기타 법령·규정 및 규약과 총회 등의 의결사항 준수의무

② 조합원으 결의권은 평등하며, 결의권의 대리는 인정되지 아니한다. 다만, 조합원이 불가피한 사유로 인하여 권리행사를 할 수 없는 경우에는 대리인을 정하여 위임장을 제출하고 그 권리를 행사할 수 있다.

제11조[조합원의 자격의 상실] ① 조합원이 사업시행구역 안의 소유

주택 등 조합원이 될 권리를 양도하였을 때에는 조합원의 자격을 상실한다. ② 조합원이 그 권리를 양도하거나, 주소를 변경하였을 경우에는 그 양수자 또는 변경당사자는 그 행위의 종료일로부터 14일 이내에 조합에 변경내용을 신고하여야 한다. 이 경우 신고하지 아니하여 발생되는 불이익 등에 대하여 조합원은 조합에 이의를 제기할 수 없다. ③ 관계법령·규정 및 규약에서 정하는 조합원의 자격에 해당되지 않게 된 자는 조합원의 자격을 자동 상실한다.

제12조[시공자] ① 본 사업을 공동으로 시행할 시공자는 도시및주거환경정비법에 의한 등록업자(지정업자) 중에서 선정하여야 하며, 총회의 결의를 거쳐 선정한다. ② 시공자는 조합과 사업시행조건 등에 관하여 협의하여 약정을 체결하여야 하며, 그 약정에 따라 권리와 의무가 부여된다.

(예) 시공자의 권리와 의무사항
· 조합과의 약정내용 준수의무
· 사업계획의 승인사항을 성실하게 시공할 의무
· 안전시공의무
· 총회의결 사항 준수의무
· 총회의 참관 및 사업계획 설명권
· 손실보상청구권

제3장 임원 등

제13조[임원] ① 조합에는 조합장 1인과 9인 이내의 이사(조합장을 포함한다) 및 감사 2인의 임원을 둔다. (주) 임원의 수는 조합원수에 따라 15인 이내에서 증원시킬수 있으며, 필요에 따라 부조합장제를 도입할 수 있다. ② 임원은 대의원회에서 재적대의원 2/3 이상의 찬성으로 선출하며, 총회의 인준을 받아야 한다. 궐위된 임원을 보선하는 경우에도 또

한 같다. ③ 임원의 임기는 선임된 날로부터 사업종료시까지로 한다. 다만, 자진사퇴를 하거나 대의원회의 또는 조합원 총회의 불신임결의 및 제14조의 규정에 의한 결격사유가 발생된 자는 그러하지 아니하다.

제14조[임원의 결격사유] ① 다음 각호의 자는 조합의 임원에 선임될 수 없다.

1. 금치산자·한정치산자 또는 파산자로서 복권되지 아니한 자
2. 법원의 판결 또는 법률에 의하여 자격이 상실되거나 정지된 자
3. 금고 이상의 형의 선고를 받고 그 집행이 종료되거나 집행을 받지 아니하기로 확정된 후 5년이 경과되지 아니한 자
4. 금고 이상의 형의 선고를 받고 그 집행유예의 기간이 완료된 날로부터 2년이 경과되지 아니한 자 또는 선고유예를 받고 그 선공유예기간 중에 있는 자
5. 제10조 제1항 제3호 단서의 규정에 저촉되는 자

② 임원으로 선임된 후 그 직무와 관련한 형사사건으로 기소되어 벌금 이상의 형의 선고를 받은 임원은 그날부터 임원의 자격을 상실한다.

제15조[임원의 직무 등] ① 조합장은 조합을 대표하고 조합의 사무를 총괄하며, 총회와 대의원회의 및 이사회의 의장이 된다. ② 이사는 이사회에 부의된 사항을 심의·의결하며, 이 규약 또는 업무규정이 정하는 바에 의하여 조합의 사무를 분담한다. ③ 감사는 조합의 업무 및 재산상태와 회계에 관하여 감사하며, 정기총회에 감사결과보고서를 제출하여야 하여야 한다. 이 경우 조합원 1/5 이상의 요청이 있을 때에는 공인회계사에 감사를 의뢰할 수 있다. ④ 감사는 재산상황 또는 업무집행이 공정하지 못하였거나, 부정이 있음을 발견하였을 때에는 대의원총회 또는 총회에 보고하여야 하며, 이를 위한 회의소집을 요구할 수 있다. ⑤ 조합장 또는 이사가 자기를 위한 조합과의 계약이나 소송에 관계할 때에는 감사가 조합을 대표한다. ⑥ 조합장이

유고로 인하여 그 직무를 수행할 수 없을 때에는 이사 중에서 연장자순에 의하여 조합을 대표한다. (주) 부조합장제를 도입한 조합에서는 부조합장이 조합장 유고시 직무를 대행한다. ⑦ 조합은 그 사무를 집행하기 위하여 필요하다고 인정할 때에는 총회의 의결을 거쳐 상근하는 임원 또는 유급직원을 둘 수 있다. (예) 상근임원의 종류는 총무이사, 재무이사, 건설이사 등으로 명시하여 규정할 수 있다. ⑧ 조합에 상근하는 임직원은 같은 목적의 사업을 시행하는 다른 조합 또는 유사단체의 임직원을 겸할 수 없다.

제16조[임원의 해임 등] ① 임원이 자의로 사임하거나, 그 직무를 태만 또는 법령 및 규약에 위반하여 조합에 부당한 손실을 초래한 경우에는 그 선임절차에 따라 해임할 수 있다. 다만, 조합장에 대한 해임은 조합원 과반수 출석과 출석조합원 2/3 이상 찬성으로 한다. 이 때 감사는 조합장에 대한 해임사유에 대하여 총회에 보고할 수 있다. ② 사임으로 인하여 퇴임하는 임원은 새로 선임된 임원이 취임할 때까지 임원의 권리와 의무가 있다. ③ 제2항의 경우, 퇴임하는 임원이 직무수행에 적합하지 아니하다고 인정할 때에는 이사회의 의결에 따라 그의 직무수행을 정지하고, 임시임원을 선임할 수 있다.

제17조[임직원의 보수 등] ① 조합은 상근임원 외의 임원에 대하여는 보수를 지급하지 아니한다. 다만, 임원이 그 직무를 수행함으로써 발생되는 경비는 조합에서 지급할 수 있다. ② 조합이 유급직원을 채용한 경우에는 조합의 보수규정에 의한 보수지급과 인사규정이 정한 바에 따라 직무를 수행한다. ③ 유급직원은 조합의 인사규정이 정하는 바에 따라 조합장이 임명한다.

제4장 기관

제18조[총회의 설치] ① 조합에는 조합원 전원으로 구성하는 총회를

둔다. ② 조합의 창립총회는 재건축조합설립추진위원회 위원장 또는 그 직무를 대행하는 자가 소집한다. ③ 정기총회는 매년 12월 중에 개최하며, 조합장이 소집한다. 이 경우 조합장은 총회의 안건·일시·장소에 관하여 이사회의 의결을 거쳐야 한다. ④ 임시총회는 조합장이 필요하다고 인정하는 경우에 이사회의 의결을 거쳐 조합장이 소집한다. 다만, 1/5 이상이나. 재적대의원 1/3 이상 또는 감사 전원이 회의목적을 제시하고 총회소집을 요구할 때에는 조합장은 임시총회를 소집하여야 한다. ⑤ 제4항 단서규정에 의하여 임시총회 소집요구를 하였으나 조합장이 7일 이내에 소집하지 않을 경우 감사가 임시총회를 소집할 수 있다. ⑥ 총회의 소집은 회의개최 7일 전까지 회의목적·안건·일시 및 장소를 조합사무소의 게시판에 게시하고 각 조합원에게 등기우편으로 통지하여야 한다.

제19조[총회의 의결사항] 다음 각호의 사항은 총회의 결의를 거쳐 결정한다.

1. 규약의 개정에 관한 사항
2. 사업시행계획의 결정 및 변경에 관한 사항
3. 관리처분계획의 수립 및 변경에 관한 사항
4. 임원의 인준에 관한 사항
5. 조합의 합병 또는 해산에 관한 사항
6. 시공회사의 선정 및 약정에 관한 사항
7. 임원 및 유급직원 보수와 인사규정
8. 기타 규약 또는 조합설립인가 조건에서 총회결의를 요구하는 사항

제20조[총회의 결의방법] ① 총회는 조합원 과반수의 출석으로 개의하고 출석조합원 과반수의 찬성으로 의결하며, 가부동수일 때에는 의장이 그 결정권을 행사한다. ② 본 규약 ○·○·○조항의 개정에 대하여는 제1항의 규정에 불구하고, 재적조합원 2/3 이상의 출석과 출석조합원 2/3 이상의 찬성이 있어야 한다. ③ 조합원은 서면 또는 대리인을 통하

여 결의권을 행사할 수 있다. 이 경우 제1항 및 제2항의 규정에 의한 출석으로 본다. ④ 조합원은 제3항에 따라 총회출석을 서면으로 할 때에는 안건내용에 대한 의사를 표시하여 총회 전일까지 조합에 도착되도록 제출하여야 한다. ⑤ 조합원은 제3항에 규정에 따라 대리인을 선임하고자 하는 경우에는 인감증명서를 첨부한 대리인선임서를 작성하여 조합에 제출하여야 한다. ⑥ 총회소집 결과정족수에 미달된 때에는 재소집하여야 하며, 재소집의 경우에도 정족수에 미달될 때에는 대의원회의로 총회를 대신할 수 있다. 이 경우 대의원회의 의결사항은 조합원 전원에게 서면으로 통지하여야 한다.

제21조[대의원회의 설치] ①조합에는 대의원회를 둔다. ② 대의원회는 조합원 10인당 1인을 기준으로 선출하는 각 동별 대의원과 재건축조합설립추진위원회가 발기인 중에서 선출하는 3인 이내의 대의원으로 구성함을 원칙으로 하되, 대의원의 총수는 50인 이내로 한다. ③ 각 동별 대의원의 선출 또는 궐위된 대의원의 보선은 당해 동에 거주하는 조합원수에서 당해 동에 속하는 조합원이 선출한다. 다만, 조합원의 이주로 인하여 궐위된 대의원을 보선할 수 없을 때에는 당해 동에 거주한 사실이 있는 조합원 중에서 대의원 3인 이상의 추천을 받아 대의원회의에서 선출한다. (주) 기존의 단독주택의 재건축조합인 경우에는 "당해 동"을 "당해 반"으로 한다. ④ 대의원회는 의장이 필요하다고 인정할 때에 의장이 소집한다. 다만, 대의원 1/3 이상으로부터 회의목적을 제시하고, 대의원회의 소집을 요구할 때에는 의장은 즉시 대의원회를 소집하여야 한다. ⑤ 대의원회를 소집할 때에는 회의개최 7일 전까지 회의목적, 안건, 일시 및 장소를 조합사무소의 게시판에 게시하고, 각 대의원에게 등기우편으로 통지하여야 한다.

제22조[대의원회의 결의사항] 대의원회는 다음 각호의 사항을 결의한다.

   1. 임원의 선출
   2. 자금의 차입과 그 방법·이율 및 상환에 관한 사항
   3. 예산 및 결산의 승인에 관한 사항
   4. 예산으로 정한 사항 외에 조합원의 부담이 될 계약 등에 관한 사항
   5. 부과금의 금액 또는 징수방법에 관한 사항
   6. 총회 부의안건의 사전심의 및 총회로부터 위임받은 사항
   7. 기타 규약으로 정하는 사항

제23조[대의원회의 결의방법] ① 대의원회는 대의원 과반수의 출석으로 개의하고, 출석대의원 과반수의 찬성으로 의결하며, 가부동수일 때는 의장이 그 결정권을 행사한다. ② 제20조 제6항의 규정에 의한 총회의 의결을 대신하는 결의사항은 재적대의원 과반수 이상의 출석과 출석대의원 2/3 이상의 찬성으로 의결한다. 다만, 제20조 제2항의 규정에 의한 규약의 개정은 제외한다. ③ 대의원은 서면 또는 대리인을 통하여 대의원회에 출석하거나 결의권을 행사할 수 없다.

제24조[이사회의 설치] ① 조합에는 조합의 사무를 집행하기 위하여 조합장과 이사로 구성하는 이사회를 둔다. ② 이사회는 조합장이 소집하며, 조합장은 이사회의 의장이 된다.

제25조[이사회의 사무] 이사회는 다음 각호의 사무를 집행한다.
   1. 조합의 예산 및 통장업무의 집행에 관한 사항
   2. 총회 및 대의원회의 상정안건의 심의·결정에 관한 사항
   3. 업무규정 등 조합내부규정의 제정 및 개정에 관한 사항
   4. 기타 조합의 운영 및 사업시행에 관하여 필요한 사항

제26조[이사회의 결의방법] 이사회는 이사 과반수의 출석과 출석이사 과반수의 찬성으로 의결한다.

제27조[감사의 출석 및 감사요청] ① 감사는 이사회에 출석하여 의견을 진술할 수 있다. 다만, 표결권은 가지지 아니한다. ② 이사회는 특히 필요하다고 인정될 때에는 감사에게 조합의 업무에 대하여 감사를 실시하도록 요청할 수 있다.

제28조[의사록의 작성 및 관리] ① 조합은 총회·대의원회 및 이사

회의 의사에 관하여 의사록을 작성하여야 한다. ② 의사록
에는 의사진행과정(의안상정, 찬반토론 등)과 요령 및 결
과를 기재하고, 의장 및 회의에 참석한 이사가 기명날인을
하여야 하며, 이를 조합사무소에 비치하여 조합원에게 항
시 열람할 수 있도록 하여야 한다.

제5장 재정

제29조[총회의 회계] ① 조합의 회계는 매년 1월 1일(설립인가를 받
은 연도는 인가일)부터 12월 말일까지로 한다. ② 조합의
예산·회계는 기업회계의 원칙에 따르되, 조합은 필요하다
고 인정할 때에는 다음 사항에 관하여 별도의 회계규정을
정하여 운영할 수 있다.
1. 예산이 편성과 집행기준에 관한 사항
2. 세입·세출예산서 및 결산보고서의 작성에 관한 사항
3. 수입의 관리·징수방법 및 수납기관 등에 관한 사항
4. 지출의 관리·절차 및 수납기관 등에 관한 사항
5. 계약 채무관리에 관한 사항
6. 기타 회계문서와 장부에 관한 사항
③ 조합장은 매회계연도 종료일부터 30일 이내에 결산보고
서를 작성한 후 감사의 감사결과보고서를 첨부하여 대의
원회에 제출하여야 하며, 대의원회의 의결을 얻은 결산
보고서를 총회 또는 조합원에게 서면으로 보고하여야 한
다.
제30조[재원] 조합의 운영 및 사업시행을 위한 자금은 다음에 의하
여 조달한다.
1. 조합원이 출자한 토지
2. 조합원이 납부한 부과금 또는 부담금
3. 건축물 및 부대·복리시설의 분양수입금
4. 국민주택기금 또는 금융기관 융자금

   5. 시공자가 조달하는 차입금

   6. 대여금의 이자 및 과태료 등 수입금

   7. 기타 조합재산의 사용수익 또는 처분에 의한 수익금

제31조[경비의 부과 및 징수] ①조합은 사업시행에 필요한 비용에 충당하기 위하여 조합원에게 경비를 부과·징수할 수 있다. ② 제1항의 규정에 의한 부과금은 사업시행구역 안의 주택등의 위치·면적·이용상황·환경 등 제반여건을 종합적으로 고려하여 공평하게 부과하여야 한다. ③ 조합은 납부기한 내에 부과금을 납부하지 아니한 조합원에 대하여는 금융기관에서 적용하는 연체금리의 범위내에서 과태료를 부과할 수 있다.

제32조[시공자의 부담] ①시공자는 조합과 별도로 체결하는 약정에 따라 조합원의 이주비 대여, 기타 필요한 자금의 차입을 할 수 있다. ② 시공자는 재건축사업시행에 따른 인·허가 등의 제반 부수행위를 이행하고, 성실하게 시공하여 사업기간 안에 완료하여야 한다.

제6장 사업시행

제33조[이주대책] ① 사업시행으로 주택이 철거되는 조합원은 사업을 시행하는 동안 자신의 부담으로 이주하여야 한다. ② 조합은 이주비의 대여를 희망하는 조합원에게 제32조 제1항에 의한 약정에 따라 시공자가 이를 대여하도록 알선할 수 있다. 이 경우 이주비를 대여받은 조합원은 사업시행구역 안의 소유토지를 담보로 제공하여야 한다. ③ 제2항의 규정에 의하여 이주비를 대여받은 조합원 또는 그 권리를 승계한 조합원은 대여받은 이주비를 입주시까지 시공자에게 환불하여야 한다. ④ 조합원은 조합이 정하여 통지하는 착공일 전일까지 당해 주택에서 퇴거하여야 하며, 세입자 또는 임시거주자 등이 있을 때에는 당해 조합원의 책임으

로 함께 퇴거하도록 조치하여야 한다. ⑤ 조합원은 조합원
또는 세입자 등이 당해 주택에서 퇴거하지 아니하여 기존
건축물의 철거 등 사업시행에 지장을 초래하는 때에는 그
에 따라 발생되는 모든 손해에 대하여 변상할 책임을 진다.
⑥ 제5항의 규정에 의한 손해액은 대의원회에서 정하여 총
회의 승인을 얻어 당해 조합원에게 부과하며, 이를 기한 내
에 납부하지 아니한 때에는 입주시에 납부토록 하고, 납부
를 거부할 때에는 당해 조합원의 권리 물건을 환가처분하
여 그 금액으로 충당할 수 있다.

제34조[지장물 철거 등] ① 조합은 기존건축물 철거계획서 및 멸실신
고서를 첨부하여 재건축을 위한 사업계획승인을 받은 날부
터 사업시행구역 안의 건축물 또는 공작물 등을 철거할 수
있다. 다만, 불가피한 경우로서 건축물 소유자가 동의하는
경우에는 사업계획승인 전이라도 승인권자에게 신고 후 철
거할 수 있다. ② 조합은 사업시행지구 안의 건축물 또는
공작물 등을 철거하고자 하는 때에는 30일 이상의 기간을
정하여 미리 조합원 등에게 통지하여야 한다. ③ 사업시행
지구 안의 통신시설·전기시설·급수시설 도시가스시설 등
공급시설에 대하여는 당해 관리권자와 협의하여 철거기간
을 따로 정할 수 있다.

제35조[매도청구] ① 종전의 공동주택을 재건축하는 경우에 재건축의
결의에 따라 인가기관으로부터 재건축조합설립인가를 받은
후 재건축조합이 재건축에 참여하지 않은 구분소유자에 대
하여 2월 이상의 기간을 정하여 최고한 후 소유권 등을 매
도 청구할 수 있다. ② 제1항의 경우에 미동의자에 대하여
구분소유권 및 대지사용권을 시가에 따라 매도할 것을 청
구할 수 있다. 다만, 시가산정이 곤란할 경우에는 2개 이상
의 공인감정평가기관의 감정가액을 산술평균한 금액으로
한다. ③ 제1항의 경우에는 집합건물의소유및관리에관한법
률 제48조의 규정을 준용한다.

제36조[손실보상] 사업시행구역 안의 철거되는 일체의 지장물 등은
등기 또는 행정기관의 공부상에 등재되지 아니한 지장물은
보상대상이 될 수 없다. 다만, 서울특별시자치구무허가건물
정비사업에대한보상금지급조례 적용대상인 기존 무허가 건
물은 보상대상이 된다. (주) 기존의 공동주택의 재건축조합

은 단서조항을 삭제한다.

제37조[저당권 등의 말소] ① 조합원은 자신이 소유하는 사업시행지구안의 토지 또는 주택에 대하여 저당권·가등기담보권·가압류·가처분·전세권·지상권 등(이하 "저당권 등"이라 한다)의 목적으로 되어 있는 경우에는 사업계획승인신청일 이전에 이를 말소하여야 한다. 다만, 저당권 등의 권리자로부터 당해 사업에 대한 동의를 얻은 경우에는 그러하지 아니할 수 있으며, 사업계획승인을 받은 후에는 저당권 등을 설정하거나, 가압류·가처분을 당할 경우에는 사업시행기간 중 가압류·가처분 권리행사 이전에 이를 말소하지 아니한 경우에는 조합원 총회결의에 의하여 조합원 자격을 박탈할 수 있다. ②조합원은 자신이 소유하는 사업시행구역 안의 토지 또는 주택 등에 대하여 조합설립인가일 이후에는 조합의 동의없이 사업시행에 지장이 있는 권리의 설정 또는 처분 등을 하여서는 아니된다.

제38조[부동산의 신탁] ① 조합원 상호간의 권리보호와 재건축사업의 원활한 추진을 위하여 재건축사업지구 내 조합원의 소유부동산을 조합에 신탁등기할 수 있다. ② 조합은 수탁받은 재산권을 재건축사업시행 목적에 적합하게 행사하여야 하며, 재건축 사업이 종료되면 즉시 신탁을 행사하여야 하며, 재건축 사업이 종료되면 즉시 신탁을 해제하여 해당조합원에게 재산권을 반환하여야 한다.

제7장 관리처분계획

제39조[분양신청 등] ① 조합은 설립인가를 받은 날부터 7일 이내에 다음 각호의 사항을 각 조합원에게 통지하여야 한다.
1. 분양신청기간·방법·기준·참고사항 등이 기재된 분양신청 안내문과 분양신청서 서식
2. 인가받은 조합의 규약과 사업시행계획의 요약내용
② 주택 또는 상가 등 부대·복리시설 등을 분양받고자 하는 조합원은 조합에서 정하여 통지한 분양신청기간 내에 토지 및 건축물에 관한 등기부등본 등 그 권리를 입증할 수 있는 증명서류를 첨부한 분양신청서를 조합에 제출하여야 한다. ③ 제1항의 규정에 의한 분양신청서를 우편으로 제출하고자 할 경우에는 그 신청서가 분양신청 기간 내에 발송된 것임을 증명할 수 있도록 등기우편 등으로 제출하여야

한다. ④ 분양신청기간 이내에 신청하지 않은 조합원의 지분은 금전청산을 원칙으로 한다. 다만, 조합원의 동·호수 추첨일 이전까지 분양신청을 하는 경우에는 그러하지 아니할 수 있다.

제40조[관리처분계획의 기준] 조합원의 소유재산에 관한 관리처분계획은 다음 각호의 기준에 따라 수립하여야 한다.

1. 조합원이 출자한 종전의 주택면적을 기준으로 새로이 건설되는 주택 등을 분양함을 원칙으로 하되, 1조합원에게 1주택을 공급한다. 다만, 법인이 소유한 임대용 주택과 사택에 대하여는 종전의 주택수량만큼 공급할 수 있다.

(주) 법인이 소유한 임대용주택과 사택이 없는 재건축조합은 단서규정을 삭제한다.

2. 종전의 토지와 건물의 평가는 2개 이상의 공인감정평가기관의 평가액을 산술평균한 금액으로 한다.

3. 기존의 공동주택과 기존의 단독주택을 합동으로 하는 사업시행지역은 토지와 건축물을 제2흥의 규정에 의하여 평가한 금액을 기준으로 할 수 있다.

(주1) 기존의 공동주택을 재건축하는 재건축조합이 종전의 주택면적을 기준으로 관리처분을 할 경우에는 제2호 및 제3호를 삭제한다.

(주2) 기존의 단독주택을 재건축하는 재건축조합인 경우에는 제1호 "주택면적"을 삭제하고 " 종전의 토지와 건물의 평가액" 을 삽입하여 제3호를 삭제한다.

4. 사업시행 후 분양받은 주택 등의 면적은 분양면적(전용면적-공유면적)을 기준으로 하며, 대지는 분양받은 주택 등의 면적비례에 따라 공유지분으로 분양한다.

5. 조합원이 분양하는 주택의 규모는 건축계획을 작성하여 사업계획승인을 받은 후 평형별로 확정한다.

6. 기존주택이 공동주택인 경우 재건축주택의 평형별 배정은 조합원별 소유 기존 주택의 규모·동별·위치·층수 등을 고려하여 관리처분계획이 정하는 바에 따라 결정한다.

(주) 기존의 단독주택을 재건축하는 재건축주택의 평형별 배정은 종전의 토지와 건물의 평가금액 고액순으로 하고, 동·호수 추첨은 평형별로 공개추첨에 의한다. 다만, 해당 평형 이하 평형을 분양받을 것을 희망하는 경우에는 그에 따를 수 있다.

7. 조합원이 출자한 종전의 주택면적을 기준으로 산정한 주

택 등의 분양대상면적과 사업시행 후 조합원이 분양받을 주택의 규모에 차이가 있을 때에는 일반분양을 위하여 산정하는 단위면적당 가격을 기준으로 환산한 차액은 조합이 정하는 기간 내에 납부하게 하거나 조합이 그 금액을 지급하여야 한다.

8. 기존주택이 단독주택인 경우 종전 토지와 건물의 평가액이 분양받을 주택의 가격을 초과할 때에는 현금청산한다. 이 때 주택가격은 일반분양 가격으로 한다.

(주) 기존의 공동주택을 재건축하는 재건축조합인 경우에는 본호를 삭제한다.

9. 사업시행지구 안에 건립하는 상가 등 부대·복리시설은 종전 건축물의 용도가 동일하거나 유사한 소유자에게 우선 분양하고, 잔여시설은 일반분양한다. 이 때 분양가는 2개 이상의 공인감정평가법인의 평가액을 산술평균가격으로 하되, 일반분양은 고액 분양신청 순위에 따라 분양한다.

10. 조합원에게 공급하고 남는 잔여주택은 일반에게 분양하여 그 분양금을 사업비로 충당하되, 그 잔여주택의 공급시기와 절차 및 방법 등에 대하여는 주택공급에관한규칙이 정하는 바에 따른다.

11. 조합은 시공자와 협의하여 별도로 정하는 약정에 따라 잔여주택을 분양하여 상환하거나, 대물로 지급할 것을 조건으로 시공자가 소요사업비의 일부를 직접 조달하도록 할 수 있다.

12. 기타 관리처분계획을 수립하기 위하여 필요한 세부적인 사항은 관계규정 등에 따라 대의원회의 결의를 거쳐 시행한다.

제41조[분양받을 권리의 양도 등] ① 조합원은 사업계획승인을 받은 후에는 사업시행지구 안의 토지 또는 건축물에 대한 권리를 다른 사람에게 양도하여서는 아니된다. 다만, 조합원이 사망하거나 조합원이 해외이주 또는 2년 이상 해외거주를 하게 되는 경우와 당해 지역 노후·불량주택의 소유자가 추가 가입하는 경우에는 그러하지 아니하다. ② 제1항 단서의 규정에 의하여 사업시행구역 안의 주택 등에 대한 권리를 양도받은 자는 확정일자가 있는 증서를 첨부하여 조합에 통지하여야 하며, 조합에 통지한 이후가 아니면 조합에 대항할 수 없다.

제42조[관리처분계획의 통지 등] ① 조합이 관리처분계획은 작성한
      때에는 다음 각호의 사항을 각 조합원에게 통지하여야 한
      다.
   1. 재건축사업의 명칭과 사업시행구역 및 주된 사무소의 위치
   2. 관리처분계획의 개요
   3. 주택 및 대지지분면적 등 분양대상 물건의 명세
   4. 기타 조합원의 권리·의무와 의견제출 등에 관한 사항
   ② 조합원은 제1항의 규정에 의한 통지를 받은 때에는 조합
   에서 정하는 기간 내에 관리처분계획에 관한 의견을 조합에
   제출할 수 있다. ③ 조합은 제2항의 규정에 의하여 제출된
   조합원의 의견에 대하여 그 내용을 검토하여 관리처분계획
   의 수정 등 필요한 조치를 하여야 하며, 그 조치결과를 의견
   제출 마감일부터 10일 이내에 당해 조합원에게 통지하여야
   한다. ④ 조합은 제3항의 규정에 따라 관리처분계획을 수정
   한 때에는 총회의결을 거쳐 확정한 후 그 내용을 각 조합원
   에게 통지하여야 한다. ⑤ 총회의 의결로 확정된 관리처분계
   획을 사업승인권자에게 보고하고, 조합원에게 공동주택의
   동·호수 추첨시에는 경찰관 입회하에 공정하게 실시하여야
   하며, 추첨결과는 7일 이내에 관할구청 주택과등에 보고하
   여야 한다.

제8장 완료조치

제43조[입주통지 등] ① 조합은 재건축의 공사를 완료한 때에는 ○○
      구청장에게 사용검사신청서를 제출하여 사용검사를 받아야
      한다. ② 조합은 ○○구청장으로부터 사용검사필증을 교부
      받은 때에는 지체없이 조합원에게 입주하도록 통지하여야
      한다. ③ 제2항의 규정에 의한 입주통지는 관리처분계획에
      정하여진 사항을 제7조의 방법에 따라 게시공고한 후 해당
      조합원에게 개별통지하며, 그 내용을 ○○구청장에게 보고
      하여야 한다. ④ 조합은 제2항의 규정에 따라 입주통지를
      한 때에는 통지일로부터 1월 이내에 소유자별로 통지내용
      에 따라 등기신청을 할 수 있도록 필요한 조치를 하여야
      한다.
제44조[지적이동 및 등기절차] 조합은 재건축사업으로 인한 토지의
      변동 등에 관한 신고 또는 신청 등의 업무를 당해 토지소
      유자를 대리하여 행할 수 있으며, 대지 및 건축시설 등에

관한 등기를 촉탁하거나 신청하여야 한다.

제45조[조합의 해산] ① 조합은 사용검사를 받은 날로부터 1년 안에 분양처분 및 건축시설 등에 대한 등기절차를 완료하고 총회를 소집하여 조합의 해산을 결의한다. ② 조합이 해산결의를 한 때에는 해산 당시의 임원이 청산인이 된다. ③ 조합이 해산하는 경우 청산에 관한 업무와 채권의 추심 및 채무의 변제 등에 관하여 필요한 사항은 민법의 관계규정에 따른다.

제46조[청산인의 임무] 청산인은 다음 각호의 업무를 성실히 수행하여야 한다.

1. 현존하는 조합의 사무종결
2. 채권의 추심 및 채무의 변제
3. 잔여재산의 처분
4. 기타 청산에 필요한 사항 등

제47조[잔여재산의 처분] 청산종결 후 조합의 잔여재산이 있을 때에는 해산 당시의 조합원에게 구분소유권에 비례하여 배분하여야 한다.

제48조[관계서류의 이관] 조합은 재건축사업을 완료하였을 때에는 다음 각호의 서류를 당해 공동주택을 관리하는 자치관리기구에 이관하여 이를 보관하도록 하여야 한다. 다만, 관할행정기관이 관련서류의 이관을 요청하는 때에는 그 요청에 따라야 한다.

1. 조합설립인가 및 사업계획승인에 관한 서류
2. 조합의 규약 또는 시행규정에 관한 서류
3. 관리처분 및 청산에 관한 명세서류
4. 기타 재건축주택의 관리를 위하여 필요하다고 인정되는 서류

제9장 보칙

제49조[권리변동] 조합은 조합설립인가신청 또는 사업계획승인신청을 하고자 할 때에는 인가 또는 승인신청 당시의 조합원 명단을 첨부하여야 하며, 조합설립인가 또는 사업계획승인 이후에 조합원의 권리변동이 발생될 때에는 그 변동사항을 증명할 수 있는 자료 등을 첨부하여 관계행정기관으로부터 변경인가 또는 변경승인 등을 얻어야 한다.

제50조[약정의 효력] 조합이 재건축사업의 공동시행에 관하여 시공자

와 체결한 약정은 이 규약이 정하는 범위 안에서 조합원에게 효력을 갖는다.

제51조[재건축조합설립추진위원회 행위의 효력] 재건축조합 설립인가일 이전에 조합의 설립과 사업시행에 관하여 재건축조합설립추진위원회가 행한 행위는 이 규약이 정하는 범위 안에서 이를 조합이 행한 것으로 본다.

제52조[다른 규정의 준용] 이 규약에서 정하는 사항 외에 조합의 운영과 사업시행 등에 관하여 필요한 사항은 관계법령 및 관련행정기관의 지침·지시 또는 유권해석 등에 따른다.

부칙

이 규약은 ○○구청장으로부터 재건축조합의 설립인가를 받은 날 부터 시행한다.

◈ 박 근 영 ◈

◆ 1983 : 전남대 법대 졸업
◆ 1995 : 제37회 사법시험 합격
◆ 1998 : 사법연수원 27기 수료
◆ 현 변호사 박근영사무소 운영(서울)

재건축의 질의답변&서식	정가 14,000원

2005년 8월 15일 인쇄
2005년 8월 25일 발행
　감　수 : 박 근 영
　발행인 : 김 현 호
　발행처 : 법률미디어

152-050
서울 구로구 구로동 636-62 (구로유통B/D B동 308호)
TEL : 2636-2911~3,　FAX : 2636-3012
등록 : 1979년 8월 27일 제5-22호
Home : www.bubmun.co.kr

- ISBN 89-5755-053-4 13360
- 파본은 교환해 드립니다.
- 본서의 무단 전재·복제행위는 저작권법에 의거, 3년 이하의 징역 또는 3,000만원 이하의 벌금에 처해집니다.